CONTROLE A DOR ANTES QUE ELA ASSUMA O CONTROLE

um programa clinicamente comprovado

Dados Internacionais de Catalogação na Publicação (CIP)
(Câmara Brasileira do Livro, SP, Brasil)

Caudill, Margaret
    Controle a dor antes que ela assuma o controle: um programa clinica-
mente comprovado / Margaret Caudill; [tradução de Denise Maria Bolanho]. –
São Paulo: Summus, 1998.

    Título original: Managing pain before it manages you.
    Bibliografia.
    ISBN 85-323-0640-3

    1. Dor – Obras de divulgação I. Título.

                                            CDD-616.0472
98-3521   NLM-WB 176

Índice para catálogo sistemático:

1. Dor: Obras de divulgação: Ciências médicas   616.0472

CONTROLE A DOR ANTES QUE ELA ASSUMA O CONTROLE

um programa clinicamente comprovado

MARGARET A. CAUDILL

summus
editorial

Tradução: **Denise Maria Bolanho**
Revisão técnica: **João Augusto B. Figueiró**
Projeto gráfico, capa e editoração: **Acqua Estúdio Gráfico**
Impressão: **Sumago Gráfica Editorial Ltda.**

Atenção:

Este livro não pretende substituir orientação ou tratamento médico.
Se você tem algum problema de saúde, recomendamos uma opinião
especializada antes de iniciar os exercícios.

Summus Editorial

Departamento editorial:
Rua Itapicuru, 613 – 7º andar
05006-000 – São Paulo – SP
Fone: (11) 3872-3322
Fax: (11) 3872-7476
http://www.summus.com.br
e-mail: summus@summus.com.br

Atendimento ao consumidor:
Summus Editorial
Fone: (11) 3865-9890

Vendas por atacado:
Fone: (11) 3873-8638
Fax: (11) 3873-7085
e-mail: vendas@summus.com.br

Impresso no Brasil

NOTA DO EDITOR

Este livro pede a participação ativa do leitor, na forma de preenchimento de questionários, elaboração de desenhos, execução de exercícios etc. Para tanto, são reservadas linhas, espaços em branco ao longo das páginas. Recomendamos ao leitor manter a seu lado folhas de papel para a eventualidade de o espaço do livro não ser suficiente.

SUMÁRIO

Agradecimentos 10

Prefácio à edição brasileira 11

Prefácio 15

Antes de começar: Como este livro pode ajudá-lo 17
    Qual a eficácia do programa? 19
    O que você pode esperar? 19
    O que está envolvido? 19
    Como usar este livro 20
    Características especiais do livro 20
    Uma nota final 21

Capítulo 1. Começando a controlar sua dor 23
    Aceitando a posse da dor 23
    Determinando exatamente quais são os seus problemas ... 24
    Estabelecendo objetivos 27
    Resumo 30
    Tarefas exploratórias 30

Capítulo 2. Compreendendo a dor 31
    Categorias de dor 31
    A experiência da dor crônica 32
    Os processos envolvidos na dor aguda e na dor crônica ... 35
    Os significados da dor 42
    Para onde você vai a partir de agora? 45
    Resumo 45
    Tarefa exploratória 47
    Leitura adicional 47

Capítulo 3. A relação mente-corpo 48
    Dor crônica como forma de estresse crônico 48
    A Resposta de Relaxamento (RR) 49

Usando a respiração para relaxar e concentrar a mente 50
Exercícios respiratórios 51
Preparando-se para praticar a evocação da RR 53
Técnicas básicas da RR 58
Técnicas avançadas da RR 60
Resumo 62
Tarefas exploratórias 64
Leitura adicional 66

Capítulo 4. A relação corpo-mente 67
Estabelecendo o seu ritmo 68
Administração do tempo 71
Escutando seu corpo 73
Usando o corpo para mudar seu estado de espírito 76
Exercício aeróbico 78
Atividades prazerosas 79
Resumo 80
Tarefas exploratórias 81
Leitura adicional 82

Capítulo 5. Nutrição e dor 83
Por que discutir nutrição? 83
Dois importantes princípios 84
Necessidades nutricionais básicas 85
O manejo da dor pela nutrição 87
Resumo 92
Tarefas exploratórias 93
Leitura adicional 95

Capítulo 6. O poder da mente 96
O papel da psicologia na dor crônica 96
Rótulos psicológicos comuns na dor crônica 97
Aproveitando o poder da mente: técnicas cognitivas 99
Pensamentos automáticos ou diálogo interno 100
Pensamentos irracionais e distorcidos 102
Monitorando pensamentos automáticos e outras respostas 105
Reestruturando os seus pensamentos 107
Resumo 110
Tarefas exploratórias 111
Leitura adicional 112
Escala de Atitude Disfuncional (EAD) 113

Capítulo 7. Adotando atitudes saudáveis 122
Atitudes problemáticas 123
Atitudes saudáveis 126
Construindo uma base para a mudança de atitude 128
Resumo 131
Tarefas exploratórias 131
Leitura adicional 132

Capítulo 8. Comunicação eficaz 134
Fazendo as afirmações combinar com as intenções 134
Assertividade 137
Escutar ativo 141
Outras sugestões para a prática da comunicação 142

Resumo 143
Tarefas exploratórias 143
Leitura adicional 146
Questionário de assertividade 146

Capítulo 9. Resolução eficaz de problemas 149
Estabelecendo objetivos: um exame cuidadoso 149
Avaliando as suas capacidades de enfrentamento e aplicando-as aos
   problemas 153
Resumo 155
Tarefas exploratórias 155
Leitura adicional 157

Capítulo 10. O fim do começo 158
Prevenção de recaída 158
Lidando com a dor durante uma crise 159
Uma comemoração! 160

Anexo A. Condições dolorosas crônicas comuns 164
Fibromialgia 164
Dor crônica no pescoço e na região inferior das costas (lombalgia) 165
Dores de cabeça 166
Cistite intersticial 166
Endometriose 167
Neuropatias 167

Anexo B. Trabalhando confortavelmente 169
Ajustando a sua cadeira 169
Ajustando a altura e a distância do monitor 170
Evitando o brilho 170
Ajustando a altura do teclado 171
Usando um *mouse pad* 171
Fazendo pausas 171
Exercitando 171

Anexo C. Bibliografia 173

Folhas de trabalho e outros materiais 176
Exemplo do diário da dor 177
Diário da dor 178
Diário da Técnica da Resposta de Relaxamento 180
Folha de trabalho de acompanhamento de atividades 181
Diário alimentar 182
Registro diário de pensamentos automáticos 184
Folha de *feedback* 185
Aviso: "Não perturbe" 187
Carta aos profissionais 188

AGRADECIMENTOS

É importante agradecer as contribuições fundamentais e muito reais de meus colegas Margaret Ennis e Richard Schnable. Durante anos, nossos diálogos e nossa crescente experiência criaram o *Behavioral Medicine Pain Program*. É impossível saber onde terminam as suas idéias e onde começam as minhas.

Gostaria, também, de agradecer o valioso apoio de Herbert Benson e meus colegas na Divisão de Medicina Comportamental, no *Mind/Body Medical Institute* e no *Arnold Pain Center* do *New England Deaconess Hospital,* em Boston, MA, bem como aos colegas da *Hitchcock Clinic* e do *Matthew Thornton Health Plan,* em Nashua, NH. Um agradecimento especial a Nancy L. Josephson, que tornou o material "agradável", assim como a Anna Brackett, Barbara Watkins, Deborah Jurkowitz e Marie Sprayberry da The Guilford Press. Finalmente, desejo estender minha apreciação a Victoria Russell, Eileen Stuart, Richard Friedman, Carol Wells-Federman, Ann Webster e Jay Galipeault por seu apoio e pelas palavras de encorajamento durante todos esses anos.

PREFÁCIO
À EDIÇÃO BRASILEIRA

Desde os mais remotos tempos, a dor representa um dramático flagelo para o homem, sendo a forma mais universal de estresse humano. Nenhum outro sintoma físico é mais disseminado e freqüente. Na atualidade, ainda continua sendo um enorme problema e um grande desafio para o sistema de saúde. Seus efeitos são devastadores na sociedade moderna, causando grave sofrimento, prejuízos e incapacitações inimagináveis para milhões de pessoas. É difícil fazer uma avaliação adequada do enorme sofrimento humano envolvido com este sintoma comum. A ocorrência de dor, especialmente crônica, é crescente, em decorrência, talvez, dos novos hábitos de vida, da maior longevidade do indivíduo, do prolongamento da sobrevida dos doentes com afecções clínicas naturalmente fatais, das modificações dos meios ambientes e, provavelmente, do decréscimo da tolerância ao sofrimento do homem moderno. A dor é o sintoma primário que alerta o indivíduo para a necessidade da procura de assistência médica. Quando aguda, tem a função de alerta e de defesa, sua fisiologia é bem-compreendida, seu controle é, geralmente, possível. Quando crônica, é de diagnóstico mais difícil e o tratamento, freqüentemente, não proporciona resultados satisfatórios. Ambas geram estresse físico, emocional, econômico e social significativos para os doentes e para os seus cuidadores. Estudos realizados em vários países mostram que a prevalência da dor crônica em diferentes comunidades varia entre 7 e 40%. A maioria dos estudos aponta para uma prevalência próxima de 30% de dor crônica e de 11% para dor persistente na população geral. Indivíduos adultos experimentam três ou mais tipos de dores diferentes a cada ano. Nos Estados Unidos, cerca de 89 bilhões de dólares são gastos por ano para o tratamento, compensações trabalhistas e litígios envolvendo doentes com dor crônica. Não temos dados nacionais, mas não há razão para acreditarmos que sejam menos relevantes. Ao contrário, em virtude da precariedade de nossa medicina preventiva, da freqüente demora em realizar diagnósticos e das más condições de saúde predominantes, podemos até supor que a nossa situação seja ainda pior. Indivíduos com dor crônica tornam-se um problema enorme para a sociedade, para os serviços médicos e para as autoridades de seguro. As estimativas para a necessidade dos cuidados sobre a dor são muito difíceis de ser calculadas. Segundo inquérito populacional realizado no Brasil, mais de um terço da população julga que a dor crônica compromete as suas atividades habituais e mais de três quartos dela considera que a dor crônica é limitante para as atividades recreacionais, relações sociais e familiares. Por causa da dor, cerca de 50 a 60% dos doentes torna-se parcial ou totalmente incapacitado, transitória ou permanentemente. As pesquisas demonstram, portanto, que a prevalência das condições dolorosas crônicas é elevada, e enfatizam a importância da elaboração de programas de cuidados destinados à profilaxia e ao tratamento dos doentes que dela padecem. No Brasil e em outros países, 10 a 50% dos indivíduos procuram clínicas gerais por causa de dor. Esta se manifesta em mais de 70% dos doentes que procuram os consultórios médicos brasileiros por razões diversas. Nos Estados Unidos cerca de 35 milhões de novas consultas médicas são realizadas ao ano em decorrência de dor e aproximadamente 70 milhões das visitas médicas devem-se a ela. A dor aguda é uma das mais freqüentes razões das consultas médicas e quase uma constância nos serviços de emergência. No Brasil a dor é razão principal da consulta para um terço dos doentes. Ceca de 50% dos doentes brasileiros procuram consultórios por causa da dor aguda, e 50% para o tratamento da dor crônica. A prevalência de dor em hospitais varia entre 45 e 80%.

Os esforços para controlar a dor podem ser observados desde a aurora do *Homo sapiens* e, apesar de todos os desenvolvimentos, o sucesso na completa eliminação desta permanece distante. Na verdade, seu combate mantém-se como um desafio a ser superado pelo paciente, família e profissionais de saúde. Desse modo, seu tratamento hoje deve enfocar três dimensões básicas: o tratamento médico objetivando o diagnóstico preciso e a tentativa de sua redução ou eliminação, a reabilitação física e a reabilitação e reintegração psicossocial. Seu caráter complexo e suas repercussões socioeconômicas justificam a necessidade de assistência especializada para os casos rebeldes e a organização de unidades multiprofissionais dedicadas ao seu tratamento.

Hoje, não há mais dúvida de que fatores físicos contribuem para os sintomas dolorosos, nem tampouco que fatores psicológicos participam das queixas dos pacientes ou que a dor implica importantes conseqüências psicossociais. A Associação Americana de Psicologia definiu o tratamento de pacientes com dor crônica como uma das áreas nas quais há evidência de validade empírica para a utilização de intervenções psicológicas e a demanda atual por tais profissionais ultrapassou a sua disponibilidade. Assim, os cuidados com os aspectos somáticos e psíquicos devem ser combinados para que se alcance o alívio e a melhora da dor, bem como a promoção da reintegração funcional e a reabilitação física, psíquica e ocupacional. As prioridades terapêuticas na situação clínica são geralmente baseadas na etiologia do sintoma, na intensidade da sensação, na interferência que a dor determina nas atividades do indivíduo, nas características temporais da dor, no sofrimento psicológico decorrente, na presença de psicopatologia e nas incapacidades física, psíquica e social resultantes da presença da dor.

Nos últimos anos, o modelo conceitual predominantemente empregado na abordagem da dor crônica moveu-se de um modelo de "especificidade", primariamente orientado para problemas médicos orgânicos no qual a dor era vista como diretamente proporcional à e reflexo da quantidade de dano tissular, para a perspectiva atual da dor como um fenômeno "biopsicossocial" subjetivo. Neste modelo a dor não é mais vista como uma entidade dicotômica, mas como resultado de uma combinação de fatores biológicos (sensoriais), psicológicos (afetivos, cognitivos), comportamentais, sociais e culturais que contribuem para a experiência dolorosa individual.

A dor é uma experiência subjetiva para o paciente e é difícil para o médico quantificá-la objetivamente. Sua mensuração e avaliação são fundamentalmente inferenciais e o entendimento da experiência subjetiva ocorre pela interpretação do comportamento verbal e não-verbal do indivíduo. Esta experiência é vivenciada em um determinado contexto sociocultural e influencia e é influenciada por este. Uma abordagem multidisciplinar, envolvendo psicólogos, enfermeiros e assistentes sociais, entre outros profissionais, e médicos clínicos e de diferentes especialidades funciona melhor na abordagem desses pacientes. Em alguns pacientes, intervenções psicológicas ou comportamentais podem ser as únicas úteis e necessárias.

A dor crônica é um processo psicológico com componentes afetivos, cognitivos, motivacionais e somáticos. A abordagem completa da dor, portanto, inclui a análise dos seus aspectos psicológicos e seu efeito nos comportamentos e na estabilidade psicológica do indivíduo. O êxito do tratamento do paciente com dor crônica é facilitado pelo esclarecimento dos fatores psicossociais que contribuem para a experiência dolorosa. Desse modo intervenções psicológicas poderão ser oferecidas evitando procedimentos somáticos mais invasivos. Estas abordagens constituem um desafio para muitos pacientes que estão inconscientes dos aspectos psicológicos envolvidos e relutantes em submeter-se àquelas. Portanto, elas devem ocorrer no contexto de uma avaliação interdisciplinar abrangente. Estes fatores psicológicos e as respostas comportamentais associadas alteram a adesão ao tratamento, a resposta terapêutica, a recorrência, a morbidade, a mortalidade e a cura.

A dor representa, no Brasil, a razão mais comum de procura ao sistema de saúde. Apesar disso, em nosso meio, a participação de profissionais da área de saúde mental na assistência aos pacientes com dor ainda é muito modesta e dificilmente um paciente com dor procura espontaneamente um psiquiatra ou psicólogo. Quando a abordagem psicológica não é incluída no tratamento, uma importante oportunidade é perdida e o tratamento não é otimizado. Perde-se a possibilidade de evitar iatrogenias desnecessárias e extremamente custosas e de reduzir de maneira significativa o sofrimento presente. A natureza complexa da dor exige, evidentemente, o emprego concomitante de diferentes tratamentos. Na última década, alguns grupos profissionais desenvolveram importantes esforços para difundir conhecimentos relativos à psicologia da dor no Brasil. Autoridades mundiais no assunto vieram ao país e foi grande o número de profissionais que compareceu aos eventos dessa área. O interesse vem crescendo progressivamente e o número de psicólogos, psiquiatras, assistentes sociais e enfermeiras trabalhando atualmente na área de dor em nosso meio, apesar de ainda insuficiente, já é razoável quando comparado com a década de 1980. Apesar da enorme explosão de pesquisas e publicações sobre o tema psicologia da dor, poucos são os manuais com orientações práticas dirigidos ao paciente e psicólogos disponíveis no mundo. A literatura nacional também é bastante pobre, dificultando sobremaneira o acesso à informação aos interessados. Carecemos também de bons manuais em língua portuguesa com orientação para os profissionais e para o paciente com dor. Desse modo, a iniciativa da Summus Editorial em traduzir e publicar no Brasil o excelente livro *Managing pain before it manages you*, da consagrada médica norte-americana Margareth Caudill, é extremamente oportuna e bem-vinda. Este manual é um dos poucos disponíveis no gênero e apresenta, numa linguagem simples e fácil, uma abordagem comportamental para ensinar aos pacientes técnicas para lidar melhor com a dor crônica. Recorre a exercícios apresentados de forma progressiva que o leitor poderá fazer com ou sem auxílio de um profissional. Seu uso tem-se mostrado útil nas situações em que o sintoma doloroso não reagiu às terapias médicas, como também pode ser usado desde o início associado a tratamentos médicos em andamento. Fundamentado na medicina comportamental, oferece educação aos pacientes relativa a situações que são habitualmente desconhecidas pela grande maioria. Estimula-os a discutirem suas perspectivas relativas a dor, aumentando a aceitação do problema, freqüentemente reduzindo os sintomas, e oferecendo estratégias ativas de enfrentamento, reduzindo a sensação de impotência e passividade. Temos certeza de que, se bem utilizado, poderá acrescentar conforto e alívio às tentativas médicas de enfrentar este terrível sintoma que é a dor.

A dor crônica é um problema de saúde pública significativo e frustrante tanto para as pessoas afetadas por ele quanto para os profissionais de saúde envolvidos em seu tratamento. Os profissionais de saúde mental certamente devem ter um papel mais ativo no cuidado desses pacientes, os quais também devem abandonar a habitual postura passiva de receptores de intervenções terapêuticas oferecidas pela equipe de saúde e adotar uma postura bem mais ativa em seu tratamento. Essa postura pode apoiar-se em bons manuais como este que você tem em mãos. Avanços recentes no tratamento da dor crônica incluem o diagnóstico e tratamento da comorbidade psicológica, a aplicação de tratamentos psicológicos primariamente para a dor crônica, o desenvolvimento de esforços multiprofissionais para oferecer cuidados de saúde abrangentes, integrais e integrados. Psicólogos, médicos e pacientes trabalhando unidos e em sintonia têm, evidentemente, uma chance bem maior de aliviar esse sintoma perturbador e promover uma vida digna de ser vivida, produtiva, reintegrada e, por que não dizer, feliz.

Sucesso.

João Augusto B. Figueiró
Coordenador do Programa Nacional de Educação
Continuada em Dor e Cuidados Paliativos para
Profissionais de Saúde da Associação Médica Brasileira

NOTA: Este Programa aglutina os Conselhos Federais das profissões da área de saúde e as diversas sociedades brasileiras de especialidade médica. Possui um corpo de consultores nacionais e internacionais e visa promover educação nas áreas de dor e cuidados paliativos para profissionais de saúde, pacientes, familiares e população em geral. Para informações, – inclusive detalhes sobre serviços numa cidade, estado ou região específicos, consultar:

Associação Médica Brasileira, Rua São Carlos do Pinhal, 324, Bela Vista, São Paulo, CEP: 01333-903, Caixa Postal 8904-970 – telefone (011) 289-3511; fax (011) 289-6002; e-mail: figueiro.@proconnect.com.br.

PREFÁCIO

Durante os vários anos em que trabalhamos juntos, a dra. Margaret Caudill tem sido minha médica nos assuntos relacionados à dor. Ela sempre me ofereceu uma maneira sábia e bem-sucedida de lidar com a dor; desde problemas articulares relativamente simples até ferimentos graves de um acidente. Sou profundamente grato a ela e sinto-me orgulhoso por ser seu colega.

Os conhecimentos da dra. Margaret sobre a dor refletem uma ampla experiência em combinar abordagens voltadas para a mente e para o corpo, com medicamentos para a dor, exercícios terapêuticos e dieta. Ela desenvolveu um programa para a dor crônica, clinicamente testado, mundialmente reconhecido, e cientificamente comprovado, que reduz a ansiedade e a depressão, assim como a raiva e a hostilidade. Ele diminui a interferência que a dor crônica acarreta na vida dos pacientes; há menos sofrimento e, em muitos casos, a intensidade da dor diminui. Com muita freqüência, essas melhoras ocorrem juntamente com a diminuição do uso de medicamentos e sua abordagem é tão bem-sucedida que, em média, os pacientes reduzem o número de consultas em 36% durante anos após os tratamentos.

A dra. Caudill conseguiu esses notáveis resultados unindo aquilo que as pessoas podem fazer por si mesmas a excelentes tratamentos médicos. O programa é utilizado no *New England Deaconess Hospital,* em Boston, na *Hitchcock Clinic,* em Nashua, New Hampshire, e nas filiais do *Mind/Body Medical Institute* em todo EUA.

Este livro é utilizado pelos pacientes e pelos profissionais de saúde nessas clínicas. Sua publicação permite a utilização desse método por pessoas que não estão participando formalmente de um programa estruturado. Você também pode usá-lo, juntamente com as orientações prescritas pelo profissional que cuida de sua saúde. Ou, ele pode ser prescrito pelo profissional que cuida de você. O livro é agradável e oferece conselhos práticos de maneira atraente.

As pessoas que usaram essa abordagem relatam que, além de diminuir o sofrimento provocado pela dor, aprenderam a aplicar os seus princípios em outras áreas da vida. Elas se comunicam melhor, adotam uma atitude mais positiva e, freqüentemente, alcançam outros objetivos difíceis relacionados à saúde. Em geral, afirmam ter adquirido maior controle sobre suas vidas.

Controle a dor reflete o cuidado e a compaixão da autora, bem como sua experiência e sua sabedoria. As abordagens mente-corpo, bem-sucedidas, exigem tais qualidades. Erroneamente, muitos pacientes acreditam que os tratamentos voltados para a mente-corpo significam que sua dor existe "apenas em suas cabeças". Não é isso o que a dra. Caudill ensina. Ao contrário, ela irá guiá-lo habilmente com suas considerações, ensinando os aspectos benéficos das interações mente-corpo para ajudá-lo a melhorar sua vida.

Acredito que a utilização da abordagem de *Controle a dor* irá ajudá-lo, da mesma forma como tem ajudado milhares de pessoas que já se beneficiaram dele.

Herbert Benson
Harvard Medical School
New England Deaconess Hospital

ANTES DE COMEÇAR
COMO ESTE LIVRO PODE AJUDÁ-LO

Obrigado, Senhor. Finalmente, percebi que a dor pode ser obrigatória, mas o sofrimento é opcional...

Craig T. Nelson, *ator*

Este livro foi cuidadosamente desenvolvido, durante anos de trabalho, com pessoas corajosas que sentiam dor. Se você começou a lê-lo, provavelmente está sentindo dor há algum tempo. Você pode estar com algum tipo de dor para o qual não existe cura, ou pode estar entre aqueles que experimentaram a tremenda frustração de tentar explicar aos médicos que a dor é real e persistente, embora eles não consigam identificar nenhuma causa. Apesar dos seus protestos, eles podem afirmar que todos os testes foram negativos, que não há explicação médica para o seu constante sofrimento, que a cirurgia deveria ter funcionado, ou algo semelhante. Eles também podem sugerir, direta ou indiretamente, que a sua condição é resultado de estresse emocional – ou até mesmo que "está tudo na sua cabeça" – e que você deveria pensar em consultar um psicólogo.

Como se isso já não fosse suficientemente ruim, você precisa voltar para casa e enfrentar a ansiedade das pessoas que ama, que esperavam uma "cura milagrosa" para que todos pudessem voltar a ter uma vida familiar normal. Agora, você precisa dizer-lhes que a sua condição continua igual e que você não sabe mais onde buscar auxílio médico. Se você não retornou ao trabalho, mas encontrou alguns colegas, precisa explicar-lhes que não estava de férias e, educadamente, suportar comentários que não ajudam em nada ("Você *ainda* não está melhor?") ou as sugestões de remédios caseiros (fígado de cobra, pulseiras de cobre etc.). Em resumo, você pode sentir-se abandonado, aterrorizado e completamente sozinho.

Este livro é para você, se você puder dizer: "Eu tenho dor crônica e preciso de ajuda". Mas você não precisa estar numa situação angustiante para usá-lo. As habilidades que ele descreve também podem ajudá-lo a aproveitar melhor o seu atual tratamento médico. Nesse momento, a dor pode ser obrigatória, mas o sofrimento é opcional. E, definitivamente, você não está sozinho.

Caso você seja parente ou amigo de alguém que sofre de dor crônica, este livro também é para você. Ele pode aumentar sua compreensão a respeito da experiência dolorosa, ou poderia ser um presente importante para essa pessoa especial. Finalmente, este livro é para você, se você for um profissional de saúde; ele pode ser um recurso valioso para você e para seus pacientes, que precisam viver com dor.

A história seguinte lhe é familiar?

Uma história comum

Pat entrou no consultório do especialista, cansada e apreensiva ante a perspectiva de descrever novamente sua dor para um estranho. Ninguém jamais parecia ouvir quando ela tentava explicar como era acordar e dormir, dia após dia, sentindo dor. Cada dia ficava mais difícil cuidar de si mesma e de sua família. Seus filhos lhe perguntavam: "Puxa, mãe, o que há de errado com você? Por que eles não resolvem?". Há duas noites, seu marido – frustrado, ela sabia, por sua impotência – disse-lhe bruscamente: "Por que você simplesmente não a ignora?". Ela lembrou-se das palavras do médico da família em sua última visita: "Não há mais nada que eu possa fazer. Você tem dor crônica e precisa aprender a viver com ela". Ela chorara durante todo o trajeto de volta para casa. Entretanto, o médico também lhe dera o nome de um especialista, que trabalhava com pessoas sofrendo de dor crônica, e que conseguira ajudá-las. Essa alternativa não lhe agradou nem um pouco. Mas, depois de gastar milhares de dólares experimentando os efeitos colaterais dos medicamentos; ter-se submetido a cirurgias malsucedidas e ter consultado cinco especialistas, ela não estava mais perto de se livrar da dor.

Assim, lá estava ela, pensou, esperando por mais uma pessoa para lhe dar más notícias. Contudo, o médico lhe fez perguntas que ela nunca ouvira antes – perguntas a respeito de sua experiência dolorosa: Ela já observara se a dor aumentava com determinadas atividades, particularmente quando ignorava os espasmos iniciais, avisando-a para parar? Ela percebera se a dor também atacava quando estava ansiosa ou aborrecida com assuntos familiares ou financeiros? Ela estava mais irritada do que o habitual? Ela chorava com mais facilidade? Ela apresentava sintomas não dolorosos tais como: falta de ar, palpitações, fadiga ou problemas de sono? Pat respondeu sim a todas essas questões.

O especialista lhe disse que sua dor era real – ela não estava, absolutamente, "em sua cabeça", mas a medicina ainda não sabia como eliminá-la. Ela era uma das milhares de pessoas presas nos fios emaranhados de uma teia de dor crônica. Entretanto, muitos dos sintomas de Pat podiam ser tratados, uma vez que ocorriam porque ela ignorava os limites determinados pela dor. Ao identificar novas maneiras de encarar e se relacionar com a dor, ela poderia sentir-se menos impotente, menos desesperançosa e com maior controle. Ela poderia sentir-se mais produtiva e melhor a respeito de si mesma, apenas praticando determinadas técnicas e modificando a rotina diária, de um modo que lhe permitisse levar em consideração o seu desconforto. Os fios da teia de dor de Pat poderiam, na verdade, ser desemaranhados e trançados novamente numa rede de segurança se ela seguisse esse programa.

Pat ainda estava um pouco cética, mas decidiu tentar. Ela sentia que, tendo chegado a esse ponto, não havia nada a perder, e tudo a ganhar.

Este livro descreve o programa que ajudou Pat. Ele também pode ajudar você.

QUAL A EFICÁCIA DO PROGRAMA?

Como Pat, você ainda está um pouco cético?

O programa apresentado neste livro mostrou ser eficaz para ajudar a melhorar a qualidade de vida das pessoas que sofrem de dor crônica. Eu e meus colegas, pela primeira vez, relatamos os resultados num artigo publicado pela revista científica *The Clinical Journal of Pain* (7:305-10, 1991).

Descobrimos que, antes de participar de um programa de administração da dor, como o que apresentamos aqui, nossos pacientes faziam, em média, doze consultas médicas por ano. Após participarem do programa, eles não precisavam consultar seus médicos com tanta freqüência (sete visitas por ano) e, dois anos após o término do programa, o número de consultas médicas continuou diminuindo. Além disso, os pacientes relataram diminuição na depressão, na ansiedade, na intensidade da dor e na interferência da dor em suas atividades. A sensação de estar no controle e os níveis de atividade geral também aumentaram.

Meus colegas e eu acreditamos que essas mudanças foram os resultados diretos da ajuda oferecida a esses pacientes no desenvolvimento de habilidades para lidar com a dor. Essas habilidades permitiram que eles assumissem um papel mais ativo no manejo da sua dor e em sua maneira de viver.

O QUE VOCÊ PODE ESPERAR?

O programa descrito aqui não oferece nenhuma "cura milagrosa". Ele também não promete fazer sua vida voltar a ser exatamente como era antes de você sentir dor. Entretanto, ninguém está sugerindo que você apenas suporte a dor passivamente. Se aprender as habilidades e aplicar as técnicas apresentadas neste livro, você pode esperar tornar-se novamente ativo e envolvido em sua vida, de uma maneira que minimizará os aumentos da dor, diminuindo a aflição de ter esse problema. Envolvendo-se no tratamento de sua dor, você se torna parte da solução do problema.

O QUE ESTÁ ENVOLVIDO?

Este programa de administração da dor irá ajudá-lo a compreender o que é a dor crônica e por que determinados tratamentos lhe foram prescritos no passado. Como forma de começar a desemaranhar a teia de dor na qual você foi apanhado, nós lhe pediremos para explorar sua experiência dolorosa, acompanhando-a diariamente, usando um diário para registrar e comparar os efeitos que outras formas de fazer as coisas tem sobre a sua dor. Você terá muitas oportunidades para refletir a respeito de como deseja viver cada dia. Será encorajado a considerar o fato de que muitos dos antigos hábitos, que no passado eram bons para você, podem não ser tão eficazes agora que você está sendo desafiado pela dor.

Serão apresentadas muitas técnicas para redução do estresse, incluindo exercícios respiratórios, técnicas que provocarão uma determinada reação física chamada "resposta de relaxamento", técnicas de alongamento e exercícios de consciência corporal. Além disso, nós lhe mostraremos como se tornar mais ativo com menos dor, aprendendo a acompanhar e a planejar as suas atividades diárias. Serão explorados métodos de movimentação para quando você estiver sentindo dor, e o uso da respiração para diminuir a tensão da dor durante os movimentos. Também serão discutidas maneiras de usar a nutrição em seu benefício.

Além disso, serão ensinadas formas de lidar com a tristeza, a ansiedade ou a raiva que você possa estar sentindo. Em muitos casos, essas emoções são o resultado das expectativas e crenças mantidas antes que a dor entrasse em sua vida.

Também serão descritos métodos para comunicar as suas necessidades com clareza e expressar-se com eficácia com as pessoas à sua volta, incluindo o profissional que cuida de sua saúde. Finalmente, serão compartilhadas técnicas de resolução de problemas e como começar a planejar uma nova vida, apesar da dor. Então, você estará pronto para tecer novamente os fios emaranhados de sua antiga teia de dor, transformando-a numa rede segura.

O objetivo deste programa é proporcionar-lhe o poder de agir em benefício próprio. Na verdade, tendo decidido ler até esse ponto, você já aprendeu a exercer escolhas. A qualquer momento, pode fechar o livro e interromper o processo, mas, se decidir continuar, poderá abrir muitas portas. Você vai continuar onde está, sentindo-se preso e incompreendido, ou começará a avaliar e a compreender como a sua dor pode ser modificada? Você vai continuar sentindo que está à mercê da dor, ou começará a viver com esperança? Você realmente tem escolhas.

COMO USAR ESTE LIVRO

Este programa tem sido usado por muitas pessoas que se sentem exatamente como você. Corajosamente, elas deram o primeiro passo para lidar melhor com a dor, adquirindo este livro. Quer você o esteja lendo sozinho ou com um grupo de pessoas com dor, tenha a certeza de que os seus esforços são universais. A leitura das histórias de pacientes apresentadas no livro também pode ajudá-lo a sentir-se menos solitário em seu trabalho.

A maioria das pessoas acha que aproveita melhor o livro lendo cerca de um capítulo por semana, mas cada um deve estabelecer seu próprio ritmo. Reserve um período de tempo suficiente para responder a todas as perguntas de cada capítulo e completar todas as tarefas exploratórias (a seguir). À medida que você for lendo o livro, mais habilidades e técnicas serão acrescentadas. Muitas das tarefas não requerem um período de tempo extra em sua agenda, exigindo apenas que você preste atenção à maneira como faz as coisas que já fazia. Algumas das habilidades e técnicas, como aquelas incluídas nos capítulos sobre atitudes e comunicação, podem necessitar um pouco mais de tempo.

Lembre-se de que não há necessidade de terminar os dez capítulos em dez semanas. Pesquisas realizadas com fumantes e pessoas que querem mudar mostram que são necessárias pelo menos dez semanas para começar a mudar o comportamento e seis meses de ação contínua para obter a manutenção dessas mudanças. As pesquisas também mostraram que a verdadeira mudança e, portanto, os benefícios reais, só ocorrem quando as pessoas agem de acordo com a palavra escrita. Se você realmente tem dúvidas sobre os benefícios de trabalhar com este livro, talvez neste momento, você só esteja precisando lê-lo. Contudo, se você está pronto para mudar a maneira como está se sentindo, para melhorar sua vida, realmente é fundamental que execute os exercícios deste livro.

CARACTERÍSTICAS ESPECIAIS DO LIVRO

Para ajudá-lo, incluímos algumas características especiais, como resumo dos capítulos, tarefas exploratórias, listas de leituras adicionais, anexos, folhas de trabalho e outros materiais.

No final de cada capítulo, é apresentado um resumo. Para compreender os pontos principais de cada um deles, talvez seja útil ler primeiramente o resumo – uma pré-estréia das próximas atrações, por assim dizer. Reler o resumo após a leitura do capítulo ajuda a assimilar determinados pontos ou aspectos que você possa ter esquecido.

As tarefas exploratórias estão incluídas na maioria dos capítulos e cada conjunto de tarefas deve ser completado antes de passar para o próximo capítulo. Essas tarefas visam reforçar aquilo que você aprendeu, fazendo-o aplicar as habilidades e técnicas à sua situação em particular, e colocando-as em prática. Elas o levarão do nível da teoria para o da ação, em que ocorre a verdadeira aprendizagem. Se você estiver trabalhando um capítulo por semana, as tarefas exploratórias esclarecerão quais as habilidades que você deve estar praticando em qualquer momento.

Há listas de leituras adicionais no final da maioria dos capítulos. O seu conteúdo (e alguns recursos adicionais) é apresentado na Bibliografia, no Anexo C. Você pode utilizar esse material de leitura para desenvolver ainda mais suas capacidades de enfrentamento.

O Anexo A, "Condições dolorosas crônicas comuns", é uma revisão das observações que eu fiz sobre diversas síndromes de dor crônica e pode ser utilizado como recurso para grupos de apoio ou, em alguns casos, para recomendações de outros tratamentos. O Anexo B, "Trabalhando confortavelmente", foi escrito por um antigo paciente meu para ajudar as pessoas que trabalham com computadores. Ele apresenta recomendações importantes para prevenir lesões ou recaídas.

No final do livro há dois conjuntos de folhas de trabalho e de outros materiais, que podem ser fotocopiados.* Estão inclusas: uma folha para o diário da dor (para explicações sobre sua utilização, ver Capítulo 1); uma folha para o diário da resposta de relaxamento (ver Capítulo 3); uma folha de trabalho de atividades (ver Capítulo 4); uma folha para o diário alimentar (ver Capítulo 5); uma folha de trabalho para monitorar os pensamentos automáticos, emoções e outras respostas a situações estressantes (ver Capítulo 6); e uma folha de trabalho de *feedback* para fornecer informações, a respeito da dor, ao profissional que cuida de sua saúde (ver Capítulo 8).

Os materiais adicionais incluem: 1) um aviso "Não perturbe" que pode ser copiado e pendurado na porta para evitar interrupções durante a prática das técnicas da resposta de relaxamento; e 2) uma carta para o profissional que cuida de sua saúde. Sugiro que você a arranque ou copie-a, compartilhando-a com ele na sua próxima consulta. Ela explica como ele pode ajudá-lo a usar as informações deste livro, e ajuda a incluí-lo no programa caso você tenha escolhido o livro sozinho.

UMA NOTA FINAL

As soluções oferecidas neste livro são para pessoas reais, vivendo no mundo real. As habilidades e técnicas são práticas e as recomendações baseiam-se em anos de trabalho com pessoas que sofrem com dor, assim como você. Nós o encorajamos a ler e reler cuidadosamente, mesmo as afirmações que possam parecer desagradáveis ou angustiantes. A afirmação de que é possível viver com dor, ou de que após ler este livro você necessariamente não ficará livre dela, pode ser a última coisa que você quer ouvir. Compreendo que não foi você quem escolheu sentir dor e que sua vida foi modificada por ela. Essas recomendações para trabalhar com a dor e reconstruir sua vida não são feitas levianamente. Elas são feitas porque percebi que, com ajuda, as pessoas são capazes de viver com dor, e até mesmo superá-la de maneira notável. Você pode ser produtivo, aproveitar os prazeres da vida e também realizar alguns sonhos, se aplicar o que leu neste livro ao seu problema de dor. Espero que este seja um novo começo positivo para você. Bem-vindo ao programa!

---

* *Nota sobre direitos de fotocópia*: A editora concede aos compradores do livro permissão para reproduzir as folhas de trabalho e formulários da seção final deste livro somente para uso pessoal ou terapêutico profissional.

Começando a Controlar
Sua Dor

Talvez você ainda tenha dúvidas sobre se irá aproveitar a sua vida novamente enquanto sentir dor crônica, ou se vale a pena viver com ela. Contudo, vamos pelo menos explorar de que maneira é possível uma vida de qualidade, com dor crônica. A solução é assumir a responsabilidade pela sua dor (não no sentido de aceitar a culpa por ela ou culpar os outros, mas, sim, de aceitar a sua "posse"); determinar exatamente quais são os seus problemas como resultado da dor; e reavaliar os seus objetivos à luz dessa informação. Este capítulo oferece o primeiro conjunto de ferramentas para você começar a adquirir controle sobre sua dor: um diário e o estabelecimento de objetivos. Entretanto, para começar, vamos dar uma olhada na primeira das três soluções: aceitar a posse de sua dor.

ACEITANDO A POSSE DA DOR

Em sua atual definição, o problema é que você sente dor e ela não desaparece. Esse é um importante primeiro passo; antes que você possa fazer qualquer coisa a respeito da dor, precisa reconhecer que ela existe. Entretanto, no momento, você também pode sentir-se inclinado a culpar os outros por sua dor. Você pode sentir que os médicos o decepcionaram por não terem encontrado e curado a causa da dor ou, pelo menos, por não terem conseguido fazê-lo sentir-se melhor. Talvez você acredite que as pessoas que ama não estão fazendo nada para ajudá-lo, estão demonstrando falta de compreensão ou de empatia com relação ao seu problema. Você pode até mesmo considerar a sociedade culpada por causar a situação que o faz sentir dor ou por não facilitar sua busca por ajuda.

O fato de estar triste, zangado ou ansioso com respeito à ruptura de toda a sua vida como resultado da experiência dolorosa é compreensível e normal. Nessas circunstâncias, pode ser muito tentador considerar os outros culpados pela dor e responsabilizá-los pela cura. Na verdade, muitas pessoas com dor páram sua vida esperando que os outros – médicos, familiares ou a sociedade – façam o mesmo. Mas o problema é que o desejo de livrar-se da dor e da responsabilidade por ela somente prolongará e aumentará os sentimentos de impotência. Se a dor não desaparecer logo – e essa é a verdadeira natureza da dor crônica –, então, assumir a responsabilidade de viver com ela poderá lhe devolver o controle sobre sua vida. Se puder adotar uma atitude de "posse" do problema doloroso, você tem potencial para adquirir controle sobre ela. Embora você possa precisar de ajuda profissional, da família e da sociedade para desemaranhá-lo de sua teia de dor, a tarefa de juntar os fios e tecê-los novamente, transformando-os numa rede de segurança é sua, e somente sua.

Agora, você pode estar pensando algo como: "Ah!, legal. Quer dizer que eu sou responsável pela minha dor, certo? Eu sou o culpado? É isso que todos dizem – ou pelo menos insinuam – o tempo todo. Eu já me sinto mal e suficientemente culpado do jeito que as coisas são". Não é absolutamente isso o que queremos dizer. Como você provavelmente já sabe, a culpa e a autocensura podem ser emoções paralisantes. Elas podem fazê-lo pensar que, uma vez que você é uma pessoa tão ruim e inútil, não tem sentido fazer qualquer coisa. Por outro lado, aceitar a posse da dor significa reconhecer que você *é* uma pessoa de valor, que *faz* sentido fazer alguma coisa e que você *realmente* tem escolhas. É muito diferente de culpar a si mesmo.

A dor crônica é complexa, com muitas origens e tratamentos, e muito malcompreendida. Este livro lhe fornecerá as informações de que você precisa para seguir adiante. Embora sua vida vá ser diferente de como era antes do surgimento da dor, você pode mudar alguns dos aspectos da dor e aprender a aceitar ou trabalhar com outros aspectos, para que eles provoquem menos sofrimento. Sua tarefa será difícil, mas não impossível.

DETERMINANDO EXATAMENTE QUAIS SÃO OS SEUS PROBLEMAS

> A ordem e a simplificação são os primeiros passos para dominar um assunto – o verdadeiro inimigo é o desconhecido.
>
> Thomas Mann, *The magic mountain* (1924)

A IMPORTÂNCIA DE ACOMPANHAR OS NÍVEIS DA DOR

Uma importante maneira de adquirir controle sobre a dor é registrá-la para que você possa ver como determinados fatores – por exemplo, atividades, condições atmosféricas, tensão e insônia – aumentam ou diminuem os seus níveis. Isso deveria ser feito três vezes ao dia, a intervalos regulares, de acordo com sua conveniência. Por exemplo, você poderia registrar o nível da dor ao acordar, após o almoço, e, novamente, na hora de dormir. Essa regularidade é importante, porque se você registrar a dor somente quando estiver consciente dela, necessariamente não irá senti-la quando ela estiver alterada. Com o tempo, registrar a dor a intervalos regulares o fará perceber se há quaisquer padrões em sua dor. Esses padrões lhe permitirão determinar mais facilmente a natureza exata dos seus problemas.

Muitas pessoas resistem à idéia de registrar sua dor, e você pode ser uma delas. Para começar, você não somente está sentindo dor, como também precisa enfrentar o aborrecimento adicional de registrar tudo isso – e três vezes ao dia! Você talvez diga: "Por que preciso fazer isso? Não é justo!". Talvez a história seguinte possa ajudá-lo.

Paula ficava muito irritada diante da idéia de registrar os níveis de sua dor. Suas costas doíam e ela já sabia que estava sentindo dor. Por que precisava anotá-la três vezes ao dia? Ela não tinha tempo para uma atividade tão ridícula.

A princípio, Paula sentia-se tão infeliz, que o fato de registrar a dor apenas a fazia perceber como sentia-se mal. Aos poucos, ela percebeu o quanto negara a dor nas costas e como esta a impedira de fazer qualquer coisa produtiva ou agradável. Ela não somente tivera de desistir de trabalhar fora de casa, como também quase não conseguia executar os afazeres domésticos. Certamente, sua casa não estava tão limpa quanto costumava ser. Pior ainda, ela estava irritada com o marido e gritava com as crianças. Raramente via seus amigos e, realmente, não se importava mais em sair para passear. Não era assim que Paula queria viver.

Paula também começou a ver como se forçava durante o dia e como desmoronava à noite. Ao acordar, suas costas estavam rígidas e a dor aumentava gradativamente. O que a provocava? Ela não estava acompanhando a si mesma? Ela estava estressada pela rotina? Lentamente, as respostas ficaram nítidas.

Com o tempo, Paula viu que registrar a dor a ajudava a aprender mais sobre a relação entre a dor, aquilo que ela fazia e a maneira como fazia. Ela conseguiu incorporar as habilidades que aprendeu no programa de administração da dor em sua rotina diária e, finalmente, conseguiu adquirir muito mais controle sobre ela.

Se você não acha que registrar sua dor será um aborrecimento, ótimo. Se acha, pense nisso: Você fez o melhor que podia em sua atual situação e, mesmo assim, ainda não conseguiu controlar sua dor. Registrar os níveis da sua dor pode ajudá-lo a determinar onde você pode ter encalhado e levá-lo para a direção certa. Você não pode lembrar-se exatamente de como é a sua dor em todas as condições, durante um longo período de tempo. Portanto, dê uma oportunidade ao método de registrá-la – ele pode funcionar para você. Lembre-se: *Aquilo que você conhece, você pode controlar.*

MANTENDO UM DIÁRIO DA DOR

Uma maneira eficaz de registrar a dor é usar o diário da dor, apresentado no final do livro. Há um modelo de formulário preenchido, juntamente com um formulário em branco, que pode ser copiado.

Instruções

No diário, é importante que você diferencie a "sensação da dor" da "aflição da dor", como segue. "Sensação da dor" refere-se ao componente físico, como por exemplo: pontadas, ardor, tensão e outras sensações físicas que você pode sentir. "Aflição da dor" refere-se à *percepção* da dor, e é uma medida do sofrimento emocional experienciado – por exemplo, frustração, ansiedade, raiva ou tristeza que você pode sentir.

Observe que a palavra "sentir" pode ser usada para descrever tanto as sensações corporais/físicas quanto as reações mentais/emocionais. Isso pode causar confusão quando você tentar descrever a experiência dolorosa para si mesmo e para o mundo exterior. Há alguns anos, quando percebi que na última sessão do grupo de dor os pacientes falavam muito sobre como estavam se sentindo bem, embora os registros da dor tivessem diminuído apenas um pouco desde o início do programa, fiquei bastante surpresa e comecei a pedir-lhes que fizessem uma distinção entre sensação e aflição. Eles responderam sem hesitação: "Nós ainda sentimos a dor [a sensação física], mas nos *sentimos* muito melhor a seu respeito [a aflição]. Não estamos tão impotentes. Sabemos o que fazer e nos sentimos novamente no controle".

Muita coisa pode ser feita com relação à sua aflição. Você pode começar entrando em contato com a sua maneira de experimentar a dor, física e emocionalmente. Talvez você descubra que predominam as sensações físicas *ou* as emocionais; levará algum tempo para você fazer essa distinção. Alguns dos exercícios, nos próximos capítulos, irão ajudá-lo a separar esses sentimentos.

1. Registre o nível da sua dor no diário da dor, três vezes ao dia, a intervalos regulares, como descrito acima – por exemplo, pela manhã, à tarde e à noite.

2. Na folha do diário, há um espaço reservado para a descrição da situação de cada classificação da sensação/aflição da dor. Por exemplo, você estava assistindo à TV, almoçando, trabalhando no computador, ou fazendo o jantar? Anote a atividade na qual você estava envolvido naquele momento.

3. Classifique a sensação e a aflição usando números de 0 a 10, como segue:

     0 = Sem dor/aflição
     1-9 = Variação em intensidade de sensação/aflição
     10 = Pior dor/terrivelmente perturbado

   Podem ser necessárias algumas semanas para determinar o que os números significam para você. Isso é normal. A dor é uma experiência pessoal e você só estará classificando a própria experiência. (Contudo, caso você sinta uma dificuldade contínua ou particular, leia o exercício "Classificando sua dor", parte da seção "Escutando o seu corpo", no Capítulo 4.)

4. No final de cada dia, some os números das três classificações para a "sensação da dor" e faça uma média, dividindo o total por três, para obter uma classificação diária da dor. Faça o mesmo para as classificações da "aflição da dor". Fazer um gráfico dos números para as diferentes horas do dia e para as médias diárias pode ajudá-lo a perceber mais nitidamente os padrões da dor, nas semanas e meses durante os quais você estiver desenvolvendo o programa de auto-administração. Recomendo que você continue a preencher o diário da dor durante pelo menos três meses. Você pode parar quando os níveis da dor ficarem estáveis e você estiver se sentindo melhor e com mais controle sobre a sua resposta à dor. Comece novamente se a dor aumentar.

5. Há, também, um espaço para registrar qualquer medicamento ou atitude tomada para ajudar a aliviar a dor. Por exemplo, se você tomou um banho quente, fez uma caminhada, fez alongamento ou tomou duas aspirinas, registre o fato.

O diário da dor visa o seu benefício e sua auto-exploração. Portanto, se você achar melhor registrar a dor em duas áreas diferentes do corpo ou se quiser fazer uma distinção entre a aflição da dor e as aflições da vida, nós o encorajamos a fazê-lo. O diário da dor também pode ser uma importante fonte de informação quando você for consultar o seu médico, particularmente, quando vocês estiverem acompanhando suas respostas ao tratamento ou às suas crises.

Observando as variações da dor

Se você descobrir que está classificando a dor com o mesmo número, três vezes ao dia, os sete dias da semana, examine-a mais detalhadamente. A sensação e a aflição variam; elas raramente permanecem constantes durante dias e semanas. Entretanto, é comum as pessoas com dor resumirem ou globalizarem sua experiência dolorosa fazendo-a parecer invariável e ininterrupta.

A variação natural na sensação e na aflição da dor é o resultado da mudança de atenção, de uma coisa para a outra, devido a fatores adicionais tais como: humor, fadiga ou tensão muscular que influenciam a experiência dolorosa a cada momento. O cérebro, juiz final das informações sensoriais e emocionais, tende a prestar mais atenção aos níveis de sensação ou situações variáveis. Rapidamente, ele fica entediado com estimulação, sons e dores constantes provenientes de fora ou de dentro do corpo. Portanto, a dor e a sua percepção também variam.

Por exemplo, quando você entra numa sala e o ventilador está ligado, talvez perceba o som ao entrar nela pela primeira vez; entretanto, após um curto período de tempo, você se "esquecerá" dele. Se o ventilador for desligado, você pode prestar atenção à ausência do som durante alguns segundos. Igualmente, você pode não estar consciente da pressão de suas costas contra o encosto de uma cadeira enquanto está sentado, lendo essa frase, mas agora que chamamos sua atenção, de repente, você se torna consciente dela. Essa percepção também desaparecerá subitamente, alguns segundos depois, se você continuar lendo.

Você pode utilizar o breve espaço de tempo de atenção, que o cérebro dedica à constante estimulação, como um meio para alterar a experiência dolorosa. Essas técnicas serão discutidas mais adiante.

O QUE VEM DEPOIS?

É provável que você se sinta pior nas próximas semanas. Você pode dizer: "Ah! Não! Pensei que esse programa pretendesse fazer com que eu me sentisse melhor, não pior". Bem, não entre em pânico ainda. Esse programa começa ajudando-o a identificar aquilo que você está sentindo, física e emocionalmente. Se você começar a sentir-se pior, não é porque a dor está piorando, mas porque você a está trazendo para a consciência, e isso altera sua percepção. Lembre-se disso como uma referência para o futuro: Mudar sua percepção também modifica a dor.

A maioria das pessoas utiliza a negação para lidar com a dor. Isso talvez funcione para problemas de curto prazo, mas, geralmente, os problemas de longo prazo exigem uma ação consciente. A ação consciente permite que você se envolva em atividades, sem piorar a sua dor. Durante todo o programa, nós lhe pediremos para aumentar a consciência ou a percepção dos seus pensamentos, experiências e interações diários. Você aprenderá a se desviar da dor; entretanto, essa será uma ação consciente da sua parte, totalmente sob o seu controle e livre de quaisquer efeitos colaterais prejudiciais. É um processo, o que significa que exige tempo, e agora você está apenas começando.

ESTABELECENDO OBJETIVOS

Muitas vezes, as pessoas com dor afirmam sentir-se isoladas, sem rumo, sem objetivos e fracassadas. Em parte, esses sintomas são o resultado de expectativas não realizadas, uma vez que a dor limita as atividades e o desempenho. Agora, sem dúvida, você se considera incapaz de alcançar e fazer tudo aquilo que desejava. A habilidade para atuar e envolver-se numa atividade significativa dá sentido à vida. Quando as atividades significativas são aparentemente afastadas por causa da dor crônica, você sofre mais ainda. Um diário é uma forma de dar foco à sua vida, trazendo ordem e simplificação a essa "grande desconhecida", a dor, e determinando o que pode ser feito para minimizá-la ou lidar com ela.

Outra maneira de adquirir algum controle sobre a dor é estabelecendo objetivos, por meio dos quais você pode lentamente trazer a ordem, o sucesso e a realização de volta à sua vida. Nesse momento em particular, estabelecer objetivos servirá para ajudá-lo a comprometer-se com esse programa. Mas se você não está acostumado a fazer isso, pode ser difícil. A chave é estabelecer objetivos *viáveis*.

Isso é particularmente importante quando você está aprendendo a viver com a dor, porque você não precisa sentir-se mais fracassado do que talvez já esteja. Há maneiras de estabelecer objetivos que não o deixarão fracassar. Ao realizar o processo de estabelecimento de objetivos, lentamente e com facilidade, a cada pequeno sucesso você poderá buscar desafios maiores.

Vamos começar considerando três objetivos que você gostaria de alcançar com esse programa. Os objetivos devem ser de curto prazo, podendo ser alcançados em dois ou três meses.

CRITÉRIOS PARA O ESTABELECIMENTO DE OBJETIVOS

Use os seguintes critérios para desenvolver os seus objetivos:

1. *Um objetivo deve ser mensurável.* Você pode avaliar quando ele foi alcançado?
2. *Um objetivo deve ser realista.* É possível alcançá-lo, mesmo sentindo dor?
3. *Um objetivo deve ser comportamental.* Ele envolve ações ou providências específicas?
4. *Um objetivo deve estar centrado no "eu".* É você a pessoa envolvida nas ações ou comportamentos a serem avaliados?
5. *Um objetivo deve ser desejável.* Você deseja alcançar o objetivo, o suficiente para se esforçar?

O objetivo de Cindy era sentir-se menos estressada em quatro semanas. Parecia razoável, mas o que, exatamente, isso significava? O objetivo "sentir-se menos estressada" era mensurável? O que era "sentir-se estressada?" O que ela queria dizer com "sentir-se menos estressada?" Que mudança de comportamento, na forma de ações ou providências específicas, Cindy precisaria efetuar para alcançar esse objetivo? O seu sucesso seria deixado ao acaso se ela não respondesse a essas perguntas. E deixá-lo ao acaso não garantiria o sucesso; poderia até mesmo torná-lo improvável.

Cindy examinou novamente seu objetivo e decidiu que, para ela, "sentir-se estressada" significava sentir tensão na região posterior do pescoço. Ela desejava ser capaz de controlar a tensão no pescoço. Se pudesse fazer isso, talvez as dores de cabeça também melhorassem. Agora, ela podia fazer uma lista de comportamentos com os quais poderia alcançar o seu objetivo mensurável e desejável – menos tensão no pescoço e diminuição no número de dores de cabeça.

Cindy decidiu que nadaria três vezes por semana, faria intervalos de sessenta segundos a cada hora, em seu trabalho no computador para fazer alongamentos (ver Capítulo 4) e praticaria uma técnica de resposta de relaxamento (ver Capítulo 3), uma vez por dia. Assim, ela tornou seus objetivos comportamentais (esses eram passos específicos, claros) realistas (esses passos seriam relativamente fáceis) e centrados no "eu" (ela, e não outra pessoa, estaria envolvida nessas atividades).

Após trabalhar algum tempo em direção ao seu objetivo, ela poderia ver por si mesma se a tensão no pescoço diminuíra e se isso influenciava as dores de cabeça. Seu sucesso não foi deixado ao acaso, mas foi o resultado de um esforço consciente de sua parte.

EXERCÍCIO PARA ESTABELECER OBJETIVOS

Agora, anote três objetivos relacionados ao programa de administração da dor, os quais você gostaria de alcançar nos próximos dois ou três meses. Torne-os viáveis em cada uma das cinco maneiras descritas acima.

Vamos usar o objetivo de Cindy como exemplo:

1. **Objetivo:** *Diminuir a tensão na parte posterior do pescoço e diminuir as dores de cabeça.*

   Passos para alcançar esse objetivo:

   A. *Nadar três vezes por semana.*
   B. *Fazer intervalos freqüentes do trabalho no computador, para fazer alongamentos.*
   C. *Praticar uma técnica de resposta de relaxamento uma vez por dia.*

Agora é a sua vez.

1. **Objetivo:**_____

   Passos para alcançar esse objetivo:

   A. _____
   B. _____
   C. _____

2. **Objetivo:**_____

   Passos para alcançar esse objetivo:

   A. _____
   B. _____
   C. _____

3. **Objetivo:**_____

   Passos para alcançar esse objetivo:

   A. _____
   B. _____
   C. _____

Estabelecer objetivos é uma forma de assumir um compromisso com o programa de auto-administração. Se você estiver confuso ou resistente, pergunte-se: "por quê". Você foi suficientemente claro ao definir aquilo que desejava? Você quer alguma coisa que não pode alcançar neste momento? Há alguma maneira de modificar o desejo e torná-lo viável? Não se surpreenda ao descobrir que está sentindo-se triste, zangado ou frustrado com este exercício, particularmente se houver coisas que você deseja fazer mas não pode. A habilidade de ser flexível e identificar outros objetivos possíveis, apesar da dor, pode ser muito recompensadora. Novamente, você tem escolhas. Estabelecer objetivos é um passo na direção da identificação dessas opções.

Dê parabéns para si mesmo por ter tido coragem e determinação para iniciar esse processo e adquirir uma nova compreensão e controle sobre sua vida!

RESUMO

- Assumir a posse de sua dor é o primeiro passo para adquirir controle sobre ela.
- Registrar a dor ajuda a perceber os fatores que a aumentam ou a diminuem e, portanto, a perceber quais são exatamente os seus problemas.
- O diário o ajuda a acompanhar a dor.
- Reconhecer a dor pode fazê-lo sentir-se pior... temporariamente. Entretanto, você pode aprender a desviar-se conscientemente dela.
- É importante estabelecer objetivos viáveis – isto é, mensuráveis, realistas, comportamentais, centrados no "eu" e desejáveis – para ter sucesso.

TAREFAS EXPLORATÓRIAS

1. Quando a dor piorar, relacione as coisas que você faz, agora, para melhorá-la:

_____

_____

_____

_____

_____

2. Desenhe sua imagem, e a imagem de sua dor. Use lápis-cera ou lápis-de-cor. Não faça um desenho em preto e branco, por favor! Essa arte-final não será exibida, mas é um exercício importante para analisar a dor de maneira não-verbal.

Use esse espaço para desenhar você e a sua dor (sinta-se à vontade para usar outra folha se este espaço não for suficiente):

2

COMPREENDENDO A DOR

A dor, assim como a febre, é um sintoma. Ela também é um componente vital da experiência humana. Vamos examinar os seus diversos significados:

- *Biologicamente*, a dor é um sinal de que o corpo foi danificado.
- *Psicologicamente*, a dor é experienciada como um sofrimento emocional.
- *Comportamentalmente*, a dor altera a maneira de uma pessoa se movimentar e agir.
- *Cognitivamente*, a dor exige que se pense no seu significado, sua causa e possíveis tratamentos.
- *Espiritualmente*, a dor tem sido um lembrete da mortalidade.
- *Culturalmente*, a dor tem sido usada para testar a coragem das pessoas ou para forçar sua submissão.

A dor é um processo complexo e sua percepção consciente pode ser ampliada, colorida e reinterpretada pelas experiências das pessoas.

CATEGORIAS DE DOR

O corpo experimenta duas categorias de dor: a "dor aguda" e a "dor crônica".

DOR AGUDA

Dor aguda é aquela que geralmente tem uma fonte identificável e duração limitada. Eis alguns exemplos de dor aguda:

- *A resposta ao tocar um ferro quente.* O ferro quente provoca dor e a mão é afastada. A fonte da dor é o ferro quente, que estimula os nervos da mão.
- *Apendicite.* A dor de um apêndice infeccionado é um processo agudo mais complicado. A dor serve como um aviso de que alguma coisa está errada e leva a pessoa a buscar alívio.
- *Dores do parto.* A dor durante o parto é aguda; a fonte certamente é conhecida e (na maioria dos casos) de curta duração.

Dentro de um período de tempo previsível, a queimadura sara; o apêndice é retirado e a ferida cirúrgica cicatriza; e a criança nasce. Em geral, as pessoas recuperam-se da dor aguda num período de tempo razoavelmente limitado. No início da dor, podemos sentir ansiedade ou medo, mas isso deve diminuir quando o problema é identificado, o tratamento é iniciado e a recuperação começa a ocorrer. A dor aguda é um importante sintoma ao qual devemos prestar atenção, mas não há vantagem em recusar o alívio da dor após o diagnóstico ou o início do tratamento.

DOR CRÔNICA

A dor crônica ocorre quando o próprio mecanismo para a dor não funciona adequadamente ou quando determinadas doenças associadas à dor tornam-se crônicas por razões desconhecidas. Isso resulta em dor contínua e o próprio sintoma torna-se uma doença. Com freqüência, a dor crônica é mal definida no que se refere à sua fonte ou causa, durando mais do que três meses e, comumente, está associada a múltiplas conseqüências biológicas, psicológicas e sociológicas.

Eis alguns exemplos de problemas associados à dor crônica:

- Dor nas costas ou no pescoço.
- Cistite intersticial.
- Neuropatia diabética.
- Dores de cabeça.
- Fibromialgia.

Uma variação da dor crônica é a dor crônica intermitente. Isto é, períodos sem dor, alternados com semanas ou até meses de dor diária. Os exemplos de dor crônica intermitente incluem as enxaquecas, a artrite reumatóide e a síndrome do cólon irritável.

A EXPERIÊNCIA DA DOR CRÔNICA

Com a dor crônica, pode haver um aumento da experiência dolorosa por causa da longa duração dos sintomas, sem nenhum alívio. Essa sensação pode ser influenciada pelo meio ambiente (mudanças climáticas), expectativas ("Se eu sinto dor devo estar fazendo alguma coisa errada"), pela busca de significado ("Por que eu?"), e/ou padrões culturais ("Sem dor nada se consegue"). As suas percepções (crenças, atitudes, disposições de espírito) afetam muito a experiência da dor crônica.

Embora possa não haver nenhuma explicação clara para a dor crônica, você tende, biológica e psicologicamente, a buscar uma solução para o problema. Lembre-se de que a presença da dor e a pressão para agir quando ela está presente são estabelecidas numa parte muito antiga e primitiva do cérebro. Quando o sistema responsável pela dor está ativo, há um aviso de perigo e dano. Quando o sistema está sobrecarregado ou começou a reagir indiscriminadamente, pode ser uma fonte de estresse físico e emocional. Como resultado, você pode apresentar ainda mais sintomas adicionais (fadiga, tensão muscular e insônia), que são o resultado do estresse provocado pela dor crônica.

Durante meses ou anos, você tem experimentado o estímulo constante da dor. Biologicamente, você precisou viver com um sinal que geralmente exige a máxima urgência e atenção. Psicologicamente, pode sentir-se ansioso, deprimido e abandonado. Comportamentalmente, pode ter se tornado menos sociável, afastando-se de atividades ou da companhia de outras pessoas. Cognitivamente, pode considerar-se inadequado para enfrentar esse desafio, ou estar tão cansado e preocupado a ponto de não saber o que fazer. Espiritualmente, pode sentir-se derrotado e abandonado. E culturalmente, pode estar lutando contra regras ou expectativas sobre como você deveria sofrer.

É importante que você compreenda o que a dor crônica é e o que ela não é, e quais os mecanismos que perpetuam a sua presença. O seu inimigo é o desconhecido. Da mesma forma como manter um diário da dor, que o ajuda a determinar como é a sua dor, compreender o processo doloroso pode aproximá-lo do seu controle.

Agora que você teve a oportunidade de aprender um pouco sobre dor aguda e dor crônica, leia a história seguinte, uma história comum para muitas pessoas que acabam tendo dor crônica. Veja se você pode identificar as fases aguda e crônica do processo.

Sarah, uma professora de inglês muito ativa, de 31 anos de idade, gostava de jardinagem, de dançar e de andar cavalo nas horas de folga. Um dia, ao abaixar-se para revolver o esterco, sentiu uma forte dor na perna direita, que a fez claudicar enquanto se afastava. Durante uma semana ela não fez nenhum esforço, parou os exercícios e não cavalgou para ver se a dor melhorava. Não melhorou. Então, foi consultar o seu médico. O exame mostrou que Sarah perdera os reflexos na perna direita. Uma tomografia axial computadorizada revelou uma hérnia de disco na região inferior das costas. Ela foi encaminhada a um neurocirurgião, que recomendou uma cirurgia.

Nessa época, a dor de Sarah era como uma faca enfiada em sua perna, descendo pela panturrilha e atingindo o pé. Ela não conseguia encontrar uma posição confortável para dormir, e a dor constante a pertubava. Tinha pesadelos nos quais era submetida à cirurgia e ficava presa a uma cadeira de rodas pelo resto da vida. Ela estava ansiosa e assustada; tirou licença do trabalho, porque a dor não lhe permitia continuar assumindo as responsabilidades da sua profissão.

Sarah passou três semanas ansiosa e sofrendo, esperando a dor diminuir. Quando isso não aconteceu, decidiu submeter-se à cirurgia. Tudo correu bem e embora Sarah estivesse tensa e dolorida devido à incisão, a perna já estava melhor do que estivera em semanas. A dor da incisão tornou-se tolerável devido aos medicamentos. Após três dias, ela deixou o hospital e, em oito semanas, estava de volta ao trabalho. Além disso, podia praticar jardinagem, andar a cavalo e até mesmo dançar sem sentir dor.

Dois meses depois, Sarah começou a sentir dor no joelho direito. Ela atribuiu a dor a uma recente caminhada. Novamente, esperou que desaparecesse sozinha. Após duas semanas, começou a perceber que estava friccionando as costas constantemente, em especial no final do dia. Percebeu, também, que estava acordando no meio da noite, com dolorosos espasmos nas costas. Sua ansiedade em relação a estar com outra hérnia de disco provocou mais distúrbios no sono. Ela voltou ao neurocirurgião, que não encontrou nada de anormal no exame e recomendou que esperasse mais algumas semanas para ver se a dor melhorava. Mas a dor aumentou e Sarah deixou de fazer qualquer tipo de esforço físico.

Novamente, ela procurou o neurocirurgião, que fez um exame de ressonância magnética com gadolínio; o exame não revelou nada de anormal, a não ser um aumento no tecido da cicatriz ao redor do local da laminectomia anterior. Como ele não parecia estar pressionando as raízes nervosas e não era operável, o cirurgião imaginou se Sarah não estivera recentemente sob algum tipo de estresse. Ele recomendou que ela se mantivesse ocupada e sugeriu que, com o tempo, o problema se resolveria. Sarah deixou o consultório aturdida. Ao chegar em casa, sua imaginação estava correndo solta. "Eu sinto dor. Por que eles não acham nada? E se eles não notaram alguma coisa importante?" Sarah lembrou-se de sua tia, que tivera dor nas costas e lhe disseram que não havia nada de errado com ela; finalmente, a tia morreu de câncer.

Sarah sentiu-se aterrorizada e desesperada. Ela não conseguia mais fazer trabalhos habituais em casa. Passar o aspirador era torturante. Ficar em pé ou sentar-se durante algum tempo era doloroso. Ela estava perdendo a paciência com os alunos e começou a faltar no trabalho. Geralmente, estava muito cansada para sair, e quando saía estava sempre se queixando. Após algum tempo, os amigos deixaram de convidá-la. Ela sentia-se exausta, sozinha, deficiente, infeliz e não amada. Ela não tinha mais controle sobre seu corpo. Agora, a dor estava no limite.

Um dia, Sarah decidiu que seria capaz de fazer o que precisava, apesar da dor. Ela era forte; tudo o que precisava era conseguir executar suas atividades diárias. Nesse dia, ela limpou a casa, deu aulas e tomou uma dúzia de aspirinas para ajudar a diminuir a dor. Na manhã seguinte, não conseguiu sair da cama.

Então, Sarah procurou outro cirurgião, que pediu um mielograma. O exame não revelou nenhuma hérnia de disco, mas o cirurgião sugeriu que a estabilização da coluna vertebral, por meio de fusão, lhe proporcionaria alívio. Sarah estava tão desesperada que se submeteu à operação. Mas ela não funcionou, e a dor continuou. Ela ficou ainda mais deprimida. Nessa ocasião, ela não conseguia trabalhar e sobrevivia com a quantia recebida do seguro por invalidez, mas os seus rendimentos, certamente, não eram iguais aos da época em que trabalhava. Além disso, os representantes do seguro atormentavam-na com solicitações de documentos, que exigiam mais consultas a diversos médicos, para o preenchimento de formulários. Os funcionários do escritório faziam-na sentir-se uma chata. Os médicos nunca preenchiam os formulários a tempo e, no final do mês, ela sempre entrava em pânico se o cheque estivesse atrasado.

O médico da família lhe disse para aprender a viver com a dor e encaminhou-a a um psicólogo, que determinou que ela não deveria estar sentindo tanta dor. Ela concordou, mas ninguém estava lhe respondendo de que maneira eliminá-la. Mais do que qualquer coisa, ela desejava saber por que sentia tanta dor.

Se essa história lhe parece familiar, você não está sozinho. Muitas pessoas com dor crônica experimentaram frustrações semelhantes. Talvez você tenha se identificado com os sentimentos de Sarah relacionados à sua dor. Você foi capaz de identificar as características da dor aguda *versus* a dor crônica, nessa história?

Vamos examinar novamente a dor crônica. A dor crônica pode surgir logo após um dano (como no caso de Sarah) ou sem nenhum dano específico. Por exemplo, em distúrbios como a fibromialgia (ver Anexo A), as pessoas podem experimentar sintomas de dores musculares e articulares, fadiga e insônia, que aumentam e diminuem. E, no entanto, geralmente não há nenhum dano para explicar o surgimento original da dor na fibromialgia. O diagnóstico é realizado pela exclusão ou eliminação de distúrbios específicos, como a artrite reumatóide e o lúpus. Não há nenhum tratamento conhecido para a fibromialgia, a não ser tratar a insônia e as dores no corpo. Entretanto, a dor é tão complexa e desgastante quanto aquela provocada por um dano específico.

Quer sua condição tenha ou não uma explicação clara, a persistência dos sintomas provavelmente provocou múltiplas conseqüências. Na verdade, os sentimentos de isolamento e desespero resultantes da perda do desempenho físico e social podem ter se transformado em sintomas. Sem habilidades eficazes para lidar com isso, você provavelmente sente-se impotente e desesperado. Neste programa, você aprenderá a fortalecer as suas atuais habilidades, bem como a desenvolver novas.

Lembre-se de que as suas experiências são reais e normais, e as suas respostas são compreensíveis. O fato de elas não serem desejáveis é um ponto a seu favor. Isso pode lhe dar a perseverança para continuar lendo.

OS PROCESSOS ENVOLVIDOS NA DOR AGUDA E NA DOR CRÔNICA

Vamos examinar de que maneira são criadas as dores aguda e crônica, verificando cada um dos processos envolvidos e a base para o tratamento.

O PAPEL DOS NERVOS PERIFÉRICOS NA DOR

Sob circunstâncias normais, os nervos sensitivos para a dor servem como um sistema de alarme, respondendo a danos extremos provocados por calor e frio, trauma (acidental ou cirúrgico), ou mensageiros químicos liberados durante a inflamação. Essas vias nervosas, que vêm de receptores especiais para a dor, servem de caminho final comum para a informação dolorosa que entra no sistema nervoso central, independentemente da fonte de estímulo que provocou sua excitação. Em geral, os nervos sensitivos estão constantemente levando informações sobre dor e outras sensações (calor, frio, vibração, toque) para a medula espinhal. Como, por exemplo, os atletas numa corrida de revezamento, os nervos transmitem essas mensagens para outras células nervosas na medula espinhal, onde a mensagem pode ser reduzida, acrescentada a outras mensagens que estejam sendo recebidas, quando for o caso, e transportada para outros níveis da medula espinhal ou até o cérebro.

Existem pelo menos dois tipos de fibras nervosas que transportam a maior parte das mensagens dolorosas até a medula espinhal: as "fibras A-delta" e as "fibras C".

Um exemplo poderá ajudá-lo a compreender esse processo. Você bateu o cotovelo (onde está o nervo ulnar). Sua primeira sensação será uma dor aguda, ardida, provavelmente resultado da atividade das fibras nervosas A-delta. Elas transportam a mensagem elétrica para a medula espinhal a sessenta quilômetros por hora, aproximadamente. Em geral, há uma segunda sensação, mais semelhante à dor, que se espalha lentamente para cima e para baixo da parte interna do braço. Essas sensações são consideradas o resultado da atividade das fibras C, que transportam sua mensagem elétrica a aproximadamente quatro quilômetros por hora, para a medula espinhal. A diferença na velocidade pode contribuir para as diferentes qualidades da sensação dolorosa experienciada. Na realidade, a sensação final da dor que percebemos no momento do dano é, provavelmente, o resultado de uma sinfonia de respostas nervosas, e não apenas uma única resposta nervosa.

Quando batemos o cotovelo, automaticamente, começamos a esfregar o local. Um dos motivos de a fricção funcionar para diminuir a dor é que outras fibras nervosas sensitivas, que transportam mensagens sobre pressão e tato para a medula espinhal, são estimuladas por esse ato. Essas fibras, chamadas "fibras A-beta", transportam sua mensagem para a medula espinhal a aproximadamente 280-320 quilômetros por hora. Elas correm para a medula espinhal, disputando sua atenção ou passando por cima das mensagens dolorosas trazidas pelas fibras C e A-delta.

A partir deste exemplo, você pode ver que nem todas as sensações são criadas de maneira igual, e que você pode usar essa informação para aliviar a dor. É por isso que você já pode ter tentado aplicar massagem, calor (incluindo ultra-som) ou gelo no local dolorido, e/ou pode ter usado Estimulação Nervosa Elétrica Transcutânea (TENS) ou acupuntura. Essas técnicas podem, temporariamente, alterar ou diminuir a mensagem dolorosa, dependendo da intensidade do sinal de dor.

O PAPEL DA MEDULA ESPINHAL NA DOR

Depois de uma mensagem dolorosa ter sido enviada para a medula espinhal como um impulso elétrico, um sistema muito complexo está preparado para enviar, modificar ou cancelar a mensagem ao cérebro. De acordo com a "teoria do portão", a duração e freqüência de uma mensagem nervosa e a competição entre os sinais nervosos, desempenham um papel na escolha da informação a ser passada para o cérebro e o seu nível de prioridade. Áreas específicas da medula espinhal são responsáveis pela amplificação da mensagem dolorosa, pela liberação de aminoácidos ou substância P, que aumentam a área de receptividade aos sinais dolorosos. As vias que saem do cérebro, passando pela medula espinhal e que funcionam como inibidores ou moduladores das mensagens dolorosas que chegam à medula espinhal, influenciam a seriedade com que a mensagem dolorosa deve ser considerada. Substâncias como a serotonina e a endorfina (*endo* = endógeno, *orfina* = morfina, o mensageiro opióide natural do corpo) estão envolvidas na inibição da dor. Assim, esfregar o local da dor, envolver-se numa conversa intensa ou assistir a uma comédia podem alterar a mensagem dolorosa.

O QUE ACONTECE NA DOR CRÔNICA?

A dor crônica envolve processos que ocorrem nos tecidos periféricos, como irritação do nervo, espasmo muscular, inflamação, e no sistema nervoso central – medula espinhal e cérebro. Embora esses mesmos processos estejam envolvidos na dor aguda, na dor crônica parece ter ocorrido uma perda da fisiologia normal.

A medicina tem se mostrado bastante alheia no que se refere à causa da maior parte das síndromes de dor crônica. Lentamente, e com pesquisas contínuas sobre os mecanismos da dor, os cientistas estão descobrindo que determinadas condições (como o dano num nervo sensitivo) podem provocar o surgimento da dor constante, anteriormente inexplicável. Outros processos que os cientistas apenas começaram a explorar, como o da inflamação crônica, espasmos musculares e mecanismos do sistema nervoso central, também contribuem para os mecanismos da dor crônica.

Apesar de não compreendermos tudo isso muito bem, os recentes avanços nas pesquisas com animais estão nos permitindo ter uma idéia do que acontece ao sistema responsável pela dor quando ele não funciona bem, como na dor crônica. Durante anos, procuramos entender por que algumas pessoas não se recuperam de danos ou continuam a sentir dor, mesmo após o tecido estar curado. Além disso, muitas pessoas experimentam estranhas sensações ou propagação da dor, além dos limites anatômicos "adequados". A partir de estudos com animais, parece que, algumas vezes, durante a regeneração de um nervo que foi danificado, ocorrerá a excitação espontânea desse nervo. Como resultado, se esse for um nervo para a dor, mensagens dolorosas espontâneas serão enviadas para a medula espinhal. Esse nervo anormal não obedece ao equilíbrio dos nervos "normais" para a dor, continuando excitado, mesmo que não esteja ocorrendo nenhum dano. O nervo, nesse caso, age como um termostato quebrado, fixado em 60°, permitindo que o forno continue a funcionar mesmo que a temperatura atinja os 65°. Como o termostato quebrado, o nervo danificado não é mais eficaz em seu papel original de regulação ou detecção.

Já foi demonstrado que, quando a medula espinhal é bombardeada com níveis elevados e persistentes de sinais dolorosos intensos, ocorrem mudanças, que perpetuam e ampliam a área da dor. Essas áreas, responsáveis pela redução ou modulação da dor na medula espinhal, finalmente perdem a capacidade de responder à fisiologia normal, agem independentemente, perpetuando o sinal doloroso. Essas observações, feitas em animais, podem explicar por que as pessoas também podem sentir dor crônica, contínua, quando os exames de raios X e laboratoriais não mostram nenhuma anormalidade. Além disso, também estão lançando as bases para terapias com drogas mais específicas para a dor crônica.

TRATANDO A ATIVIDADE ANORMAL DO NERVO

Diversos medicamentos podem ser usados para alterar a atividade anormal do nervo para a dor. Dentre eles incluem-se os antidepressivos tricíclicos, como a amitriptilina, (Tryptanol®), a imipramina e a nortriptilina; a mexiletina, um novo medicamento oral semelhante à Novocaina®; o baclofeno, usado para a neuropatia diabética; o Moment®, um ungüento feito a partir de um ingrediente ativo presente na pimenta vermelha (capsaicina); e medicamentos para convulsões como o Tegretol®, o Hidantol®, e o Klonopin®. Bloqueadores do nervo com substâncias semelhantes à Novocaina®, e esteróides também podem ser prescritos para alterar a excitação de nervos anormais. Finalmente, para diminuir a dor, pode ser utilizada a estimulação direta da medula espinhal e do cérebro para suprimir as mensagens dolorosas.

Como você pode ver, pelo exposto acima:

- Nem todos os nervos transportam a mesma mensagem.
- Não prestamos atenção a todas as mensagens dolorosas.
- Há uma competição entre as mensagens que entram na medula espinhal.
- Esfregar, aplicar pressão ou mudar o estímulo de uma área dolorida pode, ocasionalmente, ajudar a aliviar a dor. É por isso que a massagem, a acupuntura, a TENS e a aplicação de calor e frio podem ser benéficas.
- A dor crônica pode envolver mudanças na capacidade do sistema nervoso, que é o caminho final comum para responder à fisiologia normal.
- Determinados medicamentos ou outros tratamentos podem ajudar a alterar o comportamento anormal do nervo para a dor.

Agora, responda às seguintes perguntas:

O que você usou para diminuir a dor, alterando as mensagens nervosas como acabamos de descrever?_____

Você está tomando medicamentos para alterar a atividade de nervos anormais para a dor? Se estiver, quais são eles?_____

Qual a dosagem?_____

Quais os efeitos colaterais?_____

O PAPEL DA INFLAMAÇÃO NA DOR

"Inflamação" é um processo iniciado para combater a infecção ou curar um dano tissular após uma lesão. O processo normal de inflamação envolve células que liberam substâncias químicas que, então, enviam sinais aos nervos, músculos e vasos sanguíneos para controlar o dano. Por exemplo, quando você se corta, as células na área danificada liberam substâncias químicas que irritam os nervos. Isso faz com que os nervos para a dor enviem um sinal para a medula espinhal e você percebe a dor, tornando-se consciente do dano.

Outras susbtâncias químicas liberadas por células danificadas provocam diversas respostas diretas e reflexas a um dano. Os espasmos musculares são desencadeados, protegendo a área de movimentos (ver a seguir). Os vasos sanguíneos no tecido circundante se contraem, permitindo a diminuição do sangramento no local do dano. Os leucócitos e as células do tecido conjuntivo começam a organizar a bagunça.

Entretanto, em condições de dor crônica, como a artrite reumatóide, o processo inflamatório se descontrola. Como no caso de nervos para a dor danificados, descrito anteriormente, aquilo que deveria fazer parte de um processo normal de cura torna-se uma fonte desorganizada de destruição.

Outras síndromes dolorosas associadas à inflamação são o lúpus, a artrite, a cistite intersticial e a osteoartrite. Não sabemos até que ponto os processos inflamatórios influenciam outras condições de dor crônica. Há uma suposição básica de que a microinflamação pode estar envolvida em muitas síndromes de dor crônica e, assim, uma tentativa com agentes antiinflamatórios pode ser benéfico.

A inflamação é tratada com medicamentos antiinflamatórios como a aspirina ou o ibuprofeno, porque eles bloqueiam o efeito de algumas das substâncias químicas liberadas pelas células. A prostaglandina é uma das substâncias químicas liberadas durante a inflamação, e a aspirina bloqueia sua ação. Os processos inflamatórios sérios também podem ser tratados com medicamentos que bloqueiam a resposta do sistema imunológico, como o metotrexato. Alguns efeitos colaterais comuns dos medicamentos antiinflamatórios incluem os seguintes:

- Maior tempo de sangramento.
- Irritação do estômago.
- Colite (inflamação do cólon).
- "Dor de rebote" – por exemplo, a perpetuação da dor de cabeça como resultado do uso contínuo de analgésicos.

Agora, responda às seguintes perguntas:
Você usa medicamentos antiinflamatórios? Quais?_____
_____
Qual a dosagem?_____
Quais os efeitos colaterais?_____
_____

O PAPEL DOS MÚSCULOS NA DOR

Algumas condições dolorosas são marcadas por seu componente espasmo muscular. Os músculos podem ficar tensos como resultado da proteção reflexa de uma área dolorida, irritação do nervo ou uma resposta de tensão generalizada. Portanto, os relaxantes musculares (Soma®, Flexeril®), geralmente são prescritos para relaxar ou soltar os músculos. Acredita-se que esses medicamentos atuam primariamente no cérebro, com exceção do Valium®, que também tem um efeito direto sobre os músculos esqueléticos. (Com muitos desses medicamentos, não se sabe quanto do relaxamento é proporcionado pelo relaxamento do cérebro e quanto pelo relaxamento dos músculos esqueléticos.) Com freqüência, as pessoas sentem-se sonolentas, sedadas ou com falta de concentração quando tomam relaxantes musculares, devido ao efeito desses medicamentos sobre o cérebro.

Outros métodos utilizados para relaxar a tensão e o espasmo muscular incluem os seguintes:

- Massagem no músculo.
- Acupuntura.
- Aplicação de calor ou frio.
- Injeção nos pontos dolorosos miofasciais, partes moles, chamadas de "pontos-gatilho".
- Técnicas da resposta de relaxamento.
- Treinamento da percepção corporal.
- Alongamento suave.

As três últimas técnicas serão comentadas em detalhes nos próximos dois capítulos. Agora, responda às perguntas seguintes:

Você está tomando relaxantes musculares? Se estiver, quais são eles?_____

Qual a dosagem?_____

Quais os efeitos colaterais?_____

Que outras coisas você fez para relaxar a tensão muscular?_____

O PAPEL DO CÉREBRO NA DOR

Quando um sinal doloroso abre caminho para o cérebro, este responde à intensidade, à repetição e à duração da mensagem dolorosa, quer ela venha de nervos para dores normais ou anormais. O cérebro pode alterar a mensagem dolorosa disparando impulsos que abrem caminho pelo sistema inibitório da dor ou pela liberação de endorfinas e outras substâncias "semelhantes à morfina". Por meio de conexões com o córtex cerebral e o sistema límbico, a mensagem dolorosa torna-se uma experiência consciente e emocional. Não vemos para onde vão todos os sinais elétricos e químicos, mas vemos as caretas, a dificuldade de movimentos, a fricção e os gemidos, que são os resultados da dor atingindo a consciência. *O cérebro dá significado à mensagem dolorosa.*

Alguns estados ou condições prejudicam o perfeito funcionamento do cérebro e podem, realmente, exacerbar a experiência dolorosa; esses estados incluem insônia, depressão/ansiedade, e o uso de drogas sedativas/narcóticas ou álcool, que serão discutidos a seguir.

Insônia

A insônia, ou qualidade insatisfatória do sono, pode tornar mais difícil a experiência dolorosa. Embora o sono seja necessário para assegurar a boa saúde, ainda não se sabe totalmente de que maneira ele ajuda a rejuvenescer e restaurar o corpo. Muitas doenças ou problemas, incluindo a dor, podem piorar por causa da má qualidade do sono.

Geralmente, os pacientes com dor que experimentam distúrbios do sono, são tratados com antidepressivos tricíclicos como o Tryptanol® (amitriptilina) e o Desyrel® (trazadone) em baixas dosagens, para obter uma qualidade melhor de sono. Descobriu-se, também, que esses medicamentos, em dosagens muito baixas, parecem alterar a sensibilidade à dor em alguns distúrbios. O mecanismo é desconhecido, mas algumas alterações nos níveis de norepinefrina e/ou serotonina no cérebro ou na medula espinhal foram sugeridas. É interessante observar que a serotonina é o mensageiro químico envolvido nas vias do cérebro para a medula espinhal, que alteram ou suprimem mensagens dolorosas – as vias inibitórias para a dor mencionadas anteriormente. Além disso, acredita-se que a serotonina desempenha um papel na depressão. Talvez seja por isso que os antidepressivos melhoram tanto a depressão quanto algumas síndromes de dor crônica.

Outras recomendações podem ser úteis para prepará-lo para dormir. É importante ter um horário regular para dormir e acordar. Se houver necessidade de tirar um cochilo, durma apenas 30-45 minutos. Tomar um banho quente, de chuveiro ou de banheira, duas horas antes de dormir, aumentará a temperatura do corpo; o posterior esfriamento pode ajudar a desencadear o sono. Um lanche de carboidratos antes de dormir pode induzir o sono. Se o sono demorar ou se você tiver problemas para voltar a dormir por mais de trinta minutos, levante-se e faça alguma coisa até sentir-se novamente sonolento. Com freqüência, as pessoas ficam tão ansiosas enquanto estão deitadas na cama com os olhos bem abertos, que continuar lutando com o sono simplesmente diminui a probabilidade de ele ocorrer. As técnicas da resposta de relaxamento descritas no próximo capítulo serão particularmente úteis quando praticadas antes de ir para a cama ou no caso de você acordar durante a noite.

Depressão/ansiedade

A depressão severa e os distúrbios de ansiedade (como os ataques de pânico) também podem alterar a experiência dolorosa. As pessoas que, além da dor, experienciam uma depressão significativa, passam por momentos difíceis para superar os sentimentos de impotência e desamparo. As pessoas ansiosas que sentem dor tornam-se ainda mais assustadas pela perda de controle e apresentam um nível de tensão aumentado. É importante tratar esses transtornos por causa de sua influência negativa sobre a percepção da dor e de automotivação. Os Capítulos 6 e 7 também tratarão desses sentimentos, uma vez que eles normalmente fazem parte da experiência de muitas pessoas com dor crônica.

Uso de narcóticos/sedativos ou álcool

Muitos pacientes usam narcóticos ou sedativos para tratar os sintomas da dor crônica. Alguns medicamentos narcóticos comuns incluem Percocet®, Demerol®, Darvocet®, codeína, Vicodin® e morfina; alguns sedativos comuns e medicamentos do gênero incluem: Valium®, Xanox® e Esgic®.

O uso de narcóticos e sedativos na dor crônica é muito controvertido. Além da preocupação relacionada à dependência, há a preocupação com respeito à sua influência nas funções cognitivas, associada ao uso crônico. Muitos pacientes relatam que, após interromper tais medicamentos, eles pensam com muito mais clareza, e admitem que a dor realmente não mudou, com ou sem o medicamento. Como os sedativos fazem pouca coisa além de sedar, não são considerados muito úteis no tratamento da dor crônica. O uso de narcóticos não está tão bem definido. Muitos pacientes com dor provocada pelo câncer (os cientistas obtiveram com esses pacientes, a maior parte de sua experiência com narcóticos e dor) não demonstram dependência nem perda de função cognitiva. É devido a essa experiência com a dor provocada pelo câncer e com os narcóticos que os cientistas estão pesquisando melhor para saber quando os narcóticos poderiam ser úteis na dor crônica.

Com freqüência, abusa-se de narcóticos em casos de dor crônica, porque os pacientes não têm habilidades para lidar com ela de outro modo. Quando os pacientes tomam medicamentos para a dor de maneira inadequada, com o objetivo de relaxar, induzir o sono, diminuir a dor antecipada, reduzir sintomas provocados pelo estresse ou aliviar a frustração, podem surgir problemas. Esses objetivos são obtidos com mais facilidade usando-se técnicas como as que descrevemos neste livro.

Meus colegas e eu não recomendamos o uso de narcóticos *em lugar* de assumir um papel ativo no manejo da dor, embora algumas orientações nos casos de dor crônica tenham sido apresentadas pelos pesquisadores do Sloan-Kettering Cancer Institute (ver o artigo de Portenoy e o livro de Fields e Liebeskind em "Leitura Adicional", no final deste Capítulo). Parece haver poucos problemas em indivíduos sem histórico anterior de abuso de drogas, e quando os médicos prescrevem uma dose constante de narcóticos tomada a intervalos regulares (com horários definidos) e não "quando necessário". As responsabilidades do paciente são usar o narcótico somente da maneira prescrita, recebê-lo apenas de um médico, relatar imediatamente os efeitos colaterais e perceber que esse tipo de tratamento não deve ser interrompido repentinamente, devido à inevitável dependência física. Espera-se, também, que os pacientes usem outras formas de lidar com a dor para reduzir a quantidade de narcóticos necessária e cuidem dos outros sintomas associados à dor crônica, como insônia, ansiedade e fadiga. O objetivo é manter o funcionamento, prejudicando o mínimo possível a capacidade de raciocínio. Isso significa que, na realidade, o objetivo do tratamento não é eliminar a dor, mas torná-la mais tolerável. *A decisão de usar narcóticos na dor crônica deve ser tomada de acordo com cada caso.*

O álcool pode alterar temporariamente a percepção da dor e é um antigo remédio para a dor aguda. Como o uso de sedativos na dor crônica, o álcool não ajuda muito no caso de dor constante, porque nada muda realmente. Em indivíduos com predisposição genética ou comportamental, o alcoolismo pode ser uma complicação adicional para o tratamento da dor. Em alguns casos, qualquer consumo de álcool antes da hora de dormir pode, na verdade, impedir o sono. Além disso, em determinadas pessoas (particularmente aquelas predispostas a dores de cabeça ou fibromialgia), o uso do álcool está associado ao aumento da dor. Você terá oportunidade de verificar como o álcool afeta a dor com os exercícios do Capítulo 5.

As boas notícias

Assim como a insônia, a depressão/ansiedade e o uso de sedativos ou álcool podem prejudicar o perfeito funcionamento do cérebro e piorar sua experiência dolorosa, existem métodos para alterar a atividade cerebral que podem mudar sua experiência dolorosa de maneira positiva e saudável. Esses métodos incluem: distrair-se conscientemente, aumentar as endorfinas, "narcóticos" naturais do cérebro, ou envolver-se em atividades agradáveis, técnicas de relaxamento, exercícios e/ou administração do estresse. Essas técnicas serão apresentadas em detalhes nos capítulos seguintes.

Agora, responda às seguintes perguntas:

Você está tomando antidepressivos?_____

Você está tomando medicamentos para combater a ansiedade? _____

Você está tomando narcóticos ou sedativos?_____

Se estiver, relacione-os abaixo, juntamente com a dosagem e os efeitos colaterais:

Medicamento	Dosagem	Freqüência	Efeitos colaterais

Você está usando outros medicamentos ou tratamentos para administrar a dor, que não tenham sido mencionados? Se estiver, quais são eles?_____

Você compreende por que os medicamentos ou tratamentos foram recomendados? Se não, quem pode lhe dar essa informação?_____

Apesar daquilo que sabemos a respeito da dor, o fato é que não somos capazes de eliminar a dor crônica de milhões de pessoas que sofrem com ela, mas o sofrimento é opcional.

OS SIGNIFICADOS DA DOR

INFLUÊNCIAS CULTURAIS SOBRE AS ATITUDES RELACIONADAS À DOR

A forma como a dor é tratada no Hemisfério Ocidental é fortemente influenciada pela cultura ocidental. A presença de uma indústria farmacêutica bastante desenvolvida criou uma atitude sutil, porém muito influente em relação ao tratamento da dor. A ênfase às "drogas rápidas" e medicamentos para todos os nossos problemas afastou as discussões sobre o que os pacientes podem fazer por si mesmos para tornar sua vida mais saudável e feliz. A impressão errônea de que a medicina tem todas as respostas é amplamente difundida. David Morris comenta isso em seu livro *The culture of pain:*

> Atualmente, nossa cultura entregou à medicina, de boa vontade e com gratidão, a tarefa de explicar a dor. Esse desenvolvimento, acelerado com o prestígio da ciência durante os últimos séculos, trouxe conseqüências que permanecem quase que completamente não analisadas... Embora quase todas as épocas e culturas tenham utilizado o serviço dos médicos, nunca antes na história da humanidade, a explicação da dor ficou tão completamente a cargo da medicina.

Com o atual estado de conhecimento da medicina, o favorecimento de soluções baseadas apenas em drogas ou procedimentos realiza um desserviço aos pacientes com dor crônica, e tem sido fonte de confusão e frustração para eles. Muitos desses pacientes não percebem a artificialidade dessa expectativa cultural – que a medicina saiba tudo – e não tiveram oportunidade de explorar as diversas influências sobre sua experiência dolorosa. Este programa irá ajudá-lo a explorar os múltiplos significados da dor e a ver que são possíveis diferentes atitudes em relação a ela.

EXERCÍCIO: EXPLORANDO OS SIGNIFICADOS DA DOR

Vamos começar com um exercício que ajuda a explorar de que maneira a dor afetou as suas atividades, reações físicas, pensamentos e sentimentos. Não fique surpreso ou alarmado se suas respostas a essas perguntas provocarem tristeza, raiva ou ansiedade. Este exercício irá ajudá-lo a começar a avaliar o custo total de sua experiência dolorosa, além de fazê-lo começar a reconhecer quaisquer processos ineficazes para lidar com ela, permitindo que você os substitua por outros, mais eficazes, nos capítulos seguintes.

1. Como a dor afetou sua maneira de trabalhar, se divertir e executar outras atividades?_____

_____

_____

_____

2. Além da dor, que outros sintomas você experiencia (por exemplo, insônia, fadiga etc.)?_____

_____

_____

_____

_____

3. Quais são os seus pensamentos e sentimentos em resposta à sua experiência dolorosa?_____

_____

_____

_____

4. Para você, o que significa sentir dor?_____

_____

_____

_____

Por favor, faça os exercícios antes de continuar. Eles o ajudarão a compreender o que vem a seguir.

Quando peço aos pacientes que façam esse exercício nos programas clínicos que recomendo, a lousa fica repleta com as conseqüências reais de sua dor diária. Os exemplos de algumas dessas respostas são apresentados na tabela a seguir. Está claro como essas pessoas foram corajosas, prosseguindo suas vidas, apesar do sofrimento. Para a maioria, todos os aspectos de sua vida foram afetados e, embora tenha sido difícil, elas fizeram o melhor que puderam. Entretanto, o mais surpreendente durante a discussão, após o exercício, é a constatação de que, para a maioria dessas pessoas, o tratamento médico focalizou apenas a dor *física*. Os componentes emocionais, racionais e comportamentais de sua experiência dolorosa foram ignorados.

Atividades reduzidas ou interrompidas	Sintomas físicos	Sentimentos e pensamentos
Trabalho	Fadiga	Raiva
Prazer (*hobbies*, filmes)	Transpiração	Depressão
Tarefas domésticas	Ganho/perda de peso	Ansiedade
Sexo	Dores de cabeça	Medo
Atividades sociais	Diminuição da	Culpa
Exercícios	concentração	Frustração
Atividades familiares	Palpitações (aumento na	Perda de controle
Esportes	freqüência cardíaca)	Não poder fazer o
	Falta de ar	que costumava
	Diminuição da memória	Desespero/impotência
	Diarréia	Ninguém entende
	Tensão muscular	"Por que eu?"
	Insônia	"Quando isto acaba?"
	Constipação	"Não posso continuar"
	Dores no corpo	Fracasso
		Não amado
		Feio
		Negação

A DIVISÃO ENTRE MENTE E CORPO

A maior parte do sofrimento identificado no exercício acima é provocada pelo equívoco comum referente à divisão entre mente e corpo na cultura ocidental. Essa divisão é diariamente reforçada. Os médicos cuidam do nosso corpo, e os psicólogos ou psiquiatras cuidam de nossa mente. O coração é tratado por especialistas em coração, o estômago por especialistas em estômago, e assim por diante. Nos últimos vinte anos, tem havido uma crescente insatisfação com a fragmentação de nosso corpo e mente. Termos como "medicina comportamental" e "medicina holística" têm sido utilizados para descrever a integração da mente e do corpo na prática médica. Agora, com a ênfase no "managed care" e na cobertura universal da saúde, há uma crescente conscientização de que se a fragmentação dos cuidados com a saúde das pessoas não proporcionar um impulso suficiente para mudanças, os custos absurdos decorrentes de tal fragmentação, certamente, proporcionarão.

A divisão entre mente e corpo é falsa e em nenhum outro lugar ela é mais ineficaz do que quando se lida com a dor crônica. A experiência dolorosa é uma combinação de múltiplos fatores, tais como:

- O sinal da dor
- As suas expectativas e as dos outros
- Auto-estima
- Habilidade para funcionar
- Variações de temperatura
- Hormônios
- Genética
- Traumas anteriores
- Injustiças e crenças

Negar essas influências ou agir como se não houvesse nada errado, não é benéfico nem efetivo em termos de administração da dor. Se você nega a dor e prossegue, ou regularmente se envolve em atividades que aumentam a dor, você apenas aumenta a gravidade da sua condição. Mesmo que as conseqüências não sejam imediatas (você não consegue sair da cama), elas são cumulativas (sintomas de estresse). Como resultado, você está criando uma constante frustração e perda de controle.

Entretanto, fingir que não há nada errado não deve ser confundido com tomar uma decisão consciente de aumentar a atividade para um propósito determinado, sabendo que o resultado será um desconforto maior. Por exemplo, Mary queria levar a neta ao circo. Ela sabia que o fato de ficar sentada durante o espetáculo aumentaria sua dor. Ela se preparou, levou uma almofada e sentou-se na última fileira para poder levantar periodicamente. A dor realmente aumentou, mas ela não ficou angustiada porque achava que valia a pena fazer esse esforço e ver o entusiasmo da neta. A decisão foi sua e estava sob seu controle.

A chave aqui é perguntar: "Onde eu realmente tenho controle?". Se você puder reconhecer sua dor e tomar decisões conscientes a respeito de suas atividades, você não se sentirá uma vítima. Como disse um paciente: "Se eu me sento, sinto dor. Se ando, sinto dor. Portanto, é melhor andar e chegar a algum lugar". Se a dor faz parte de sua vida, é importante trabalhar com ela; é aí que você tem o controle.

Provavelmente, há muita pressão externa para você agir como se nada estivesse errado e ignorar aquilo que sabe ser necessário. Você pode mudar sua atitude com relação à dor, aumentar suas atividades com segurança e ter uma vida além da dor. Este livro irá ajudá-lo a fazer exatamente isso.

Os equívocos que surgem da separação entre mente e corpo não estão limitados às pessoas que realmente sofrem de dor crônica. A recusa de muitos médicos em reconhecer que a dor física está associada ao sofrimento psicológico dá origem ao estigma da "doença psicológica". Quando as pessoas manifestam tristeza ou ansiedade em relação à dor, geralmente presume-se que esses sintomas emocionais são a *causa* da dor. Há uma tendência a rotular tais pessoas como "histéricas", "hipocondríacas", ou a considerar o problema como "irreal" (isto é, não físico). Muitas pessoas sentem esse estigma quando seus médicos não conseguem explicar a causa física da dor persistente.

Igualmente, a incapacidade de lidar com as questões psicológicas e sociológicas logo no início da administração da dor desvaloriza esses importantes aspectos da experiência dolorosa. Em geral, as habilidades como técnicas de relaxamento são oferecidas somente *depois* que um paciente "fracassou" na resposta aos medicamentos ou bloqueios nervosos. Até recentemente, os médicos responsáveis pelo tratamento primário não recebiam nenhum treinamento formal relacionado à administração da dor, a não ser o uso de medicamentos. E o manejo da dor só é incluído numa minoria dos programas de treinamento médico. As abordagens mente-corpo para o manejo da dor têm sido ignoradas, não por serem ineficazes, mas simplesmente porque não são praticadas ou continuam desconhecidas para aqueles que oferecem a maior parte da terapia.

Portanto, qual é o problema? E, afinal, de quem é o problema? Naturalmente, o problema é que você tem dor e ela não desaparece. E, de acordo com a filosofia deste programa, recomendo que você realmente reconheça que o problema é seu, uma vez que é você quem sente dor. Se você entregá-lo ao seu médico, à sua família, ou à sociedade, você simplesmente perpetua sua perda de controle.

PARA ONDE VOCÊ VAI A PARTIR DE AGORA?

Nos capítulos seguintes, os sintomas físicos identificados no exercício anterior serão abordados por uma série de habilidades e técnicas que visam a redução do estresse. Esses sintomas são manifestações do dano provocado no corpo, resultante da dor prolongada e da falta de atenção à conexão mente-corpo, corpo-mente. Essas técnicas, como a resposta de relaxamento, os exercícios respiratórios, o alongamento e os exercícios de percepção corporal irão ajudá-lo a nutrir seu corpo e a impedir os sintomas de estresse.

A redução que você identificou nas atividades físicas e em sua vida social, juntamente com um isolamento maior, será tratada de diversas maneiras. Você aprenderá a monitorar o ritmo de suas atividades, a interpretar as sensações de dor e a acrescentar atividades agradáveis e exercícios à sua rotina.

Os pensamentos e sentimentos negativos ou derrotistas que você identificou serão abordados por meio de técnicas de terapia cognitiva. Essas técnicas incluem a identificação do diálogo interno negativo, alimentado por suposições a respeito de como as coisas deveriam continuar em sua vida e distorções daquilo que realmente está acontecendo ao seu redor. Você aprenderá a ser mais realista e capaz. O humor será usado para suavizar o trabalho duro e diminuir o ritmo no qual ocorre a verdadeira mudança. As habilidades de comunicação irão encorajar a auto-estima e a assertividade necessárias para a identificação das suas necessidades. Melhorando a capacidade de resolução de problemas relacionados aos desafios da dor, você poderá novamente participar da sociedade e alcançar os objetivos que estabeleceu para si mesmo.

RESUMO

DOR

- Dor é um sintoma que indica dano ao corpo.
- As percepções das pessoas podem alterar a experiência dolorosa, de diversas maneiras.
- Há duas categorias de dor:
  - A dor aguda, que tem duração limitada e sua causa geralmente é conhecida.
  - A dor crônica, que dura mais de três meses, e sua causa é mal definida ou desconhecida.

NERVOS

- Há dois tipos de fibras nervosas sensitivas que transportam a mensagem da dor para a medula espinhal:
  - As fibras A-delta transportam a mensagem para a medula espinhal a aproximadamente sessenta quilômetros por hora.
  - As fibras C transportam a mensagem para a medula espinhal a aproximadamente quatro quilômetros por hora.
- Os nervos para a dor são estimulados por extremos de calor ou frio, trauma, ou substâncias químicas liberadas durante a inflamação.
- Nem todos os nervos transportam a mesma mensagem, e não prestamos atenção a todas as mensagens dolorosas.
- Há uma competição entre as mensagens, à medida que elas entram na medula espinhal; como resultado, algumas dores podem diminuir por meio de fricção, aplicação de pressão ou outros métodos.
- A dor crônica é provavelmente o resultado da perda, da fisiologia normal envolvida na modulação dos sinais de dor, pelo sistema responsável pela dor.
- A dor crônica também pode surgir quando um nervo lesionado para a dor danificado tenta se regenerar.
- Algumas vezes, os medicamentos são eficazes para acalmar nervos irritados.

INFLAMAÇÃO

- Inflamação é um processo que combate infecções ou repara o dano tissular.
- Quando a inflamação ocorre, as células no corpo liberam substâncias químicas como um sinal para os nervos, músculos e vasos sanguíneos, de que o controle da lesão deve iniciar.
- A inflamação é tratada com medicamentos antiinflamatórios como aspirina ou ibuprofeno, porque eles bloqueiam os efeitos de algumas das substâncias químicas liberadas.

MÚSCULOS

- Espasmo ou contração muscular pode ser o resultado da defesa de uma área dolorida, irritação do nervo ou de uma resposta de tensão generalizada.
- Acredita-se que os relaxantes musculares atuam principalmente no cérebro para soltar os músculos.
- Outros métodos para relaxar a tensão muscular e o espasmo incluem massagens, acupuntura, aplicação de calor/frio, injeções nos pontos de gatilho, técnicas da resposta de relaxamento e treinamento da percepção corporal.

SISTEMA NERVOSO CENTRAL

- Os sinais da dor transportados pelos nervos chegam à medula espinhal como impulsos elétricos.
- Esses impulsos elétricos estão ligados a áreas específicas que enviam o estímulo para outro nível da medula espinhal, para o cérebro, ou para ambos.
- Os sinais nervosos também podem ser modulados pelas vias inibidoras do cérebro, que podem alterar os sinais dolorosos.
- O cérebro dá significado à mensagem dolorosa.
- Se a função do cérebro estiver prejudicada ou se o cérebro for distraído, a experiência dolorosa é alterada.
- Os distúrbios do sono podem tornar mais difícil a experiência dolorosa. Antidepressivos tricíclicos são usados para tratar os distúrbios do sono e ali-

viar a dor; esses antidepressivos, em dosagens baixas, também parecem alterar a sensibilidade à dor.

- A depressão severa e os distúrbios de ansiedade podem exacerbar a dor.
- O uso de narcóticos deve ser decidido com o médico, numa base individual. O seu uso na dor crônica apresenta problemas devido à necessidade de utilizá-los por um longo período, e ao fato de eles poderem ser administrados na ausência das técnicas de auto-administração.
- Existem orientações para o uso de narcóticos na dor crônica.
- O uso do álcool é de pouca ajuda para lidar com a dor a longo prazo, implica o risco de abusos e pode, realmente, dificultar o sono e aumentar a dor.

OS SIGNIFICADOS DA DOR

- A idéia de que a medicina tem todas as respostas para a dor está difundida na cultura ocidental.
- A dor crônica tem múltiplos significados para quem sofre com ela.
- A experiência dolorosa envolve a mente *e* o corpo; muitos pacientes sofreram com a divisão artificial entre mente e corpo.
- A dor física está associada ao sofrimento psicológico.
- Ao reconhecer a dor e tomar decisões conscientes a respeito das suas atividades, você adquirirá algum controle sobre ela.

TAREFA EXPLORATÓRIA

Responda a todas as perguntas sobre medicamentos incluídas neste capítulo e obtenha informações com o seu farmacêutico ou no *Dicionário de Especialidades Farmacêuticas* (DEF) sobre cada medicamento que ingerir.

LEITURA ADICIONAL

Os livros mencionados abaixo oferecem informações adicionais sobre o processo da dor e a manutenção da saúde:

1. MORRIS, David. *The culture of pain*. Berkeley, University of California Press, 1991.
2. BENSON, Herbert e STUART, Eileen. (eds.) *The wellness book: the comprehensive guide to maintaining health and treating stress-related illness*. Nova York, Birch Lane Press, 1992.
3. ORNSTEIN, Robert e SOBEL, David. *The healing brain*. Nova York, Simon & Schuster, 1987.
4. MELZACK, Ronald e WALL, Patrick D. *The challenge of pain: exciting discoveries in the new science of pain control*. Nova York, Basic Books, 1982.
5. FIELDS, Howard. *Pain*. Nova York, McGraw-Hill, 1987.
6. PORTENOY, Russell. "Chronic Opioid Therapy in Non-Malignant Pain". *Journal of Pain and Symptom Management*, 5 (Supl. Nº 1): 546-62, 1990.
7. FIELDS, Howard L. e LIEBESKIND, John, C. (eds.) *Pharmacological approaches to the treatment of chronic pain: new concepts and critical issues*. Seattle, IASP Press, 1994.

3

A Relação Mente-Corpo

Esqueci-me de que meu corpo também era
um santuário, um abrigo...
Pensei que ele me tivesse traído e torturado
durante tantos anos.

O comentário acima foi feito por Mary, uma participante do programa, a respeito de sua experiência dolorosa depois de praticar as técnicas que serão descritas neste capítulo.

DOR CRÔNICA COMO FORMA DE ESTRESSE CRÔNICO

Como mostrou o Capítulo 2, a mente e o corpo são realmente unos. Eles nunca foram separados e nunca deveriam ter sido considerados separados. A maneira como você se sente (feliz, triste, zangado) pode influenciar e ser influenciada pelos processos corporais. Por exemplo, você talvez tenha percebido que num dia em que sua dor está particularmente ruim, você tem problemas de concentração ou perde o apetite. Você também pode ter notado que quando está intensamente concentrado numa atividade (assistindo a uma partida decisiva de futebol ou conversando com seu melhor amigo), a dor escapa à consciência. Como a relação mente-corpo é tão estreita, a experiência de estresse – definida aqui como a *percepção* de uma ameaça física ou psicológica e a *percepção* de não estar preparado para lidar com ela – pode estar associada tanto a sintomas físicos quanto emocionais.

Os seres humanos são biologicamente aparelhados com uma resposta automática à percepção de ameaça ou perigo, chamada "resposta de luta ou fuga". Ela é provocada pela liberação de adrenalina do sistema nervoso simpático, e outros hormônios, como o cortisol e o hormônio do crescimento. Vamos analisar a seguinte cena:

É tarde da noite e você está sozinho em casa. Você acorda com o ruído de alguma coisa se quebrando no andar inferior. Seu coração começa a bater mais rápido; seus músculos se contraem; você fica ansioso e com falta de ar. Talvez você não perceba, mas os cabelos da sua nuca estão arrepiados e a pressão sangüínea está aumentando. O sangue está indo do estômago para os músculos esqueléticos. Seu corpo está se preparando para lutar ou fugir.

A primeira coisa que você faz é agarrar um castiçal e descer silenciosamente. Tremendo, você procura ouvir outros sons. Chegando ao final da escada, você vê que o "intruso" é seu gato, afastando-se de um vaso quebrado. Alguns minutos após o "perigo" ter passado, os seus sintomas físicos voltam ao normal e o medo desaparece.

As mudanças em seu corpo, que constituem a resposta de luta ou fuga (aumento da freqüência cardíaca e respiratória, aumento da pressão sangüínea, mudança do fluxo sangüíneo para os músculos etc.), são provocadas para criar um poderoso sistema temporário para enfrentar o desafio de ameaça ou perigo. Contudo, quando você está constantemente estressado, o corpo pode ser forçado além da sua capacidade para restabelecer a homeostase (equilíbrio). As suas capacidades de recuperação podem ficar exauridas, contribuindo para o surgimento de inúmeros sintomas:

- Redução da imunidade a doenças
- Diarréia e/ou constipação
- Distúrbios do sono
- Fadiga
- Dores de cabeça
- Falta de concentração
- Falta de ar
- Perda/ganho de peso
- Aumento da tensão muscular
- Ansiedade/depressão

A dor crônica, certamente, encaixa-se na definição de estresse crônico adverso. Os efeitos do estresse crônico são considerados como o resultado de uma prolongada resposta de luta ou fuga. Além do estresse físico provocado pela dor crônica, sua experiência dolorosa pode aumentar ou diminuir de acordo com sua maneira de perceber a sua capacidade de lidar com a dor. (Isso também é verdade para outros fatores estressantes.) Se, como resultado da dor, você se sente sobrecarregado e não faz algo para equilibrar os efeitos estressantes da dor, provavelmente, você terá outros sintomas relacionados ao estresse, como aqueles acima mencionados. Por essa razão, as técnicas de administração do estresse podem ser muito úteis para lidar com a dor crônica. As técnicas que suscitam uma "resposta de relaxamento", como as descritas a seguir, irão ajudá-lo a alterar os sintomas físicos do estresse e prepará-lo para lidar mais eficazmente com o estresse da dor.

A RESPOSTA DE RELAXAMENTO (RR)

A "resposta de relaxamento" (que a partir daqui será abreviada RR) foi primeiramente descrita por Herbert Benson e seus colegas da Harvard Medical School, no início da década de 1970. Ao contrário da resposta de luta ou fuga, a RR parece desempenhar um papel na redução das respostas corporais ao estresse. Entretanto, a RR não é automática como a resposta de luta ou fuga. Seu desenvolvimento exige prática com determinadas técnicas mentais, antes de poder ser evocada para evitar o estresse.

Após rever muitas obras religiosas e filosóficas, Benson percebeu que durante séculos a humanidade recebeu instruções para suscitar esse reflexo calmante. Ele também percebeu, que embora muitas técnicas pudessem evocar essa resposta corporal natural, havia duas etapas simples, comuns a todas:

1. Focalizar a mente numa frase, palavra, respiração ou ação repetitiva.
2. Adotar uma atitude passiva em relação aos pensamentos que atravessam nossa mente.

Pelas extensas pesquisas realizadas por Benson e outros, sabemos que a prática regular de técnicas que evocam a RR está associada a uma diminuição geral na reação à excitação do sistema nervoso simpático. Como conseqüência, aqueles sintomas, que são resultantes do estresse crônico, são particularmente afetados. Os efeitos físicos da RR podem ser divididos em 1) mudanças imediatas, que ocorrem enquanto uma pessoa está concentrada numa frase, palavra, respiração ou ação repetitiva; e 2) mudanças de longo prazo, que ocorrem após a prática repetida, durante pelo menos um mês, e que estão presentes mesmo quando uma pessoa não está tranqüilamente sentada praticando uma técnica da RR. As mudanças mais imediatas incluem uma diminuição na pressão sanguínea, na freqüência cardíaca, no ritmo respiratório, e no consumo de oxigênio (que é uma medida do índice metabólico). Acredita-se que as mudanças de longo prazo alteram a resposta do corpo à adrenalina. Após a prática regular de técnicas da RR, as pessoas podem relatar uma diminuição da ansiedade e da depressão, bem como uma melhora na capacidade para lidar com fatores estressantes da vida.

Muitas pessoas confundem "sentir-se relaxado" com a RR. Não é a mesma coisa, a não ser que aquilo que a pessoa estiver fazendo inclua as duas etapas mencionadas acima – focalização num estímulo repetitivo e atitude passiva. Em pesquisas usando a RR, os controles – isto é, as pessoas às quais *não* se ensinará a evocação da RR – são instruídas a ouvir música ou ler um livro. Embora em circunstâncias normais ouvir música e ler um livro possa ser relaxante, elas não evocam a RR.

Resumindo, a RR é uma resposta natural do corpo, mas precisa ser treinada e praticada. Ela é evocada pela focalização da mente numa palavra, frase, respiração ou ação repetitiva e pela observação passiva de pensamentos interferentes. Ela não é evocada pela leitura de um livro, música, sono ou descanso. Tudo isso pode ser relaxante, mas não é o mesmo que evocar a RR.

USANDO A RESPIRAÇÃO PARA RELAXAR E CONCENTRAR A MENTE

A chave para evocar a RR é a consciência focalizada. A respiração pode ser objeto desse foco. Além disso, como os padrões normais de respiração podem ser alterados pela tensão, pelo estresse e pela dor, se você se concentrar na maneira como você respira isto lhe proporcionará um método adicional de relaxamento.

Há dois tipos de respiração: a "respiração torácica" e a "respiração diafragmática" (mais conhecida como "respiração abdominal").

RESPIRAÇÃO TORÁCICA

Muitas pessoas, particularmente as mulheres, respiram pelo tórax. Isto é, elas encolhem o abdome e expandem o tórax a cada inspiração. Na cultura ocidental, as mulheres aprendem muito cedo que a postura "adequada" é aquela na qual o abdome está sempre achatado. É difícil manter essa postura se uma pessoa respira pelo abdome ou "diafragmaticamente", o que exige que o estômago suba e desça a cada respiração.

Muitos homens e mulheres também respiram pelo tórax por causa da ansiedade, do estresse e da tensão prolongados. Um dos motivos para isso pode ser o fato de a respiração curta, superficial, ser uma característica da ansiedade. O estresse também pode aumentar a tensão na área abdominal, não permitindo que o diafragma se contraia completamente, ou que a parede abdominal se expanda durante a inspiração. Como resultado, apenas o tórax se expande e a respiração não é tão profunda.

RESPIRAÇÃO DIAFRAGMÁTICA

Todos nós começamos respirando diafragmaticamente, com o abdome subindo e descendo. Observe os bebês quando eles respiram: o estômago se move a cada respiração. Com o passar dos anos, muitos de nós passamos a respirar pelo tórax. Reaprender a respirar diafragmaticamente pode parecer estranho no princípio, mas, com a prática, pode tornar-se novamente uma segunda natureza.

O diafragma é uma abóbada fina de músculo que separa a cavidade torácica da cavidade abdominal. No início de cada inspiração ele se contrai e a abóbada se achata. Então, o ar é puxado para os pulmões e a parede abdominal se expande. (Imagine um balão no abdome, que se enche de ar na inspiração.) Quando o diafragma e o tórax relaxam, o ar sai e o abdome fica novamente achatado. Na próxima inspiração, o processo recomeça. Em virtude desse espaço extra a ser preenchido pelos pulmões, a respiração diafragmática é mais profunda e completa do que a torácica.

Por razões que ainda não estão totalmente claras para os fisiologistas, a respiração diafragmática pode provocar uma sensação de calma e relaxamento quando realizada intencionalmente.

EXERCÍCIOS RESPIRATÓRIOS

Recomendamos o uso de roupas largas e confortáveis, e um lugar tranqüilo e relaxante para praticar exercícios respiratórios.

COMO VOCÊ RESPIRA?

Antes de iniciar estes exercícios, você precisa conscientizar-se da sua maneira de respirar.

1. Encontre um lugar confortável e deite-se de costas. Se for desconfortável, tente sentar-se numa cadeira.
2. Coloque uma das mãos sobre o osso do peito e a outra sobre o umbigo.
3. Feche os olhos e preste atenção naquilo que está se movendo quando você inspira e expira.
4. Se o abdome sobe e desce (sem forçar) a cada respiração, você já está respirando diafragmaticamente. Você pode passar para a seção "Exercícios de focalização na respiração", mais adiante, neste capítulo. Contudo, se o tórax sobe e desce a cada respiração, você precisa praticar a respiração diafragmática. Vá para a seção "Exercícios de respiração diafragmática", logo a seguir.

EXERCÍCIOS DE RESPIRAÇÃO DIAFRAGMÁTICA

Apresentamos três exercícios de respiração diafragmática para ajudá-lo a treinar sua percepção sobre o que deve se mover quando você respira diafragmaticamente. Se uma posição não funcionar para você, tente outra. Após tornar-se consciente, você será capaz de respirar pelo diafragma ou pelo abdome quando estiver deitado, sentado ou em pé.

Algumas vezes, quando as pessoas focalizam a respiração, elas tendem a respirar muito rápida ou muito profundamente. Se você sentir tontura, ficar confuso ou ansioso, talvez esteja respirando muito rápida ou profundamente; pare de praticar por um instante e respire normalmente até o sintoma desaparecer. Além disso, *não execute esses exercícios se essas posições piorarem sua dor.*

Exercício 1

1. Encontre um lugar confortável e deite-se de bruços.
2. Encoste os cotovelos ao lado do corpo, no nível dos ombros, e apóie-se nos antebraços (como a Esfinge), levantando o tórax. Essa posição irá arquear suas costas ligeiramente.
3. Respire normalmente. Isso fixará o tórax e, assim, quando você respirar, o abdome irá subir e descer.

Exercício 2

1. Sente-se numa cadeira e entrelace as mãos atrás da cabeça.
2. Cotovelos abertos, voltados para fora. Novamente, isso fechará o tórax para que você possa sentir o movimento no abdome.
3. Respire normalmente.

Exercício 3

1. Encontre um lugar confortável e deite-se de costas.
2. Coloque as mãos logo abaixo do umbigo.
3. Feche os olhos e imagine um balão dentro do abdome.
4. A cada inspiração, imagine o balão enchendo-se de ar.
5. A cada expiração, imagine o balão se esvaziando.

EXERCÍCIOS DE FOCALIZAÇÃO NA RESPIRAÇÃO

Agora que você está consciente da sua respiração, pode começar a praticar a focalização da respiração.

1. Feche as mãos com força e observe o que acontece com a sua respiração. Não continue lendo; apenas faça isso. Você prendeu a respiração ou respirou rápida e superficialmente?
2. Agora relaxe as mãos.
3. Feche novamente as mãos com força, mas, desta vez, continue respirando normalmente. O que acontece com a tensão no punho? A tensão deve diminuir – e, na verdade, deveria ser difícil mantê-la sem um esforço real.

Lembre-se: *É difícil manter a tensão (estresse, dor, raiva, ansiedade) e continuar respirando.* Este princípio é usado nos exercícios de Lamaze para mulheres em trabalho de parto. A técnica de Lamaze focaliza a respiração para aliviar a tensão e aumentar o controle durante os diversos estágios do trabalho de parto. As mulheres são encorajadas a usar a respiração para controlar a dor. Esse mesmo princípio pode ser aplicado à sua experiência dolorosa.

Observe a freqüência com que você prende a respiração quando antecipa a dor ou quando está sentindo dor. Você pode mudar essa experiência por meio da respiração. Quando sentir dor (ou aumento da tensão, raiva, ansiedade ou estresse), faça o seguinte:

1. Conscientemente, pare e faça uma pausa.
2. Respire lenta e profundamente pelo diafragma.

3. Focalize aquilo que você está fazendo e o que está sentindo. Qual é o problema? Quais são as suas escolhas? Você precisa continuar determinada atividade ou pode mudar o que está fazendo? Vale a pena se preocupar com essa situação, neste momento?

Como você verá, algumas vezes, os exercícios de focalização na respiração podem lhe oferecer um controle imediato, porque o fazem concentrar-se no momento presente. Com freqüência, se você está ocupado, preocupado com o futuro, desejando poder modificar o passado ou respondendo automaticamente, sem pensar, pode ser apanhado desprevenido por situações estressantes. Focalizar-se no momento presente lhe permitirá considerar com mais clareza aquilo que o deixou perturbado. Muitas vezes, tudo o que você precisa fazer é mudar sua maneira de pensar ou de fazer alguma coisa.

Focalizar-se em sua respiração e respirar diafragmaticamente, também pode ajudá-lo a suportar exames desconfortáveis ou difíceis como o da imagem por ressonância magnética, exames pélvicos, sigmoidoscopias e injeções. Na verdade, muitos dos desafios da vida podem ficar um pouco mais fáceis, apenas respirando. Torne os exercícios de focalização na respiração uma parte de sua rotina diária.

MINIRRELAXAMENTOS

Quando você fizer uma pausa, concentrando-se na respiração diafragmática, pense nisso como um "minirrelaxamento". Comece a praticá-lo durante o dia para liberar a tensão acumulada durante curtos períodos de tempo. Eis algumas sugestões para diferentes tipos de minirrelaxamentos:

1. Sempre que tiver um minuto, respire profundamente; enquanto expira, imagine que toda tensão, em seu corpo e em sua mente, está saindo através dessa respiração.
2. Reserve um minuto para tensionar todos os músculos que puder, ao mesmo tempo. Então, inspire profundamente e, lentamente, expire, deixando sair toda a tensão. Repita esse minirrelaxamento até diminuir a tensão.
3. Faça um inventário da tensão corporal nos pontos de estresse que lhe são familiares. Por exemplo, há tensão no pescoço ou na região superior das costas? Se descobrir que há, finja que pode direcionar a respiração para aquela área de tensão. Enquanto expira, sinta o alívio da tensão.
4. Conte até dez, respirando lenta e profundamente. Prenda a respiração por uma contagem. Então, expire lentamente, enquanto conta até dez

PREPARANDO-SE PARA PRATICAR A EVOCAÇÃO DA RR

MINIMIZANDO DISTRAÇÕES E FICANDO CONFORTÁVEL

Para minimizar distrações, encontre um lugar tranqüilo, confortável, onde você se sinta seguro para praticar as técnicas da RR que serão descritas posteriormente. Se necessário, coloque um aviso de "Não perturbe" na porta (apresentado na p. 187) e tire o telefone do gancho.

Respeite sempre as suas necessidades de conforto e encontre a melhor posição. A seguir, algumas sugestões para ficar confortável:

1. Use uma almofada térmica, gelo e/ou travesseiros de apoio para ficar o mais confortável possível.
2. Verifique se a temperatura da sala está boa para você, ou deixe à mão um cobertor, para o caso de sentir frio.

3. Se preferir deitar-se enquanto evoca a RR, mas perceber que está quase adormecendo, tente a posição sentada. Uma boa posição entre deitado e sentado é usar uma cadeira reclinável.

4. Escolha um momento para praticar a RR quando sua dor não está muito forte.

5. Pratique uma técnica da RR durante vinte minutos, uma vez por dia, ou durante dez minutos, duas vezes por dia.

6. Quando terminar a sessão, sempre conte até três e, lentamente, abra os olhos. Levante devagar para que seu corpo possa ajustar-se à mudança postural após esse relaxamento profundo.

7. Não ligue o despertador. Se você não estiver usando uma fita gravada e quiser marcar o tempo, coloque um relógio à sua frente e abra os olhos de vez em quando. Após praticar algumas vezes, você será capaz de calcular quando tiverem transcorrido vinte minutos.

USANDO FITAS GRAVADAS DE RELAXAMENTO

As fitas gravadas podem ser muito valiosas quando você estiver aprendendo a técnica da RR pela primeira vez. Em geral, elas podem ser encontradas em lojas de alimentos naturais e "New Age". Gravações de sons ambiente e música para meditação também estão disponíveis em muitas lojas.[1]

Meus colegas e eu recomendamos que, no início, você execute uma técnica simples (ver "Técnica Básicas da RR" a seguir). Além disso, trocar a fita ou a palavra-chave em dias alternados não irá ajudá-lo a focalizar sua mente. A constância é importante. Use uma fita (palavra, frase ou respiração) durante algum tempo antes de decidir que você precisa fazer uma mudança.

TAGARELICE MENTAL

Às vezes, os seus pensamentos podem parecer estar indo para diferentes direções, ao mesmo tempo, e a resultante tagarelice mental pode soar como uma multidão. Isso pode distraí-lo muito, pois ela parece interminável e afeta a concentração. Isso acontece com todos nós e mostra que, algumas vezes, podemos estar mentalmente num lugar e fisicamente em outro. Por exemplo, você pode estar pensando em algo que aconteceu no passado ou planejando algo para o futuro. É difícil não ser apanhado por esses pensamentos aleatórios.

Há uma hora e um lugar para essa "tagarelice mental", mas ela sempre parece ficar mais alta quando você está tentando praticar a técnica da RR. A tagarelice mental é persistente e talvez você descubra que ela entra furtivamente em sua consciência, mesmo quando você adota uma atitude passiva. Use a respiração, sua frase ou palavra-chave (ver Técnica 1 da RR, a seguir) para diminuir ou mesmo eliminar temporariamente a tagarelice mental.

RESOLUÇÃO DE PROBLEMAS

A intenção desta seção é ajudá-lo a superar quaisquer obstáculos que possam impedi-lo de praticar as técnicas da RR. Não há dúvida de que você sempre pode encontrar mil motivos para não praticar a RR. Portanto, esta seção também pode ser chamada de "Sem desculpas"!

Os problemas a seguir são os mais comumente expressados pelos participantes desse programa. Depois de ter lido esta seção, você deverá sentir-se melhor a respeito de sua maneira de lidar com qualquer obstáculo que o impeça de praticar as técnicas da RR.

Falta de tempo

"Eu não tenho tempo!", você pode exclamar. A resposta para isso é simples: Se você quer sentir-se melhor, *arranje* tempo. Primeiro, pergunte-se por que você acha que não tem tempo. Essas respostas, de antigos participantes do programa, lhe parecem familiares?

"O que as pessoas vão pensar se eu ficar sem fazer nada? De qualquer forma, eu já faço tão pouco."
"Minha família precisa de mim."
"Isso não pode fazer nenhuma diferença – minha dor é real."
"Estou sentindo muita dor."

Essas afirmações podem resultar de uma atitude que concede muito controle aos outros; da baixa auto-estima ou impotência aprendida; ou simplesmente da prática nas horas em que a dor está pior ou você está muito cansado. Esses sentimentos são normais, mas você não se sentirá nem um pouco melhor a menos que os supere e adote uma atitude que envolva fazer o que é recomendado. Sua escolha é "fazer ou não fazer". Ao escolher "fazer", você terá a oportunidade de experienciar todos os efeitos positivos da evocação da RR e da redução do seu estresse.

Aumento na percepção da dor

Como muitas outras pessoas, você pode descobrir que experiencia um aumento na percepção da dor quando minimiza as distrações externas e tenta praticar uma técnica da RR. Às vezes, ao fechar os olhos numa sala tranqüila, a dor retorna com muita força.

Tente encontrar uma posição confortável quando a dor estiver mais fraca. Se isso não funcionar, pratique a Técnica 6 da RR (auto-hipnose). Algumas vezes, o simples ato de focalizar a atenção na dor, inicialmente, irá aumentá-la, mas depois de alguns segundos essa percepção deve diminuir. Como mostramos no Capítulo 2, o cérebro não está "ligado" para prestar atenção à estimulação constante ou invariável.

Uma técnica de meditação chamada "conscientização" é descrita por John Kabat-Zinn em seu livro *Full catastrophe living* (ver Leitura Adicional no final deste capítulo). Essa técnica nos estimula a deixar a mente permanecer passivamente focalizada na dor. Permita a si mesmo, simplesmente *observar* a dor e os sentimentos que possa estar sentindo, como medo ou raiva, sem fugir deles ou da sensação. E diga para si mesmo: "Oh! Sim, esta é a minha dor e esta é a minha raiva". Essa técnica pode trazer resultados dramáticos, porque ao permanecer focalizado na dor você começa a perceber o quanto o fato de lutar contra ela ou evitar esses sentimentos, contribui para fazê-lo sentir-se impotente. Então, ao compreender isso, sempre que a dor der um puxão na sua consciência, você não precisa deixar que ela o controle, alimentando-a com sentimentos de raiva, ansiedade ou frustração. Agora, volte para a sua frase, palavra-chave ou respiração. Talvez isso lhe pareça impossível. Talvez você queira ignorar a dor, temendo que ela piore. Isso não vai acontecer. Essa é uma maneira muito poderosa de identificar o fato de que a dor existe e é você quem a sente. A maneira que você escolher sentir em relação à dor é onde você tem controle.

Problemas para ficar quieto ou relaxar

Você pode dizer: "Eu não consigo ficar quieto. Não sou o tipo de pessoa que relaxa; preciso estar sempre ocupado. Fico ansioso quando começo a relaxar ou fechar os olhos". Se isso acontece, pergunte-se por que você não consegue ficar quieto.

Para começar, você gosta da própria companhia? Você só acha que tem valor quando está fazendo alguma coisa? Algumas pessoas têm um senso de autovalor e auto-estima tão frágil, que elas são a última pessoa com quem desejam ficar sozinhas. Na verdade, elas não gostam da própria companhia. Outras, acham que satisfazer as exigências alheias é a única atividade importante. Isso faz com que o ato de ficar quieto e evocar a RR pareça uma coisa "irresponsável". Outras, ainda, podem estar fisicamente tão tensas, que não sabem o que é relaxar (na mente ou no corpo!).

Se você está fisicamente tenso, um alongamento suave ou a contração e o relaxamento sistemático de diversos grupos musculares, como no "relaxamento muscular progressivo" (ver Técnica 3 da RR) pode ser útil. Se sua auto-estima estiver baixa e/ou a sua necessidade de satisfazer as exigências dos outros for muito alta, uma técnica que pode ajudar é pegar as suas preocupações, ansiedades e dor, e imaginar que você as está colocando dentro de uma cesta (você pode usar uma cesta de verdade para isso) até terminar a sessão de RR. Essa tentativa consciente e deliberada de colocar os problemas de lado durante um breve período de tempo – que você pode repetir, se e quando desejar – pode ser bastante eficaz.

Algumas pessoas têm dificuldade para relaxar porque estão tentando evitar lembranças de eventos traumáticos, como abuso físico ou sexual. Essa incapacidade para relaxar está associada à hipervigilância (ficar em guarda contra danos) e foi descrita em diversas síndromes de estresse pós-traumático. Para algumas pessoas, essas lembranças traumáticas emergem sempre que elas baixam a guarda e relaxam. Para outras, essas lembranças estavam ocultas da consciência até elas começarem a praticar as técnicas da RR.

Meus colegas e eu descobrimos que essas lembranças não precisam impedir alguém de aproveitar os benefícios da RR. Há maneiras de modificar as técnicas da RR para minimizar a ansiedade. Além disso, como esses sentimentos de traumas passados tendem a aumentar os sentimentos negativos de vulnerabilidade, de falta de controle, e de "ninguém acredita em mim", característicos da dor crônica, é importante que as duas experiências – o trauma anterior e a atual dor crônica – sejam diferenciadas.

Não é possível fazer recomendações universais para algumas reações muito complexas, relacionadas a traumas. Entretanto, as sugestões seguintes ajudam a diminuir o desconforto desses sentimentos.

1. Reconheça que você realmente é uma pessoa muito especial por ter tomado a iniciativa de escolher este livro. Algumas partes de você percebem que as coisas não estão bem da maneira como estão e que deve haver uma maneira melhor. Agarre-se a essa autoconsciência; ela pode ajudá-lo nos momentos difíceis. A mudança não é fácil e raramente ocorre sem esforço.

2. Pratique as técnicas da RR num lugar seguro, com as portas fechadas e as luzes acesas, se necessário. Faça o que for preciso para ficar confortável. Algumas vezes, ao criar um ambiente físico seguro, você consegue alcançar um estado interno seguro.

3. Use uma fita gravada de relaxamento para minimizar distrações internas. Mantenha os olhos abertos ou focalize-os na chama de uma vela. Faça o relaxamento muscular progressivo ou execute um exercício no qual você possa combinar a focalização no movimento e na respiração. Isso também ajudará a eliminar distrações internas.

4. Algumas vezes, a terapia do *biofeedback* pode ser muito útil, porque inclui o *feedback* externo de processos internos – como tensão muscular, condutância da pele, ou temperatura da pele – enquanto você está aprendendo a relaxar. Os aparelhos de *biofeedback* mantêm sua atenção focalizada na mudança desses parâmetros físicos até você ficar suficientemente confortável para fazê-lo sozinho, sem a ajuda da máquina.

5. A psicoterapia com alguém familiarizado com os problemas de diversas síndromes de estresse pós-traumático também pode dar apoio aos seus esforços. De acordo com nossa experiência, quando as lembranças são identificadas, elas não serão novamente suprimidas da consciência. Entretanto, sua presença consciente pode indicar que agora você está pronto para lidar com as lembranças. Se possível, tente chegar a um acordo com as suas experiências e lembranças passadas, porque elas realmente têm um impacto sobre sua experiência dolorosa e, por si só, podem ser sérios fatores estressantes. *Procure ajuda e cuide de si mesmo.*

Sensações ou experiências peculiares

Apesar de ser uma queixa rara, alguns participantes do programa relataram experiências extracorpóreas, dissociação ou a sensação da presença de mais alguém, além deles próprios. Na maioria desses casos, as pessoas praticaram uma técnica da RR durante mais tempo do que o recomendado – mais de uma hora, ou diversas vezes por dia, durante uma ou mais horas. Esse é um caso em que fazer alguma coisa mais vezes, ou com mais freqüência, não é necessariamente melhor para você. O exagero nessas técnicas pode provocar alterações na consciência e, assim, é importante seguir as instruções específicas. As técnicas apresentadas a seguir são seguras e muito eficazes quando utilizadas de acordo com as instruções.

Algumas pessoas estão muito habituadas a sentir-se "ligadas" e, por isso, sentir-se relaxadas é algo muito estranho. Se esse for o seu caso, você só precisa aprender a sentir-se relaxado.

Convulsões

Se você sofre de convulsões, sugerimos que pratique as técnicas da RR deitado. Algumas convulsões são provocadas por uma mudança de estado, como dormir ou acordar. Como as ondas cerebrais associadas à evocação da RR são idênticas àquelas que ocorrem no primeiro estágio do sono, as pessoas que sofrem de convulsões no início do sono podem experimentá-las quando começam a praticar pela primeira vez. Isso pode desaparecer com a prática contínua ou com o uso de outra técnica (relaxamento muscular progressivo, ioga, ou outra técnica repetitiva focalizada no corpo). Algumas pessoas descobriram que podem *controlar* as convulsões praticando as técnicas da RR, aprendendo a relaxar e redirecionando o foco de atenção no início do sinal de aviso que algumas vezes ocorre antes de uma convulsão.

Diabetes insulino-dependente

A adrenalina pode alterar a disponibilidade de insulina, tornando necessária uma quantidade maior de insulina na circulação para produzir o mesmo efeito redutor de açúcar; portanto, o estresse pode aumentar a necessidade de insulina. Muitos pacientes que a usam descobrem que a sua necessidade de insulina diminui após iniciarem a prática regular de uma técnica da RR. Se você é diabético insulino-dependente, leve *a sério* as reações hipoglicêmicas e diminua a ingestão de insulina se começar a ter níveis diminuídos de açúcar no sangue.

Hipertensão

Os medicamentos anti-hipertensivos podem interferir nos ajustes normais às mudanças posturais. Se você é hipertenso, mude *lentamente* de posição (da posição deitada para a sentada, ou da sentada para a posição em pé) após a prática da

RR. Muitos pacientes descobrem que com a prática regular das técnicas da RR, a pressão sanguínea pode diminuir e a necessidade de medicamentos pode até mesmo ser reduzida. *Verifique com o seu médico antes de fazer quaisquer ajustes em sua medicação.*

TÉCNICAS BÁSICAS DA RR

Agora que você já conhece a natureza da RR, os diversos exercícios respiratórios e o que você precisa saber antes de iniciar a prática da RR, pode começar a aprender algumas técnicas básicas que podem ser usadas para evocar a RR. É importante adquirir experiência nas técnicas básicas antes de passar para as mais avançadas.

TÉCNICA 1 DA RR: USANDO UMA FRASE OU PALAVRA-CHAVE

A primeira técnica da RR é focalizar uma palavra ou frase curta repetitiva a cada expiração. A palavra ou frase escolhida é menos importante do que a sua repetição. Lembre-se de que essa é apenas uma forma de manter sua mente focalizada. Você pode usar o número "um", contar até dez repetitivamente a cada respiração, ou contar "um" na inspiração e "dois" na expiração.

Você também pode escolher um som confortante para usar. Se você tiver uma preferência, uma prática religiosa ou espiritual, uma prece curta, ou uma frase podem ser usadas. Contudo, eu lhe recomendo evitar palavras ou frases como "Vai!Vai!Vai!" ou "Eu preciso relaxar!". Com essas frases, perpetua-se a sensação de pressão para fazer cada vez mais em menos tempo, ou para executar mais tarefas. Essa não é a intenção das técnicas da RR. O objetivo não é simplesmente levá-lo a fazer mais daquilo que você está fazendo, mas acrescentar uma dimensão de controle à sua vida, reservando um tempo para sentar-se e concentrar-se, permitindo a restauração da sabedoria natural do seu corpo.

Se você descobrir que sua mente está divagando, gentilmente traga-a de volta à sua frase ou palavra-chave.

TÉCNICA 2 DA RR: COMBINANDO RESPIRAÇÃO E IMAGINAÇÃO

A segunda técnica da RR é usar a respiração juntamente com a imaginação. Algumas vezes, esse exercício é útil para quem a focalização no tórax ou no abdome é muito desconfortável ou provoca ansiedade.

Por exemplo, você pode imaginar o ar entrando pela mão direita e saindo pela mão esquerda, ou entrando e saindo pela mão direita. Você também pode "respirar" pelos pés. Ou pode imaginar o ar entrando e dirigindo-se para áreas de tensão como o rosto, o pescoço ou as costas; ao expirar, imagine a tensão desaparecendo no ar. A cada expiração, sinta que você está ficando mais relaxado.

TÉCNICA 3 DA RR: RELAXAMENTO MUSCULAR PROGRESSIVO

A terceira técnica da RR é contrair e relaxar, alternadamente, diversas partes do corpo. Isso é chamado de "relaxamento muscular progressivo" e, novamente, é muito útil para as pessoas que acham difícil relaxar, sentando-se tranqüilamente.

Você pode diminuir as distrações envolvendo-se na focalização mental e física. Por exemplo, curve os dedos do pé direito na inspiração e relaxe-os na expiração. A seguir, na inspiração, flexione o pé direito em direção à cabeça e, então, na expiração, relaxe o pé. Então, estique a perna direita na inspiração e relaxe na expiração. Contraia a nádega direita na inspiração e relaxe-a na expiração. Repita a seqüência com a perna esquerda e vá subindo pelo corpo, até que todas as partes tenham sido contraídas e relaxadas, em seqüência, com a respiração.

Existem fitas gravadas de relaxamento progressivo que podem orientá-lo nessa técnica.

TÉCNICA 4 DA RR: USANDO O MOVIMENTO REPETITIVO

A quarta técnica da RR é executar um movimento repetitivo, sincronizando-o com a respiração e a mente. Por exemplo, você pode evocar a RR, correndo, nadando, fazendo exercícios em bicicleta fixa ou numa esteira, desde que a respiração e a mente estejam em sincronia com o movimento.

Como exemplo, vamos supor que você esteja caminhando numa esteira. Você pode inspirar a cada dois passos, e expirar a cada dois passos repetitivamente, e focalizar-se nesse ritmo respiração-movimento. Naturalmente, o ritmo da respiração com relação aos passos dependerá do seu nível de condicionamento, conforto e velocidade. Quando perceber que seus pensamentos o estão desviando do ritmo da respiração e do movimento, volte sua atenção para a respiração e para o movimento.

A ioga e o tai chi também são métodos eficazes para combinar respiração, mente e movimento. Essas técnicas, que envolvem uma postura ritual do corpo, eram usadas para evocar a RR em culturas antigas.

TÉCNICA 5 DA RR: CRIANDO UM LUGAR SEGURO

Muitas pessoas com dor sentem-se traídas pelo corpo. A dor pode fazê-las sentir-se presas, sem nenhum lugar para se esconder ou achar conforto. Usando os sentidos, é possível recriar um refúgio seguro em sua mente; essa é a quinta técnica da RR. Alguns participantes do programa contam que perceberam odores familiares, fortes e agradáveis, enquanto estavam nos seus locais seguros; outros, experienciam sensações táteis (toque) de calor e maciez. Todos vivem diferentes experiências. Você deve permitir a manifestação da seleção natural dos seus sentidos: sons, odores, toques, visões, ou uma combinação de sentidos.

O exercício seguinte é uma das versões mais benéficas desta quinta técnica da RR para pessoas com dor:

1. Comece praticando uma das três primeiras técnicas básicas da RR.
2. Quando estiver focalizado e relaxado, crie em sua mente uma imagem segura e confortante. O seu lugar seguro pode ser aquele para onde você ia quando era criança, um agradável local de férias, ou um lugar que você viu num livro. Ele pode ser uma sala favorita da sua casa, a sua cama, ou uma grande e fofa nuvem imaginária. Você pode mover as montanhas para o litoral ou criar uma floresta totalmente livre de insetos... qualquer coisa que a sua imaginação quiser. Aqui, a chave é visualizar um lugar associado à paz e ao conforto.
3. Depois de imaginar o seu lugar especial, encontre um local confortável para sentar-se ou deitar-se e fique algum tempo lá, repetindo a sua frase ou palavra-chave a cada respiração. Quando seus pensamentos o distraírem, lentamente, volte a atenção para o seu foco.
4. Aproveite a experiência!

Com a prática, você pode recriar essa imagem focalizando-se na respiração ou nas palavras "lugar seguro" sempre que precisar descansar.

TÉCNICAS AVANÇADAS DA RR

As técnicas avançadas da RR permitem obter resultados e *insights* adicionais. Entretanto, se você é inexperiente na evocação da RR, pode sentir-se desconfortável com as imagens que surgem em sua mente durante o exercício de visualização (Técnica 7) se não tiver primeiramente praticado e adquirido experiência na criação de um lugar seguro dentro de si mesmo. Para muitas pessoas com dor crônica, a dor é uma fera ou uma grande incógnita, que pode ser muito ameaçadora (e assustadora) se não for abordada de uma posição de experiência com as técnicas básicas. Ou você pode sentir-se ansioso em relação às instruções para criar dormência e ausência de sensações em determinadas áreas do corpo durante o exercício de auto-hipnose (Técnica 6). Portanto, recomendamos que você pratique as técnicas avançadas *somente* após ter adquirido experiência na evocação da RR por meio das técnicas básicas, especialmente a Técnica 5 (Criando um lugar seguro).

TÉCNICA 6 DA RR : AUTO-HIPNOSE

A sexta técnica da RR é um exercício simples de auto-hipnose. Comece escolhendo uma das técnicas básicas da RR que você acabou de aprender. Quando estiver sentindo-se relaxado, faça o seguinte:

1. Feche os olhos e imagine que sua mão direita está ficando agradavelmente quente e pesada. A cada expiração, a agradável sensação de calor e peso aumenta, até a mão ficar tão pesada que você mal consegue movê-la (a não ser que você queira).
2. Agora, sinta uma agradável dormência que começa no polegar direito, passando para o dedo indicador, o médio, o anular e, finalmente, o mínimo, a cada expiração. A dormência espalha-se para a palma da mão direita e, então, para o dorso da mão, parando no punho. É uma sensação agradável, quente, pesada, dormente, apenas na mão direita.
3. Coloque a mão direita sobre a área dolorida, ou imagine que a dormência da sua mão direita está se dirigindo para lá. Quando toda a dormência tiver sido absorvida pela área da dor, volte para a sua frase, palavra-chave ou respiração. Quando estiver pronto para encerrar essa sessão, transfira a dormência de volta para a mão direita.
4. Agora, sinta as sensações normais retornando ao dorso da mão direita, depois para a palma, o dedo mínimo, o anular, o médio, o indicador e o polegar. Você ainda sente a mão quente e pesada.
5. Devagar, sinta a mão ficando cada vez mais leve, a cada respiração. Sinta-a ficando normal, como a sua mão esquerda.
6. Conte até três e abra os olhos.

Quanto mais você praticar essa técnica, mais rapidamente poderá desenvolver a sensação de dormência, que pode ser transferida para a área da dor. Você também pode gravar uma fita com essas instruções, para ajudá-lo a dominar essa técnica.

TÉCNICA 7 DA RR: VISUALIZAÇÃO

A Técnica 7 da RR é um exercício de visualização, no qual você cria e trabalha com uma imagem da dor. Como observamos anteriormente, essa técnica não deve ser tentada se você ainda não tiver experiência com as técnicas básicas da RR, porque para muitas pessoas a imagem da dor pode ser muito assustadora. Se sua imagem ficar muito assustadora, apenas abra os olhos; lembre-se de que você tem controle sobre ela.

———————— ▦ ————————

Gail sofria de terríveis enxaquecas que ocorriam pelo menos uma vez por semana. Durante o exercício de visualização, ela viu a sua dor como uma bola vermelha incandescente, que pulsava. Quando lhe pediram para modificar a dor de algum modo, ela decidiu construir um iglu ao seu redor, e a bola vermelha ficou azul.

Posteriormente, quando Gail começou a receber o aviso habitual de que a dor de cabeça iria começar, ela fechou os olhos, imaginou a bola vermelha incandescente e, então, construiu o iglu ao seu redor, até torná-la azul. A dor de cabeça não veio! Gail conseguiu evitar muitas das suas dores de cabeça com essa técnica.

———————— ▦ ————————

Novamente, para começar este exercício, pratique uma das técnicas básicas da RR. Quando estiver focalizado e relaxado, crie uma imagem em sua mente, da seguinte forma:

1. Imagine-se numa campina onde o sol está brilhando; não está muito quente nem muito frio, e há uma brisa suave soprando.
2. Imagine um caminho. À medida que você o percorre, experimenta uma sensação de segurança e proteção. A distância, você pode ouvir os pássaros cantando nas árvores e sentir o doce perfume das flores-do-campo. Siga o caminho, atravessando uma ponte até chegar a uma casa na margem da campina.
3. Suba os degraus da entrada e abra a porta da frente. Ao entrar na casa, você encontrará uma ampla sala dividida em duas partes por uma grande parede de plástico transparente, impenetrável. Essa parede estende-se do chão até o teto, e de um lado a outro da sala.
4. Sente-se confortavelmente na frente da parede de plástico transparente.
5. Agora, pegue sua dor e coloque-a do outro lado da parede de plástico transparente. Depois de colocá-la atrás da parede de plástico transparente, ela deve permanecer lá, a não ser que você diga o contrário.
6. Dê uma cor, uma forma ou uma aparência para a dor. Pode ser um símbolo de alguma coisa parecida com sua dor, ou um personagem de desenho animado.
7. Agora observe como ela se comporta. Ela pula, grita ou lhe parece ameaçadora? Como você se sente, frente a frente com ela?
8. Faça essas perguntas à dor e escute as respostas:
   "Por que você está aqui?"
   "O que eu posso aprender com você?"
   "Quando você irá embora?"
   "Nós podemos coexistir juntas?"
9. Você pode fazer qualquer outra pergunta que desejar. A maioria das pessoas tem muitas perguntas a fazer ou coisas para dizer à dor quando têm oportunidade.
10. Agora, pense em como você poderia mudar sua imagem da dor. Por exemplo, se ela parece uma bolha mal definida, despeje-a num recipiente e crie limites. Você não precisa destruí-la; apenas deixe suas idéias e a imagem surgirem livremente. Se ela for quente, resfrie-a. Se for afiada, arredonde as bordas. Enquanto tenta diferentes abordagens, pergunte-se: O que você sente ao manipular a dor? Há algum efeito sobre a dor enquanto tenta essas diferentes abordagens?
11. Quando tiver terminado de fazer perguntas e/ou modificar a dor, tome uma das seguintes decisões:
    Pegue toda a dor de volta.

Deixe toda a dor atrás da parede de plástico transparente.
Pegue parte da dor de volta.

12. Depois de ter tomado sua decisão, saia pela porta da frente da casa e feche-a atrás de você.

13. Desça os degraus da entrada e vá para a luz do sol. Percorra o caminho, atravessando a ponte e voltando novamente para a campina.

14. Siga o caminho para o seu lugar seguro, onde você criou um abrigo de refúgio e conforto (Técnica 5). Fique mais um pouco lá, focalizando sua mente e liberando qualquer tensão remanescente.

15. Quando terminar, abra os olhos.

Esta técnica pode ser uma experiência emocional muito poderosa. Ela pode ser usada para examinar qualquer problema, não apenas o da dor. Eliminando a dor, afastando-se dela ou de outro problema, você pode adquirir uma perspectiva diferente e novas soluções podem ser exploradas.

Dorothy estava abismada. A imagem à sua frente era mais sombria e ameaçadora do que qualquer coisa que jamais havia sentido durante todos os anos em que sentira dor. Ela não tinha bordas ou limites. A dor era como fios indistintos que se moviam pelas beiradas da parede transparente, como se estivessem tentando achar uma abertura para escapar.

Dorothy lhe fez perguntas, mas não recebeu respostas. A dor continuava tão impalpável quanto sempre fora. Contudo, a sensação de morte iminente, que ela sempre sentia quando a dor aumentava, não era impalpável.

Dorothy continuou a praticar essa técnica e sempre criava um lugar seguro após enfrentar a dor. Depois de começar a explorar a dor com o seu diário da dor e alguns dos exercícios cognitivos (ver Capítulo 6), ela começou a ver imagens mais concretas e definidas. A princípio, ela viu um fantasma, depois um personagem que parecia Michelin®, o homem-pneu. Um dia, ela conseguiu encher o homem-pneu até ele explodir em mil pedaços.

Então, Dorothy experimentou uma sensação de libertação e alívio. Ela percebeu que o medo da dor a mantivera prisioneira; quando foi capaz de enfrentar esse medo, sentiu-se menos controlada por ele.

O uso de imagens mentais lhe permitirá explorar a experiência não-verbal, inconsciente, dos significados e metáforas da dor. Elas podem ajudá-lo a estabelecer ligações com outras experiências ou interpretações que não poderiam ser obtidas pelo raciocínio lógico, seqüencial. Isso, por sua vez, pode lhe dar uma perspectiva e uma atitude totalmente diferentes com relação à dor, aumentando seu controle na experiência dolorosa.

RESUMO

DOR CRÔNICA COMO ESTRESSE CRÔNICO; A RR

- A dor crônica encaixa-se na definição de estresse crônico. Um estado cronicamente estressado torna difícil o restabelecimento da homeostase (equilíbrio) por causa da exaustão de suas habilidades restauradoras.

- As técnicas que evocam a "Resposta de Relaxamento" (RR) o ajudarão a recuperar as suas habilidades restauradoras.

- A RR é uma resposta natural do corpo, mas precisa ser treinada e praticada. Ela envolve 1) a focalização da mente numa frase, palavra, respiração ou ação repetitiva; e 2) a adoção de uma atitude passiva com relação aos pensamentos interferentes.

RESPIRAÇÃO: EXERCÍCIOS RESPIRATÓRIOS

- A chave para evocar a RR é a consciência focalizada; a respiração pode ser o objeto desse foco.
- Há dois tipos de respiração:
  - Respiração torácica – a cada inspiração o tórax se expande.
  - Respiração diafragmática – a cada inspiração o abdome se expande.
- Se você respira pelo tórax, há três exercícios diafragmáticos para ajudá-lo a ficar mais consciente das partes do seu corpo que deveriam mover-se quando você respira diafragmaticamente. Se uma posição não funcionar para você, tente outra.
- Depois de conscientizar-se da sua respiração, você pode começar a praticar a focalização na respiração, que o encoraja a concentrar-se no presente, no aqui e agora. Ao fazê-lo, você pode liberar a tensão, diminuir a dor e aumentar o controle.
- Reservar uns minutos durante o dia para focalizar a respiração pode ser considerado um "minirrelaxamento". Há diversas sugestões para isso.

PREPARANDO-SE PARA PRATRICAR A EVOCAÇÃO DA RR

- Minimize as distrações e fique o mais confortável possível durante a prática das técnicas da RR.
- Fitas gravadas de relaxamento podem ser muito úteis para aprender a evocar a RR. Se você pretende usar fitas gravadas, não as troque continuamente; é importante ser constante com o seu objeto de foco, particularmente no início.
- "Tagarelice mental" são todos os pensamentos que atravessam a mente ao mesmo tempo. Essa tagarelice, perfeitamente normal, pode interromper os pensamentos meditativos; entretanto, ao focalizar a sua palavra, frase, respiração ou ação repetitiva, você pode reduzir a tagarelice e até mesmo eliminá-la temporariamente.
- No começo, muitos obstáculos podem impedi-lo de praticar as técnicas da RR; contudo, essas técnicas são cruciais para controlar a dor e continuar este programa. Portanto, tendo em mente os benefícios à sua saúde, lembre-se:
  - Se você quer sentir-se melhor, reserve um tempo para a prática das técnicas.
  - A dor pode piorar durante a prática, mas você pode desenvolver a habilidade de focalizá-la e diminuí-la.
  - Se você tiver dificuldade para sentar-se tranqüilamente ou relaxar por causa da tensão física, tente o alongamento suave ou o relaxamento muscular progressivo; se você tiver pouca auto-estima e sentir necessidade de atender às exigências dos outros, tente imaginar que você está colocando as suas preocupações dentro de uma cesta, enquanto pratica as técnicas da RR.
  - Se você estiver lidando com estresse pós-traumático (por exemplo, lembranças de abuso sexual), modifique as técnicas de diversas maneiras, para minimizar a ansiedade e diminuir o desconforto. Procure ajuda profissional se estiver sentindo-se pressionado.
  - Se você tiver sensações ou experiências peculiares (por exemplo, experiências extracorpóreas, dissociação) durante a prática da técnica da RR, talvez esteja praticando durante muito tempo ou com muita freqüência.

- Se você sofre de convulsões, diabetes ou hipertensão, há recomendações específicas aplicáveis a esses distúrbios.

TÉCNICAS BÁSICAS DA RR

- São apresentadas cinco técnicas básicas da RR.
  - Técnica 1: Focalizar uma palavra ou frase curta repetitiva a cada expiração.
  - Técnica 2: Usar a respiração combinada com a imaginação. Imagine o ar entrando e dirigindo-se para as áreas de tensão e, na expiração, deixe sair a tensão.
  - Técnica 3: Contraia e relaxe, alternadamente, diversas partes do corpo (isso é chamado de "relaxamento muscular progressivo").
  - Técnica 4: Execute um movimento repetitivo, combinando a respiração e a mente com o movimento.
  - Técnica 5: Crie um refúgio seguro em sua mente, em que você possa deixar sua dor para trás e descansar.

TÉCNICAS AVANÇADAS DA RR

- Há duas técnicas avançadas da RR. Elas devem ser praticadas somente depois de você ter adquirido prática nas técnicas mais básicas da RR (1-5).
  - Técnica 6: Essa é uma técnica simples de auto-hipnose que lhe permite transferir as sensações de uma parte do corpo para outra.
  - Técnica 7: Esta é uma técnica de visualização que lhe permite colocar a dor atrás de uma parede transparente; dê-lhe uma forma; faça-lhe perguntas; modifique sua forma e estude o efeito sobre a dor; e, então, decida se vai pegar de volta parte da dor, toda a dor ou nenhuma dor. Esta técnica pode ser uma experiência emocional muito poderosa, mas pode ser extremamente eficaz; você pode colocar qualquer problema atrás da parede de plástico transparente.

TAREFAS EXPLORATÓRIAS

1. Pratique as habilidades de estabelecimento de objetivos, escrevendo um objetivo que envolva uma das técnicas da RR; seu objetivo deve satisfazer os critérios apresentados no Capítulo 1. Em outras palavras, deve ser uma tarefa comportamental realista, que possa ser avaliada pelos passos que você dará para alcançá-lo. Eis um exemplo:

Objetivo: *Praticar a Técnica 1 da RR uma vez ao dia.*
Passos para alcançar esse objetivo:
  A. *Tirar o telefone do gancho.*
  B. *Usar a cadeira reclinável para maximizar o conforto.*
  C. *Praticar logo depois de sair da cama.*

Além disso, relacione planos contingentes. Fazer planos contingentes é uma forma de resolver problemas antes que eles ocorram. Pensar antecipadamente sobre as coisas que poderiam impedi-lo de alcançar seu objetivo pode ajudá-lo a criar estratégias para solucionar o problema. Eis um exemplo:

Obstáculos	**Soluções**
A. *Não consigo relaxar; tenho dor muito forte*	*Escutar a fita da RR; praticar no banho*

B.   *Os membros da família*   *Pendurar na porta o aviso*
     me perturbam   *"Não perturbe"*

Agora é a sua vez.

Objetivo:_____
Passos para alcançar esse objetivo:

A. _____
B. _____
C. _____
D. _____

Relacione planos contingentes. Que passos você pode dar para garantir seu sucesso?

Obstáculos	**Soluções**
A. _____	_____
B. _____	_____
C. _____	_____
D. _____	_____

2. Pratique a respiração diafragmática com a maior freqüência possível, durante o dia, e antes de ir dormir.

3. Ao sentir tensão, aumento da dor ou aflição emocional, lembre-se de fazer o seguinte:
   A.   Conscientemente, pare e faça uma pausa.
   B.   Respire lenta e profundamente pelo diafragma.
   C.   Considere a situação e as suas escolhas.

4. Incorpore "minirrelaxamentos" em sua rotina diária.
   Quando você faz minirrelaxamentos? _____
   Que técnicas você utiliza? _____
   _____
   O que você pode fazer para lembrar-se de fazer minirrelaxamentos durante o dia? _____
   _____

5. Pratique uma técnica da RR uma vez por dia, durante vinte minutos. No começo, não se preocupe com a respiração diafragmática; apenas respire da maneira habitual. Pratique a respiração diafragmática separadamente. Execute uma das técnicas básicas (1-5) diariamente, durante pelo menos cinco semanas antes de passar para as técnicas avançadas (6-7). Novamente, é importante sentir-se confortável na técnica básica antes de usar as mais avançadas.

6. Complete o diário da técnica da RR nos exercícios no final do livro. Próximo a cada categoria, coloque a informação adequada sobre a sua prática diária. Use esse diário durante as três primeiras semanas para reforçar a prática.

LEITURA ADICIONAL

Os livros a seguir oferecem informações adicionais sobre a relação mente-corpo, em geral, e a RR em particular.

1. BENSON, Herbert. *The relaxation response.* Nova York, William Morrow, 1975.
2. _____. *The mind/body effect.* Nova York, Simonton & Schuster, 1979.
3. _____. *Your maximum mind.* Nova York, Times Books, 1984.
4. KABAT-ZINN, John. *Full catastrophe living: using the wisdom of your body and mind to face stress, pain and illness.* Nova York, Delacort Press, 1990.
5. BORYSENKO, Joan. *Minding the body, mending the mind.* Reading, MA, Addison-Wesley, 1987.
6. GAWAIN, Shakti. *Creative visualization.* Nova York, Bantam Books, 1978.
7. FANNING, Patrick. *Visualization for change.* Oakland, CA, New Harbinger, 1988.
8. ORNSTEIN, Robert. *The psychology of consciousness.* Nova York, Penguin Books, 1986.
9. HANH, Thich Nhat. *The miracle of mindfulness: a manual of meditation.* Boston, Beacon Press, 1991.
10. JACOBSON, Edmund. *Progressive relaxation.* Chicago. University of Chicago Press, 1938.

O Mind/Body Medical Institute, sob a direção de Herbert Benson do Deaconess Hospital, em Boston, possui uma ampla variedade de fitas de relaxamento. As fitas que utilizamos no Programa de Dor no Deaconess Hospital podem ser obtidas pelo telefone (001) 617632-9530.

4

A RELAÇÃO CORPO-MENTE

O Capítulo 3 explorou como a mente pode afetar o corpo. Agora, vamos verificar como o corpo pode afetar a mente.

Quando você sente dor, tende a:

- Ignorar todas as sensações, do pescoço para baixo, ou rotular a sensação como dor.
- Parar de mover partes do corpo, a não ser quando absolutamente necessário.
- Afastar-se das interações sociais.
- Pressionar a si mesmo, negando sua condição.

Essas atitudes e comportamentos precisam ser desafiados porque podem contribuir para aumentar o medo de atividades ou de atividades excessivas; podem predispô-lo a diminuições na força muscular e resistência e, algumas vezes, pode até mesmo resultar em novo dano. Elas também podem levar ao isolamento social, à solidão e à depressão. Um paciente, John, descreveu tudo isso muito bem na história a seguir.

Eu costumava acordar com o desafio de fazer as coisas como sempre, apesar da minha dor. Talvez hoje seja diferente. É claro que a dor era um assunto meu, mas eu também estava recebendo mensagens sutis e nem tão sutis da minha família e dos meus amigos: "Era tão divertido quando você podia fazer isso... Lembra quando você podia fazer aquilo? Quando você vai voltar a trabalhar? Isso poderia afastar sua mente dos problemas".

Eu sentia que era impossível explicar. Ninguém compreendia. Até eu tinha dificuldade para entender por que continuava a sentir espasmos nas costas, com a mínima atividade. Eu sentia terror de fazer as coisas, com medo de piorar a dor; contudo, ao mesmo tempo, sentia vergonha por não conseguir nem mesmo lavar roupas. Como eu poderia dirigir novamente um caminhão – a única coisa que eu sabia fazer para o meu sustento? Assim, todos os dias eu me forçava a fazer trabalhos em casa e, no fim do dia, desmoronava, com a dor pior do que nunca.

O que consegui? Fiquei mais irritado, deprimido e isolado. Sentia-me preso e abandonado numa armadilha. Meus filhos andavam nas pontas dos pés, enquanto eu ficava deitado no sofá, e minha esposa e eu discutíamos constantemente. Um dia, encontrei-a soluçando. Ela me disse que sentia que perdera o seu melhor amigo e o seu marido para a dor. Naquela hora, tomei a decisão e, então, procurei ajuda e encontrei esse programa.

Em contraste, seu corpo pode tornar-se um recurso, em vez de alguma coisa assustadora que precisa ser ignorada ou forçada à submissão. Ele pode lhe oferecer pistas e indicadores importantes sobre a maneira de acompanhar a si mesmo e planejar suas atividades, para que você possa se envolver em mais atividades com menos dor. Além disso, quando você aprende a escutar o corpo, não apenas pode tornar-se mais verdadeiramente consciente de quando está sentindo dor – mas pode realmente usar o corpo para mudar seu estado de espírito e suas sensações. Finalmente, você pode começar a envolver-se em atividades agradáveis como forma de envolver-se novamente com a vida. Este capítulo lhe mostrará como fazer todas essas coisas.

ESTABELECENDO O SEU RITMO

TEMPO DE ATIVIDADE E TEMPO DE DISTRAÇÃO

Francis Keefe e outros, da Duke University, relataram que o envolvimento numa atividade de rotina, consistindo de períodos regulares de "tempo de atividade" e "tempo de distração" – isto é, alternações entre atividades físicas mais e menos exigentes ou estressantes – com o tempo, permitirá que os pacientes aumentem suas atividades e diminuam a dor. Vejamos por quê.

Quando você se esforça e executa tarefas além daquelas que é fisicamente capaz, e a dor aumentar a partir da linha básica (o nível "médio" de dor que você estabeleceu em seu diário da dor) para um nível mais elevado (9 a 10 na escala do diário, por exemplo) é provável que você esteja experimentando um aumento na inflamação, nos espasmos musculares e na irritação do nervo. Se você fizer forças além daquilo que é capaz de fazer, seu corpo ficará sempre em estado de exaustão. E isso, sem levar em consideração sua reação psicológica.

Entretanto, se você parar ou mudar uma atividade periodicamente, quando a dor aumentar um ou dois pontos do nível básico e continuar a fazer isso durante o dia, no final a dor não ficará pior do que era quando você começou. Com o tempo, isso dará ao seu corpo uma chance de recuperar-se mais efetivamente, porque você não está regularmente forçando-o até a fadiga ou a exaustão.

A dica aqui é estabelecer seu próprio ritmo. Observe quanto tempo leva para a dor aumentar dois pontos acima da linha básica, quando você está executando diversas atividades físicas (por exemplo, andando, sentando, ficando em pé, passando aspirador de pó, lavando pratos ou trabalhando no computador). Esse é o seu "tempo de atividade" para aquela determinada tarefa – isto é, o período de tempo em que você deveria envolver-se na atividade. Por exemplo, você pode descobrir que consegue dobrar roupas durante dez minutos antes que o seu nível básico de dor aumente de cinco para sete Assim, dez minutos é o seu "tempo de atividade" limite para dobrar roupas.

Quando houver um aumento da dor, você muda de atividade. Por exemplo, faça uma técnica da RR, ligue para um amigo(a), leia um jornal ou pague suas contas. Agora, cronometre quanto tempo é necessário para a dor retornar à linha básica. Digamos, por exemplo, que leve 15 minutos. Assim, 15 minutos é o seu "tempo de distração" quando você está dobrando roupas.

Depois de estabelecer o tempo de atividade e de distração para a maioria das atividades que você executa durante um dia, você está pronto para se acompanhar. Agora, sempre que você se envolver numa atividade que sabe que pode aumentar a dor, use um despertador e só a execute durante o tempo de atividade que você predeterminou como adequado. Então, envolva-se em outra atividade durante o tempo de distração anteriormente determinado. Ao fazer isso, você perceberá que o tempo de atividade vai aumentar, e o de distração vai diminuir. Acredita-se que isso aconteça porque o corpo (e a mente) não estão sendo forçados até atingir a exaustão. Você será capaz de fazer mais com menos frustração e dor. No final do livro, há uma folha de trabalho de acompanhamento de atividades que você poderá avaliar periodicamente seu tempo de atividade e de distração.

LIDANDO COM DIFICULDADES PARA MUDAR SUAS ATIVIDADES

Naturalmente, você pode pensar em inúmeras razões para não moderar a si mesmo ou alterar sua rotina:

"Eu já não faço quase nada. Como posso fazer uma pausa?"
"Preciso fazer as coisas como todo mundo, ou pelo menos como minha mãe [ou pai] fazia."
"Sou muito ocupado para fazer uma pausa. O que minha família fará?"
"Não posso pedir ajuda, compreensão ou uma mudança de planos."
"Minha dor é sempre a mesma, independentemente daquilo que faço."

Pode ser difícil tomar a iniciativa de decidir aquilo que você pode e não pode fazer (em lugar de viver de acordo com as expectativas dos outros). Contudo, como temos afirmado repetidamente, é essencial que *você* assuma o controle. Ninguém mais pode julgar aquilo que você é ou não capaz de fazer.

A história a seguir mostra por que é tão importante examinar aquilo que você faz e por que você faz.

Uma mulher estava ocupada preparando uma carne assada. Durante o preparo, ela cortou as pontas da carne. Ao vê-la fazer isso, a filha perguntou-lhe por que ela cortara as pontas da carne.

"Bem", ela respondeu, depois de pensar um pouco: "é assim que minha mãe costumava prepará-la. Vamos chamar a vovó e perguntar-lhe".

Ela chamou sua mãe e perguntou-lhe: "Por que você corta as pontas da carne?". Sua mãe respondeu-lhe: "Hmmm... acho que eu nunca pensei nisso antes, porque minha mãe, sua avó, sempre fazia isso".

Curiosa para saber qual seria a resposta, a mulher chamou sua avó para solucionar aquele mistério culinário. Em resposta à pergunta da neta, a avó caiu na gargalhada. "Eu costumava cortar as pontas da carne porque ela sempre era muito grande para caber na minúscula forma que eu usava em meu pequeno forno de cinqüenta anos atrás!"

Ao examinar aquilo que você faz, você pode decidir o que deseja manter e o que deseja eliminar – como as pontas da carne assada. Recomendo que, após haver determinado aquilo que *você precisa* (em oposição ao que os outros esperam) por meio do acompanhamento das suas atividades, como descrito acima, você informe às pessoas com as quais convive. Em geral, elas apoiarão alterações em suas rotinas se forem informadas dos motivos e da intenção. Com certeza, elas reagirão favoravelmente, sabendo que você ficará melhor e o seu desconforto diminuirá.

Martha decidiu que só poderia ficar em pé lavando pratos durante cinco minutos antes de precisar sentar-se Ela ajustou o cronômetro do forno para avisá-la quando os cinco minutos tivessem passado. Ela também colocou alguns papéis e sua agenda de endereços sobre a mesa da cozinha para poder   colocar em dia a correspondência; ela faria isso durante dez minutos, enquanto sentava-se e "descansava". No início, os outros membros da família não compreenderam. Alguns ficaram imaginando por que ela estava "vagabundeando" daquele jeito; outros, ao vê-la sentada, continuaram tentando terminar a lavagem dos pratos para ela. Martha conseguiu convencê-los de que era aquilo que precisava fazer para si mesma e lembrou-os (e a si mesma) de que não havia nenhuma regra impondo limites para lavar os pratos num período de tempo específico. Martha sentiu-se melhor por executar essa tarefa sozinha e, por ter estabelecido seu próprio ritmo, não sentiu nenhum aumento na dor. Com esse sucesso, ela conseguiu determinar os tempos de atividade e de distração necessários para outras tarefas que desejava realizar.

Muitas pessoas afirmam que estabelecer seu próprio ritmo em casa é bom, mas que no local de trabalho "é impossível!". Na verdade, as mesmas idéias podem ser aplicadas ao ambiente de trabalho, mas para isso talvez seja necessário um pouco mais de imaginação ou criatividade para solucionar o problema. De um lado, no local de trabalho há pressões externas relacionadas ao tempo; de outro, estabelecer seu próprio ritmo pode envolver a sincronização dos seus esforços com o trabalho de outras pessoas. Geralmente, eu recomendo que após ter identificado as diversas ta- refas e o tempo de atividade e distração necessários, você crie um fluxograma ou diagrama, sobre como você pode realizar essas tarefas durante o dia, usando a rotina de seu próprio ritmo. Esse fluxograma deve incluir um revezamento entre tarefas que precisam ser executadas em pé e aquelas que precisam ser executadas na posição sentada, bem como entre as tarefas que você pode fazer sozinho e aquelas que envolvem outras pessoas.

Usar recados auto-adesivos para descrever cada tarefa e os tempos de atividade e distração necessários para cada uma, e depois deslocar os recados sobre uma grande folha de papel, pode ajudá-lo a organizar o seu dia.

Outras estratégias podem incluir a ativação do relógio do computador para fazer um minuto de alongamento a cada hora, ou deitar-se numa cama de armar enquanto ouve relatórios. Ou talvez você precise trabalhar com um terapeuta ocupacional para determinar modificações no trabalho ou a necessidade de equipamento adaptável. Novamente, deixar as pessoas ao seu redor saberem que você tem necessidades específicas e que determinadas abordagens funcionam melhor, lhe permitirá determinar as escolhas. Isso também transmitirá a mensagem clara de que você não precisa de ajuda e de que a situação está sob controle. Para as muitas pessoas ao seu redor, que não sabem o que fazer e gostariam de ajudar, as orientações que você lhes der podem permitir que elas o ajudem e trabalhem com você mais eficazmente.

PROBLEMAS COMUNS QUANDO VOCÊ COMEÇA A ESTABELECER SEU PRÓPRIO RITMO

Se você perceber que precisa de horas ou de um dia inteiro para recuperar-se durante o tempo de distração, provavelmente não interrompeu o tempo de atividade na hora certa e só precisa praticar para reagir mais cedo aos aumentos na tensão, na fadiga e na dor. Seu diário da dor irá ajudá-lo a sintonizar sua percepção à sensação de dor, assim como alguns exercícios descritos posteriormente neste capítulo.

Se você perceber demora no aumento da dor – por exemplo, num dia você limpa a garagem sem sentir dor excessiva, mas no dia seguinte sente dor no corpo inteiro – então, provavelmente, você está sentindo os efeitos do "descondicionamento". O descondicionamento é uma combinação entre menor força muscular e resistência, que ocorre como resultado da ausência de uma rotina regular de exercícios. Esse é um problema comum para pacientes com dor crônica. Um programa regular de condicionamento/exercícios pode ser muito útil nessas circunstâncias, pois lhe permitirá aumentar a resistência e limitar a fadiga muscular. Esse programa pode incluir caminhadas, natação, exercícios em bicicleta fixa ou esteira, ou a prática do tai chi ou ioga (ver Exercício aeróbico a seguir). Naturalmente, a escolha depende de onde você está sentindo dor e das suas limitações físicas.

Lembre-se, também, de que a dor pode não estar *necessariamente* correlacionada à sua capacidade de atuação. Muitas pessoas são capazes de aumentar sua atividade e nível funcional sem necessariamente aumentar a dor. Depois de sentir a tensão e a dor que são conseqüências normais e esperadas no começo de uma rotina de exercício e atividade, você pode descobrir que está mais ativo, mas não está sentindo mais dor do que sentia antes. Novamente, os exercícios de classificação da sensação, a serem descritos posteriormente neste capítulo, podem ajudá-lo a fazer uma distinção entre essas sensações normais e a dor que serve como um aviso de perigo. É importante considerar tudo isso porque você pode ser capaz de tornar-se mais ativo, apesar da dor, e sem medo de causar danos, o que inibe muitas das atividades das pessoas que têm dor crônica.

ADMINISTRAÇÃO DO TEMPO

Para estabelecer seu próprio ritmo de maneira eficaz, é importante examinar tudo aquilo que você faz durante um dia. Assim, você pode ver exatamente quanto tempo gasta executando determinadas atividades.

A TORTA DO TEMPO

Um exercício útil para determinar aquilo que você faz durante um dia é desenhar um mapa com formato de torta (ou "torta do tempo"). Divida as 24 horas do dia em períodos de tempo necessários para as suas diferentes atividades. Isto é, identifique cada atividade como uma fatia na torta do tempo. Por exemplo, você pode ter fatias para dormir, trabalhar, encontrar os amigos, conversar ao telefone, ler, assistir à TV, fazer tarefas domésticas, brincar com as crianças, e assim por diante. Essa é uma boa maneira de mostrar graficamente o que realmente acontece em cada dia – algo em que a maioria das pessoas raramente pensa. Se cada dia da semana é diferente, faça sete tortas do tempo; se os dias da semana são diferentes dos fins de semana, faça duas tortas do tempo – uma para os dias da semana e outra para os fins de semana. Desenhe a(s) torta(s) no espaço reservado na próxima página.

Agora, desenhe a torta que você considera mais aceitável, de acordo com sua dor e com aquilo que está aprendendo. Faça as seguintes perguntas a si mesmo e anote as respostas:

1. Quantas horas do meu dia são dedicadas para atender às necessidades dos outros? _____

2. Todas essas atividades realmente precisam do meu envolvimento eu estou relutando em abandonar o hábito?_____

3. Quantas horas eu tenho para uma recuperação de alta qualidade, revigo-
rante?_____

4. Que atividades posso compartilhar ou delegar para a pessoa ou pessoas
que atualmente exigem o meu tempo?_____

5. Que atividades, atualmente, não estou executando e gostaria de incluir (ou
retomar) em minha rotina?_____

6. Que providências posso tomar para tornar mais aceitável minha torta
atual?_____
_____
_____

Use este espaço para desenhar suas tortas do tempo – tanto a(s) atual(is) quanto a(s) idea(is) (sinta-se à vontade para usar uma folha em branco, se este espaço
não for suficiente):

CONFISSÕES VERDADEIRAS: ESCOLHENDO CONSCIENTEMENTE AS SUAS ATIVIDADES

A maioria das pessoas adquire o senso de valor pessoal nas coisas que fazem. Portanto, é importante perceber como a maneira de você se definir por suas atividades continuará a afetar suas escolhas em relação ao planejamento de atividades e administração do tempo. Por exemplo, talvez você considere muito difícil não realizar todas as tarefas para a sua família. Nunca me esquecerei de uma paciente que se queixava de levantar mais cedo para embrulhar o lanche das crianças. Quando lhe perguntei a idade dos filhos, pensando que eles fossem adolescentes, percebi que eles já tinham idade suficiente para embrulhar seus próprios lanches. Então, ela disse-me: "Oh, eles têm 26 e 28 anos de idade!". Embora o altruísmo seja enobrecedor, não é bom nem para você nem para os outros quando sua ajuda é mecânica ou rancorosa. Quando você ajuda os outros mecanicamente, pode ser prejudicado pelo excesso e, quando faz as coisas para os outros porque acha que "precisa" e não porque "deseja", pode provocar ressentimentos e a sensação de estar sendo usado e abusado pelos outros.

Um outro ponto que você talvez queira considerar é o de que a dor pode ser usada como uma desculpa para não fazermos as coisas que não queremos, bem como algo que nos impede de fazer aquilo que desejamos. A dor também pode ser usada para controlar os outros e receber a atenção que, de outra forma, não receberíamos. Algumas vezes, as pessoas que têm dor crônica sentem-se culpadas quando percebem esses comportamentos em si mesmas. Acredito que tais comportamentos geralmente são inconscientes e resultam da eficácia da dor como um meio, tanto para receber quanto para rejeitar atenção. Compreender a maneira como você incorpora sua experiência dolorosa em sua vida pode ajudá-lo a escolher quais os comportamentos que deseja examinar melhor e quais os que deseja evitar.

Você realmente tem escolhas. Esta é a sua oportunidade para explorar um novo você. Tudo bem se você disser "não". Tudo bem se disser "sim". Por enquanto, é suficiente que você faça todas as suas escolhas conscientemente. Se decidir continuar com determinada atividade ou comportamento, comprometa-se com eles e com *sua* escolha: aproprie-se dela.

ESCUTANDO SEU CORPO

Como observamos no início deste capítulo, o corpo pode ser a fonte de pistas importantes. Tornando-se consciente das mensagens enviadas pelo corpo, você pode evitar problemas potenciais e até mesmo ficar mais tranquilo. Esta seção apresenta uma série de exercícios que irão ensiná-lo a escutar seu corpo. Leia todos os exercícios até o fim e, então, tente praticá-los.

Os exercícios a seguir irão ajudá-lo a fazer ou aprender o seguinte:

- Alongar suavemente os músculos.
- Mover suavemente os membros em todo o seu alcance de movimento.
- Isolar a tensão muscular.
- Dar novos rótulos às sensações.
- Usar a respiração para liberar a tensão.
- Desenvolver a consciência corporal.
- Permitir-se experienciar as sensações agradáveis e revigorantes associadas ao simples exercício.

Se os seus músculos não forem alongados e seus membros não alcançarem toda a amplitude de movimento, a rigidez, a contração e a tensão aumentarão, especialmente logo após levantar-se pela manhã. Se você limitar seu "exercício" aos movimentos envolvidos em suas tarefas diárias, você provavelmente alongará excessivamente músculos contraídos. Fazer exercícios lentos, intencionais, como os que explicamos aqui, o ajudará a minimizar danos.

Se qualquer um dos movimentos seguintes aumentar a dor, você pode modificá-los para obter um alongamento suave que não aumente a dor. Se você não conseguir alongar um membro suavemente, deixe-o de lado (ou mentalmente imagine-se fazendo o alongamento) e passe para o outro membro.

ROTULANDO SENSAÇÕES NAS PERNAS

1. Sente-se confortavelmente numa cadeira.
2. Estique o pé direito à sua frente e afaste-o do chão. Continue respirando lentamente e com regularidade. Como você descreveria a sensação que está sentindo? Tensão, alongamento, queimação? (Evite usar a palavra "dor" ou "isso dói"; esses termos são muito vagos. Aprendendo a descrever a sensação com maior precisão você pode obter pistas sobre a sua causa e efeito, podendo chegar a medicamentos mais específicos.) Em que local, exatamente, você tem essas sensações? Na parte anterior da perna, no dorso do pé, ao redor do joelho?
3. Agora, com o pé esticado à frente, perceba a tensão que pode ter sido colocada na perna esquerda, nos braços ou no rosto, enquanto cria o alongamento. Certifique-se de que somente a perna direita está tensa e relaxe as outras partes do corpo. Continue respirando lenta e regularmente.
4. Respire profundamente. Ao expirar, libere a tensão na perna direita, apoiando novamente o pé no chão.
5. Feche os olhos. Como está sua perna direita comparada à esquerda? Quente, formigando, cansada, vibrante?
6. Agora, estique o pé esquerdo à frente e afaste-o do chão. Certifique-se de não estar usando os braços ou o rosto para criar a tensão, e continue respirando regularmente. Que sensações você percebe? Tensão, alongamento, queimação?
7. Respire profundamente. Ao expirar, libere a tensão na perna esquerda, apoiando novamente o pé no chão.
8. Feche os olhos e compare a sensação nas pernas esquerda e direita.

ROTULANDO SENSAÇÕES NOS BRAÇOS

Enquanto exercita os braços, certifique-se de que as pernas e o rosto não estejam envolvidos na tensão. E, novamente, continue respirando lenta e regularmente.

1. Feche a mão direita e estique o braço à sua frente. Como você descreveria suas sensações?. Onde você as sente?
2. Respire profundamente. Ao expirar, relaxe a mão e deixe a tensão sair. Qual a sensação no braço direito, comparada à do braço esquerdo?
3. Agora feche a mão esquerda e estique o braço esquerdo à frente. Quais são as sensações? Onde você as sente?
4. Respire profundamente. Ao expirar, relaxe a mão e deixe a tensão sair. Qual a sensação no braço esquerdo comparada à do direito?

ROTULANDO SENSAÇÕES NOS OMBROS

Este exercício, como os outros, deve ser feito lentamente, acompanhado por uma boa respiração profunda.

1. Coloque as pontas dos dedos de ambas as mãos sobre os respectivos ombros.
2. Erga os cotovelos, abrindo-os para os lados e gire-os como se estivesse desenhando círculos no ar.
3. A cada respiração, mova os ombros em círculos, fazendo-os descrever um círculo completo a cada respiração. Certifique-se de que a tensão está apenas nos ombros e na região superior das costas.
4. Desenhe círculos cinco vezes numa direção e, depois, cinco vezes na outra direção.
5. Respire profundamente. Ao expirar, deixe as mãos descansarem suavemente no colo.
6. Feche os olhos e veja se consegue distinguir qualquer sensação (cansaço, desconforto, vibração, queimação?) na região superior das costas, ombros e pescoço.

ROTULANDO SENSAÇÕES NO ROSTO

Como nos exercícios anteriores, a respiração é muito importante; contudo, nesse caso pode ser um pouco mais difícil, devido aos movimentos faciais envolvidos.

1. Imagine que você tenha acabado de chupar um limão e enrugue o rosto.
2. Sinta a tensão no rosto e verifique se o resto do corpo está relaxado.
3. Continue respirando lenta e regularmente. (Isso pode ser difícil de fazer com um nariz franzido!)
4. Respire profundamente. Ao expirar, relaxe o rosto.
5. Feche os olhos. Agora, examine o corpo todo fazendo uma "varredura corporal". Isto é, use sua mente como se fosse uma lanterna e ilumine cada uma das partes do corpo que você acabou de tensionar. Libere qualquer tensão residual, levando o ar para a região tensa e, ao expirar, libere tensão. Como você se sente?

QUANTIFICANDO SUA DOR

O próximo exercício irá ajudá-lo a transformar a sensação física em números. Ele pode ser especialmente útil caso você já tenha encontrado dificuldade para classificar a dor numericamente, em seu diário da dor.

Com a mão fechada, use uma escala de zero a dez, com o zero correspondendo ao punho mais solto, e dez ao mais apertado. Quando chegar ao final dessas instruções, faça o exercício antes de continuar.

1. Feche a mão, usando uma força correspondente ao número cinco. Como você descreveria suas sensações? Onde você as sente?
2. Relaxe a mão.
3. Agora, feche a mão usando uma força correspondente ao número dois. Que sensações você sente? Onde você as sente? O que torna a força correspondente ao número dois diferente daquela que corresponde ao número cinco?
4. Relaxe a mão.
5. Agora, feche a mão usando uma força correspondente ao número nove. Que sensações você percebe? Onde você as sente? O que torna a força correspondente ao número nove diferente daquela que corresponde ao número cinco?
6. Relaxe a mão.

Faça este exercício antes de continuar lendo.

Eis, alguns comentários feitos por pacientes que fizeram este exercício:

"A sensação é relativa, assim como a dor."

"Uma dor número dois é mais tolerável do que uma de número cinco, mas até uma de número cinco é tolerável, comparada à de número nove."

"Uma dor de número dois é mais localizada e, à medida que sobe na classificação, ela começa a se espalhar e se afastar da área dolorida original:... Quanto maior o número dado para a dor, maior a disfunção associada a ela, tanto fisica quanto emocionalmente."

Muito do aumento da dor está relacionada à tensão adicional ou à respiração contida que ocorre em resposta à dor – como no primeiro exercício de focalização na respiração no Capítulo 3 (o exercício punho-respiração). A sensação de dor torna-se o ponto de foco da atenção que, por sua vez, aumenta a percepção, a aflição, a tensão, e assim por diante. Em vez disso, você pode inspirar profundamente e expirar lentamente.

Aplique isso à sua quantificação da dor. Veja se você pode diferençar as nuanças daquilo que anteriormente achava que era somente uma sensação, mas que, na verdade, podem ser muitas. Depois de desenvolver uma percepção da tensão que pode estar ocorrendo porque você prende a respiração ou respira superficialmente, bem como das sensações normais de contração e "dores boas" que fazem parte do início de uma rotina de exercícios, você ficará numa situação muito melhor para realizar atividades e exercícios com segurança. (A prática constante de uma técnica da RR também ajudará a torná-lo mais sensível.) Se tudo o que você pode fazer regularmente são esses exercícios simples de classificação da sensação, eles ajudarão a manter seus músculos, ossos e articulações saudáveis.

USANDO O CORPO PARA MUDAR SEU ESTADO DE ESPÍRITO

Algumas vezes, não posso deixar de rir quando os pacientes me confidenciam que não dizem mais aos amigos ou familiares quando estão tendo um dia difícil. Essas são as mesmas pessoas sentadas à minha frente com os ombros caídos e rostos tensos. Elas fazem caretas enquanto, constantemente, mudam de posição, e suspiram muito. Quem está enganando quem?

As pessoas comunicam-se de muitas maneiras que não têm nada a ver com suas palavras, e você não é exceção. Esses comportamentos sutis são comunicações explícitas com o mundo externo e, algumas vezes, o mundo externo está escutando. Mas, algumas vezes, ser sutil e indireto permite que as pessoas ao seu redor ignorem aquilo que elas não podem mudar, ou que interpretem incorretamente os seus atos ou comportamentos. As pessoas julgam pelas aparências, e a maioria delas não consegue imaginar a vida com dor crônica. Dar mensagens confusas com o corpo e com as palavras provoca mais confusão para você e para quem o observa. Quando você assume determinadas posturas corporais e expressões faciais como as que acabei de descrever, pode estar reforçando emoções negativas e tornando sua situação pior do que ela já é.

Tente este exercício simples:

1. Levante as sobrancelhas e mostre os dentes.
2. Mantenha essa postura por trinta segundos. Que tipo de pensamentos passam por sua mente? (Ignore aqueles que dizem que você está parecendo um bobalhão.)
3. Relaxe.
4. Agora, una as sobrancelhas e aperte o maxilar e as mãos. O que você está pensando?

A primeira expressão geralmente está associada à alegria, e a segunda à raiva e ao rancor. Como você se sentiu? O psicólogo Paul Ekman e seus colegas (ver Leitura Adicional) demonstraram que adotar essas expressões faciais está associado a mudanças fisiológicas específicas do estado de espírito como a tristeza, a alegria e a raiva. Quando muitas partes do corpo estão envolvidas na criação dessas expressões, a ligação emocional é ainda maior.

Agora, o exercício final deste capítulo. Ele pode ser um pouco desconfortável, mas é importante para ajudá-lo a entrar em contato com a relação corpo-mente. Se a primeira posição for muito difícil, em vez de executá-la na cadeira, tente fazê-la na cama e assuma a posição "fetal" – joelhos encostados no tórax, cabeça inclinada sobre o tórax.

1. Sente-se numa cadeira.
2. Incline a cabeça para baixo, curve os ombros, cruze os braços à frente e cruze as pernas.
3. Feche os olhos por um minuto. O que você *sente* emocionalmente? Não use a palavra "dor", e limite-se a fazer descrições de emoções, não de sensações físicas.
4. Relaxe.
5. Agora, fique em pé, com os pés separados e alinhados com o quadril.
6. Mantenha os ombros eretos, a cabeça erguida, o rosto voltado para a frente e os braços ao longo do corpo com as palmas voltadas para a frente.
7. Feche os olhos. Como você se *sente* agora?

A primeira posição está associada a uma ampla variedade de sentimentos, como os seguintes:

- Tristeza
- Medo
- Desamparo
- Necessidade de segurança
- Necessidade de proteção

A segunda posição geralmente está associada a esses sentimentos:

- Habilidade
- Estar exposto
- Senso de controle
- Atitude positiva

Evidentemente, assim como nas suas percepções da dor, a ampla variedade de respostas à postura corporal reflete uma complexa linguagem corpo-mente que você aprendeu automaticamente ao longo dos anos. É por isso que as pessoas, algumas vezes, experienciam fortes reações emocionais durante a terapia com massagem ou determinados métodos de fisioterapia. Essa impressão muscular – de emoções e antigos hábitos – também é o princípio de diversas terapias do movimento, particularmente do método Feldenkrais e das técnicas de Alexander.

Quando você estiver sentindo tristeza, tente mudar sua expressão facial e sua postura corporal, assumindo aquelas que estão associadas à alegria e felicidade. Veja como é difícil continuar sentindo-se triste. Ou, se por enquanto você está envolvido no sofrimento, exagere ainda mais sua expressão e sua postura de sofrimento. Não esqueça de acrescentar alguns gemidos. Se você fizer isso conscientemente, pode ficar surpreso com os resultados. A infelicidade adora companhia, mesmo que seja dela própria.

EXERCÍCIO AERÓBICO

O exercício aeróbico, pelo menos três vezes por semana, pode ajudar a melhorar a saúde em geral, particularmente o coração e os pulmões. Ele também pode ajudar a controlar o peso. O exercício aeróbico (literalmente, "aeróbico" significa "requer oxigênio") aumenta a freqüência cardíaca por meio de movimentos constantes do corpo, com intensidade moderada. Atividades como caminhadas vigorosas, natação e ciclismo em bicicleta fixa são consideradas exercícios aeróbicos. Há uma longa lista de doenças associadas ao estilo de vida sedentário – por exemplo, doença cardíaca, obesidade e osteoporose. O risco de desenvolver esses distúrbios pode ser reduzido pelo exercício aeróbico regular. Só porque você sente dor, isso não significa que deva ou precise negligenciar sua saúde e bem-estar geral. (Na verdade, é bem o contrário.)

O fisiatra James Rainville e outros descobriram que a percepção da dor e a habilidade de envolvimento em determinadas atividades nem sempre são comparáveis (em particular em pacientes com lombalgia), provavelmente porque a maior parte das percepções é subjetiva. Muitas pessoas que sentem dor têm medo de mover-se porque temem que a dor aumente e elas fiquem mais prejudicadas. Entretanto, deixando de fazer movimentos, alongamentos ou envolver-se em algum tipo de exercício, elas aumentam o risco de sofrer novos danos ou ficar ainda mais fora de forma. Se você fizer exercícios lentamente e com cuidado, provavelmente não piorará sua condição. Consulte seu médico ou fisioterapeuta caso tenha perguntas específicas sobre o que pode fazer e como deveria agir.

Para as pessoas que têm dor, os exercícios na água podem ser especialmente relaxantes, porque na água cerca de 70% dos efeitos da gravidade desaparecem. Entretanto, como os movimentos ficam muito mais fáceis na água, você pode ficar tentado a exercitar-se por mais tempo e com mais vigor. É sempre melhor começar fazendo muito menos do que você acha que pode fazer e, aos poucos, aumentar a duração ou a intensidade dos exercícios, à medida que vai progredindo.

Outros tipos de exercício que podem proporcionar um bom condicionamento incluem os seguintes:

- Pedalar numa bicicleta ergométrica.
- Caminhar numa esteira.
- Caminhar. (Esse é um exercício particularmente bom, pois é barato e pode ser feito em quase todos os lugares, dentro ou fora de casa.)
- Ioga ou tai chi. (Esses exercícios são úteis para pacientes com dor, porque são lentos, dirigidos e coordenados com a respiração. Eles também podem ser facilmente adaptados para pessoas com limitações de movimentos. Mas é importante obter orientação individual e trabalhar com um instrutor que possa modificar as posições para atender às suas necessidades.)

Meus colegas e eu estimulamos as pessoas que têm dor crônica a fazer algum tipo de exercício aeróbico e de alongamento, com regularidade, se possível, para a saúde do corpo e da mente.

ATIVIDADES PRAZEROSAS

Pequenas coisas

A maioria de nós perde
os grandes prêmios da vida.
O Pulitzer. O Nobel. Oscars. Tonys. Emmys.
Mas todos nós somos adequados para
os pequenos prazeres da vida.
Um tapinha nas costas.
Um beijo
atrás da orelha.
Um peixe com dois quillos. Uma lua cheia.
Uma vaga no estacionamento.
Um fogo crepitando. Uma boa refeição. Um glorioso pôr-do-sol.
Sopa quente.
Cerveja gelada.
Não se preocupe em ganhar as grandes recompensas da vida.
Aproveite os seus pequeninos encantos.
Há muitos deles para todos nós.

Anônimo

As atividades agradáveis deveriam ser parte normal da vida, mas para muitos, que sofrem de dor crônica, elas simplesmente não são. Alguns pacientes sentem-se tão mal a respeito da dor e da ausência de uma "vida produtiva", que não conseguem participar ou mesmo admitir que desejam participar de atividades agradáveis. Eles não acham que merecem qualquer prazer.

Mas a verdade é que se você não participar de alguma atividade agradável, qualquer sugestão para aumentar suas atividades gerais, não terá sucesso. É fácil começar a envolver-se novamente na vida, fazendo alguma coisa agradável. (Ver o livro *Healthy pleasures*.)

Há muitas maneiras de buscar atividades agradáveis, mas suponhamos que você deva fazer regularmente alguma coisa intencional, consciente e agradável. Pode ser algo tão simples quanto alimentar os pássaros, observar o pôr-do-sol ou crianças brincando. Não precisa ser fora de casa, embora possa ser. Geralmente, são as pequenas coisas na vida que tornam nossos dias significativos. A chave aqui é fazê-las de maneira *consciente* e *intencional*. Como disse o filósofo Epíteto (aproximadamente 55-135 a.C.): "Pelo amor de Deus, adquira prática nas coisas pequenas; e, depois, comece as maiores".

Além disso, participe ativamente na criação de sua própria felicidade. Participar de uma atividade considerada agradável por uma outra pessoa não é importante, a não ser que lhe dê prazer ver a outra pessoa feliz, ou se você estiver gostando da atividade. Depois de terminar sua atividade agradável, não gaste dez minutos descrevendo como você estava infeliz e desculpando-se por ter participado dela. Pense também nas coisas boas que você recebe.

Você pode ficar intimidado por ter procurado uma atividade agradável. Algumas vezes, substituir a palavra prazer por "satisfação" ou "beleza", ajuda. Procure alguma coisa que o deixe satisfeito ou cuja beleza você possa identificar.

Depois de ter encontrado e aproveitado uma atividade agradável, tente compartilhá-la com alguém. Por exemplo, se você acabou de ver um lindo nascer do sol, a caminho do trabalho, poderia compartilhá-lo com um colega. As pessoas parecem estar sempre dispostas a desfiar uma ladainha dos seus desapontamentos e más notícias, mas é surpreendente como pode ser contagiante e enriquecedor compartilhar prazeres. É também uma forma adorável de começar uma conversa durante o jantar. Deixe que todos tenham oportunidade de contar um pequeno prazer observado naquele dia. A vida adquire um sentido muito diferente quando você se torna um participante ativo.

Em resumo, você está certo fazendo alguma coisa boa e agradável para si mesmo. Você merece!

RESUMO

ESTABELECENDO SEU PRÓPRIO RITMO

- Envolvendo-se numa atividade de rotina que inclua períodos regulares de "tempo de atividade" e "tempo de distração" (isto é, alternações entre atividades físicas mais e menos exigentes), você pode aumentar seu nível de atividade e diminuir a dor.
- Quando o corpo não está num constante estado de exaustão, ele tem uma chance de recuperar-se mais eficazmente.

ADMINISTRAÇÃO DO TEMPO

- Desenhar uma "torta do tempo" ajuda a identificar as suas atividades diárias e o tempo gasto nelas; ela lhe oferece uma representação gráfica sobre sua maneira de passar cada dia.
- Examine cada atividade e verifique por que você se envolve nela.
- Inclua um tempo de recuperação de alta qualidade em seu planejamento.
- Considere a idéia de pedir às pessoas que o ajudem.

ESCUTANDO SEU CORPO

- O corpo pode ser a fonte de pistas importantes; ao escutá-lo e rotular as suas sensações, você pode desenvolver uma consciência corporal que lhe permitirá aumentar, com segurança, seu nível de atividade, e interferir antecipadamente no desenvolvimento da tensão.
- Exercícios de alongamento suave, envolvendo o movimento dos membros em toda a sua amplitude, irão ajudá-lo a rotular as sensações nas diversas partes do seu corpo.
- Os exercícios também ajudam a aliviar o estresse, a tensão, e a rigidez geralmente associadas à inatividade.
- Aprendendo a não rotular todas as sensações corporais como dolorosas, você poderá acompanhar atividades, como exercícios, de maneira mais realista.

USANDO O CORPO PARA MUDAR SEU ESTADO DE ESPÍRITO

- As posturas corporais e expressões faciais podem reforçar emoções negativas ou melhorar seu humor.
- Prestando atenção à maneira como seu corpo está se comunicando tanto com o mundo externo, quanto com seu mundo interno, você tem o poder de mudar a maneira como está se sentindo.

EXERCÍCIO AERÓBICO

- Fazer exercícios aeróbicos pelo menos três vezes por semana, pode ajudar a melhorar a saúde em geral, particularmente o coração e os pulmões; e também pode ajudar a controlar o peso.
- Os exercícios na água são particularmente úteis, porque cerca de 70% dos efeitos da gravidade desaparecem na água.

- Outros tipos de exercício que podem proporcionar um bom condicionamento, incluem os seguintes:
  - Pedalar numa bicicleta ergométrica
  - Caminhar numa esteira
  - Caminhar
  - Ioga ou tai chi

ATIVIDADES AGRADÁVEIS

- As atividades agradáveis devem ser conscientes e intencionais. Elas irão ajudá-lo a envolver-se no ambiente e tornarão significativos os seus dias.
- Depois de encontrar uma atividade agradável, compartilhe-a com alguém.
- Você merece participar de atividades agradáveis para melhorar sua saúde física e psicológica.

TAREFAS EXPLORATÓRIAS

1. Leia novamente este capítulo e faça os diversos exercícios, da forma como são apresentados, caso ainda não os tenha feito.
2. Escreva um objetivo que deseja alcançar relacionado a este capítulo. Como nos exercícios anteriores sobre estabelecimento de objetivos, certifique-se de que o seu objetivo é uma tarefa comportamental que pode ser avaliada em termos de passos que você dará para alcançá-lo. Eis um exemplo:

Objetivo: Fazer os alongamentos descritos na seção "Escutando o seu corpo", uma vez por dia.

Passos para alcançar esse objetivo:

    A. Usar a cadeira da cozinha.

    B. Colocar as instruções numa outra cadeira ao meu lado.

    C. Fazer os alongamentos logo antes de fazer minha técnica da RR.

Agora é a sua vez.

Objetivo:_____

Passos para alcançar esse objetivo:

    A._____

    B._____

    C._____

    D._____

Agora relacione planos contingentes. Isto é, identifique os obstáculos que poderiam impedi-lo de alcançar esse objetivo. Que soluções você poderia planejar para garantir o sucesso desse objetivo? Ver Capítulo 3 ("A relação mente-corpo") em que há uma explicação dos planos contingentes, caso você tenha esquecido.

	Obstáculos	**Soluções**
A.	_____	_____
B.	_____	_____
C.	_____	_____
D.	_____	_____

3. Identifique algum tipo de exercício de alongamento que você possa fazer diariamente.

    O que você fará? _____

Com que freqüência você é capaz de fazê-lo? _____

4. Identifique algum tipo de exercício aeróbico que você possa fazer pelo menos três vezes por semana.

O que você fará? _____

Com que freqüência você é capaz de fazê-lo?_____

5. Continue com uma das técnicas básicas da RR (ver Capítulo 3) pelo menos uma vez por dia.

6. Escolha uma atividade agradável e participe dela no mínimo uma vez por semana. Compartilhe-a com alguém.

Relacione algumas atividades agradáveis que você gostaria de tentar:

_____

_____

_____

_____

(Não esqueça os prazeres espontâneos, tais como escutar o riso das crianças ou divertir-se num dia ensolarado.)

7. Durante suas atividades diárias, reserve algum tempo para preencher a folha de trabalho de acompanhamento de atividades apresentada no final do livro. Primeiramente, observe sua linha básica de dor, e durante quantos minutos você participa de uma atividade antes que a dor aumente um ou dois pontos ("tempo de atividade"). Então, mude de atividade durante um tempo suficiente para permitir que a dor volte à linha básica e observe quantos minutos são necessários para que isso aconteça ("tempo de distração"). Use uma escala de zero a dez.

Cuidado para não dizer a si mesmo: "Só mais um prato (minuto, tarefa etc.), antes de parar". Use pistas externas, como marcadores de tempo, para determinar quando acabou o tempo, tanto de atividade quanto de distração.

Enquanto você prossegue com o programa, periodicamente será necessário reavaliar seu tempo de atividade e de distração, porque sua resistência pode aumentar à medida que a tensão diminui. Faça cópias das folhas de acompanhamento de atividades apresentada no final do livro para poder reavaliar mensalmente os seus tempos.

LEITURA ADICIONAL

Os livros e artigos abaixo oferecem informações adicionais sobre exercícios, consciência corporal e prazeres saudáveis:

1. ORNSTEIN, Robert e SOBEL, David. *Healthy pleasures.* Reading, MA, Addison-Wesley, 1989.

2. RIPPE, James M. e WARD, Ann. *Rockport's complete book of fitness walking.* Nova York, Prentice-Hall Press, 1989.

3. BEL, Lorna e SEYFER, Eudora. *Gentle yoga.* Berkeley, CA, Celestial Arts, 1987.

4. EKMAN, Paul; LEVENSON, Robert e FRIESEN, Wallace. "Autonomic Nervous System Activity Distinguishes among Emotions". In: *Science, 221*:1208-10, 1983.

5. KEEFE, Francis J. e GIL, Karen M. "Behavioral Approaches in the Multidisciplinary Management of Chronic Pain: Program and Issues". In: *Clinical Psychology Review,* 6:87-113, 1986.

6. RAINVILLE, James; AHERN, David; PHALEN, Linda; CHILDS, Lisa e SUTHERLAND, Robin. "The Association of Pain with Physical Activities in Chronic Low Back Pain". In: *Spine, 17*:1060-64, 1992.

NUTRIÇÃO
E DOR

POR QUE DISCUTIR NUTRIÇÃO?

Por que incluir um capítulo sobre nutrição num livro sobre manejo da dor? Bem, há três motivos. Primeiro, os bons hábitos alimentares, assim como os exercícios e as técnicas de relaxamento, são essenciais para a boa saúde; o programa descrito neste livro trata a pessoa como um todo, assim como a dor. Segundo, alguns comportamentos alimentares específicos podem afetar os níveis da dor (posteriormente, eles serão discutidos em detalhes). Terceiro, atualmente há muita desinformação a respeito das terapias nutricionais para a dor. Esse último ponto merece comentários adicionais.

A cultura ocidental é obcecada por dietas, peso corporal e alimento; poucas pessoas consideram a alimentação simplesmente como uma participação no sustento básico. Como o alimento é tão acessível e os hábitos alimentares uma obsessão nacional, dietas, medicamentos e complementos são avidamente adotados pelo público. Além disso, tem havido uma crescente insatisfação com a medicina tradicional, particularmente no que se refere ao tratamento da doença crônica. Cada vez mais, os pacientes estão dispostos a adotar terapias "naturais", "holísticas", como aquelas que utilizam megadoses de vitaminas, jejum e limpeza interna. A linguagem usada para justificar as afirmações de alguns desses tratamentos nutricionais parece científica, mas, raramente, há evidências para apoiar tais afirmações, a não ser o testemunho pessoal dos pacientes.

Eis algumas das dificuldades encontradas em estudos sobre terapias nutricionais, que são o motivo por que esses estudos devem ser planejados e avaliados cuidadosamente. Um exame de relatórios de pesquisas sobre o processo de digestão e absorção de componentes alimentares deixa claro que o processo de nutrição como um todo não é simples. Por exemplo, alguns componentes alimentares só são absorvidos quando o corpo necessita deles, e outros são absorvidos somente se houver outros componentes essenciais presentes na mesma refeição. Acrescente a isso a complexidade de pedir a cada participante de um estudo nutricional para comer a mesma coisa, ao mesmo tempo, atendendo às necessidades metabólicas individuais, durante um período de tempo suficiente para observar mudanças nos sintomas, e você poderá ver como essa tarefa é difícil.

Provavelmente, a síndrome dolorosa que recebeu maior consideração em relação às influências alimentares é a artrite reumatóide. Foram consideradas tanto as respostas inflamatórias/sistema imunológico quanto as da hipersensibilidade (alergias). Dois artigos publicados na revista científica *The Rheumatic Disease Clinics of North America* (ver Leitura Adicional), em 1991, fornecem uma base para futuras pesquisas nessa área. O artigo de Panush afirma que a relação entre as alergias alimentares e a artrite inflamatória *em algumas pessoas* justifica estudos adicionais. O artigo de Darlington investiga esse assunto apresentando terapias alimentares para a artrite reumatóide no contexto da eliminação de alimentos, considerados causadores de hipersensibilidade (alergias). Os estudos dessas dietas envolvem uma considerável aceitação por parte dos pacientes que, primeiramente, podem precisar jejuar ou seguir uma dieta espartana enquanto passam pela "fase de exclusão" (eliminação de alimentos que podem ser culpados, como o leite e derivados do trigo). Após a fase de exclusão, há uma "fase de reintrodução" (os alimentos são reintroduzidos na dieta, um de cada vez, e os médicos observam os sintomas). Idealmente, após a identificação de alimentos que não são tolerados, é necessária uma terceira fase para garantir que o "efeito placebo" (mudanças baseadas na crença do paciente de que alguma coisa está acontecendo) não ocorreu. Isso inclui fazer um indivíduo ingerir alimentos considerados não tolerados mas, de maneira que nem o indivíduo, nem a pessoa que lhe dá o alimento saibam disso. Isso é chamado de "estudo duplo-cego". Se os sintomas ainda ocorrerem, esses alimentos devem ser eliminados da dieta. Obviamente, dietas como essas só podem ser feitas com a supervisão de um médico e/ou nutricionista experiente nessa área.

Em outras síndromes de dor crônica, não há quase nenhuma evidência sólida de que as alergias a alimentos têm uma participação, ou de que é possível obter melhoras com a complementação alimentar exagerada (por exemplo, megadoses de vitaminas ou minerais, extratos de hormônios de animais e ervas) ou com a eliminação (por exemplo, dietas sem leveduras). Em outras palavras, as pesquisas simplesmente não obtiveram provas suficientes de que esses tratamentos funcionam para justificar sua recomendação aos pacientes. Na verdade, geralmente há um dano potencial (incluindo deficiências alimentares, desequilíbrios e toxicidades, bem como um enorme custo financeiro para os pacientes) associado a esses tratamentos. Eu realmente aprovo o estudo cuidadoso de terapias nutricionais e recomendo que se mantenha a mente aberta para a possibilidade de que, no futuro, alguns pacientes serão capazes de controlar os sintomas dolorosos por meio da dieta alimentar.

Mas enquanto aguardamos maiores esclarecimentos, você pode começar a seguir algumas recomendações nutricionais básicas, agora, para melhorar sua saúde geral e ajudá-lo a administrar a dor. Essas recomendações serão exploradas a seguir.

DOIS IMPORTANTES PRINCÍPIOS

A abordagem básica à alimentação, apresentada neste capítulo, pode ser resumida nesses dois lemas: "Fresco é melhor" e "Moderação". Seguir essas duas recomendações simples pode ser mais difícil do que você pensa – especialmente pela facilidade e pela ampla disponibilidade de alimentos preparados e lanches rápidos; ao ritmo frenético de vida nas grandes cidades, que deixa pouco tempo para o preparo das refeições; e à sensação confortante que muitas pessoas com dor obtêm nos alimentos.

"Fresco é melhor" é um lembrete de que quanto mais os alimentos forem preparados por outras pessoas antes de chegar à nossa mesa, maior a probabilidade de conterem muito sal, açúcar, gorduras saturadas, conservantes e corantes artificiais. Além disso, a extensão do processamento pode diminuir as fibras e o conteúdo nutricional. Grande parte dessa manipulação dos alimentos é resultado do processamento para prolongar sua vida útil, bem como para satisfazer o apetite do consumidor médio, que há muito tempo segue uma dieta rica em gordura e sódio, e pobre em fibras. Entretanto, há cada vez mais evidências de que as dietas pobres em fibras e ricas em gorduras e sódio podem aumentar o risco de desenvolver uma doença cardíaca, alguns tipos de câncer (de cólon e talvez o câncer de mama), pressão sanguínea elevada e obesidade. A obesidade pode aumentar o risco de doença articular degenerativa, particularmente nas extremidades inferiores; isso é principalmente importante para quem sofre de dor crônica, pois a obesidade agrava o problema de administração da dor.

"Moderação" é um termo bastante abrangente que, provavelmente, pode ser mais bem compreendido pelo resultado final – um peso estável, adequado à sua altura e tipo físico. Alimentar-se em horários regulares, com uma variedade de alimentos dos quatro grupos alimentares básicos (a serem discutidos a seguir), e em quantidades que atendam às exigências calóricas das suas atividades e metabolismo, irá ajudá-lo a manter um peso estável. Aprendendo a calcular as gorduras, você pode evitar que sua dieta estimule o ganho de peso (para aprender a fazer isso, veja a seção abaixo que fala das gorduras). Percebendo que hábitos como pular refeições, fazer a maior refeição à noite ou ingerir lanches ricos em gorduras (batatas fritas, sorvetes, bolos ou doces) contribuem para os problemas de peso, também o ajudarão a manter a moderação em sua dieta. O corpo parece ter uma sabedoria natural que lhe permite escolher aquilo que precisa, quando precisa, se não for dominado pelo excesso.

NECESSIDADES NUTRICIONAIS BÁSICAS

Há múltiplos recursos dedicados a profundas discussões sobre as necessidades nutricionais básicas para a boa saúde. Na seção "Leitura Adicional", no final deste capítulo, relacionei alguns desses recursos. Por enquanto, simplesmente descrevo em linhas gerais as mais recentes orientações governamentais. Depois dessa apresentação, discutiremos as recomendações relacionadas aos problemas da dor.

Em 1990, o Departamento de Agricultura e o Departamento de Saúde e Serviços Humanos dos Estados Unidos nos aconselharam a ingerir uma variedade de alimentos dos quatro grupos alimentares básicos:

- Leite e seus derivados
- Carne e seus substitutos
- Frutas e verduras
- Cereais, pães e outros grãos

Adultos saudáveis são aconselhados a ingerir, todos os dias, pelo menos três porções de verdura, duas de frutas, seis de cereais, duas de carne ou substitutos (ver "Proteínas") e duas porções de leite ou outros derivados. Essas são recomendações mínimas, e há diferentes exigências para crianças, adolescentes, mulheres grávidas ou amamentando.

Os quatro grupos alimentares básicos oferecem os seguintes nutrientes:

- Carboidratos
- Proteínas
- Gorduras
- Vitaminas e minerais

CARBOIDRATOS

Os carboidratos são classificados como "simples" ou "complexos". Os carboidratos simples são açúcares, como o açúcar, o mel e o melaço. Recomenda-se utilizar com moderação os açúcares simples – isto é, em pequenas quantidades. Embora o açúcar tenha má reputação, os principais problemas para os adultos são as companhias com quem ele anda, como a gordura nas massas e no sorvete. Consumir frutas frescas pode satisfazer quem gosta de doces e é uma escolha mais saudável.

Os carboidratos complexos são formados por cadeias repetidas de moléculas de açúcar. O amido é um exemplo de carboidrato complexo. As verduras e grãos são excelentes fontes de carboidratos complexos, bem como de fibras, vitaminas e ferro. Os carboidratos complexos são uma importante fonte de energia, e recomenda-se que constituam a maior parte das suas calorias diárias.

PROTEÍNAS

As proteínas são formadas de unidades de aminoácidos. As unidades de aminoácidos são usadas pelo corpo depois de se decomporem na digestão; elas são metabolizadas para proporcionar energia ou são reagrupadas em novas proteínas. As proteínas são os componentes de enzimas, hormônios e tecido muscular. O grupo da carne/substitutos da carne é uma boa fonte de proteínas. Observe que os substitutos da carne incluem legumes (favas e ervilhas), tofu (coalho de soja), peixe, marisco, ovos e nozes. Como fonte alimentar, a carne é basicamente boa, mas adquiriu má fama porque pode conter muitos hormônios e antibióticos (dados aos animais enquanto vivos), é fonte de gordura saturada e colesterol e, no passado, foi associada a dietas de pouca variedade nutricional ("carne e batatas"). Além disso, por diversas razões (incluindo convicções religiosas, o elevado custo financeiro e ecológico da carne e a crescente sensibilidade aos direitos dos animais), cada vez mais pessoas estão preferindo substituí-la.

GORDURAS

As gorduras são formadas de substâncias chamadas "ácidos graxos" e "glicerol". Os ácidos graxos podem ser saturados, poliinsaturados ou monossaturados; quanto menos saturados, mais saudáveis. O glicerol é o "transportador" que une os ácidos graxos. As gorduras são usadas para obter energia e são facilmente armazenadas no corpo e todos nós conhecemos os seus locais favoritos de armazenagem – as coxas, o abdome e as nádegas. A tendência atual nas dietas para perda de peso é a ênfase no cuidado com a ingestão de gorduras, não apenas com o número de calorias consumidas. Embora a recomendação padrão para consumo de gordura numa dieta saudável seja de 30% de calorias diárias, geralmente a perda de peso exige outras restrições. Normalmente, as mulheres perdem peso quando limitam o consumo de gordura entre 20 e 40 gramas por dia, e os homens entre 30 e 50 gramas.

Para calcular a porção diária de gordura permitida, multiplique o consumo calórico diário necessário para manter seu peso pela porcentagem de gordura recomendada, atualmente 30%. Por exemplo, para uma necessidade de 1500 calorias, você faria o seguinte cálculo:

1500 calorias × 30% gordura (0,30) = máximo de 450 calorias de gordura

Agora, divida o máximo de calorias de gordura (450) por 9 (o número de calorias por grama de gordura) e você obterá o número 50. Assim, 50 é o número de gordura diária, em gramas, permitido numa dieta de 1500 calorias. Calcule o seu limite de gordura em gramas fazendo esses dois cálculos:

_____ calorias × 0,30 = máximo de _____ calorias de gordura

máximo de _____ calorias de gordura ÷ 9 = limite de _____ gramas diários de gordura

Agora, você pode começar a ler rótulos ou adquirir um livro com a contagem de gramas de gordura. Você notará fatos como esses: Um copo de leite integral tem oito gramas de gordura, enquanto o leite desnatado tem apenas um grama; um ovo inteiro tem seis gramas de gordura; uma colher de sopa de manteiga de amendoim tem oito gramas. Esse processo de aprendizagem pode ser realmente esclarecedor. Divirta-se!

O colesterol não é uma gordura; é uma substância presente em alguns alimentos, como ovos, derivados do leite e gorduras animais (sempre produtos animais). O consumo de gordura e colesterol na dieta contribui para a produção de colesterol no corpo. É por isso que você ouve falar de "colesterol" e "gorduras" juntos. Há diversos tipos de colesterol e o excesso de colesterol de um tipo (Lipoproteína de Baixa Densidade ou LDL) pode contribuir para doenças como a arteriosclerose (endurecimento das artérias) ou cálculos biliares.

VITAMINAS E MINERAIS

As vitaminas e minerais são componentes alimentares necessários em quantidades muito pequenas para o funcionamento normal de muitos processos corporais. Eles são essenciais na dieta porque o corpo é incapaz de produzi-los ou os produz em quantidades insuficientes. As verduras e os grãos são boas fontes de vitaminas. Há muitas controvérsias a respeito do benefício de complexos de vitaminas e minerais para a saúde e a doença. Para um adulto saudável normal, o consumo de uma variedade de alimentos dos quatro grupos alimentares básicos proporciona os nutrientes essenciais, dos quais o corpo pode escolher aquilo que precisa, quando precisa. Até agora, nenhuma pesquisa contestou esse fato. Quais são as necessidades de um corpo estressado ou doente? Elas ainda precisam ser definidas e são necessárias muitas outras pesquisas sobre o assunto.

O MANEJO DA DOR PELA NUTRIÇÃO

O que é alimento para uns, para outros é veneno amargo

Lucretius *(cerca de 94-55 d.C.)*

Embora os princípios e necessidades apresentados acima possam servir para orientar suas escolhas nutricionais básicas, há espaço para muitas variações individuais. Cada pessoa possui taxas metabólicas e digestivas, composições genéticas e diferentes atividades, que afetam as necessidades alimentares. As diversas dietas – ou "modismos" – conflitantes e, algumas vezes, perigosas, deveriam ser abordadas com cautela. As duas síndromes dolorosas que receberam mais atenção em termos de sintomas relacionados à alimentação, são a artrite reumatóide, conforme discutido anteriormente, e as enxaquecas. Alguns dos possíveis agentes causadores ou as intervenções terapêuticas para essas duas síndromes serão discutidas posteriormente.

Novamente, o corpo parece ter uma sabedoria interna. Se você não ignorar esses sinais, como o aumento da dor, a fadiga ou a indigestão após ter ingerido determinados alimentos ou bebidas, poderá aprender com seu corpo. Assim como você deveria aprender a escutar sua dor e aflição, também deveria prestar atenção aos sinais de seu corpo associados à alimentação. Isso irá ajudá-lo a compreender como você come, quando come, o que come e por que come.

Uma vez que determinados alimentos e bebidas estão associados ao aumento da dor em alguns indivíduos, manter um diário alimentar (há um no final do livro), semelhante ao seu diário da dor pode ser uma maneira útil de identificar padrões.

Por exemplo, você já percebeu que evita determinadas bebidas ou alimentos por causa da dor? Se isso acontece, o que você evita? Ou você já percebeu que ingere mais alimentos de determinado grupo alimentar? Se isso acontece, quais são esses alimentos?

"APERITIVOS" E "SOBREMESAS" COMPORTAMENTAIS

Vivemos numa sociedade dinâmica, agitada e, para aqueles que sofrem com o estresse e a tensão adicionais da dor, é particularmente importante reservar um tempo adequado para preparar-se para fazer uma refeição.

Antes de começar sua refeição, pare alguns instantes para sentir os aromas e olhar as cores do alimento à sua frente. Fazer uma oração ou agradecer a Deus pode ser uma forma de fazer uma pausa antes de ingerir o alimento. Pense nessa pausa como uma maneira de fazer uma transição para o ato de comer.

Quando possível, tente comer sem distrair-se. Evite comer tendo um jornal, uma revista ou a televisão à sua frente. Observe como é o ato de comer, e mais nada. Você está entediado ou ansioso? É agradável?

Após comer, leia um pouco, compartilhe uma atividade agradável ou devancie acordado enquanto o corpo digere o alimento. Caso você se sinta desconfortável ou inchado, ou se tiver indigestão, isso pode ser um reflexo daquilo que você comeu ou da maneira como comeu. Essas são pistas importantes para registrar em seu diário.

QUANDO COMER

A maioria das pessoas segue um programa alimentar relativamente arbitrário ou irregular. Algumas pessoas comem entre as refeições, por estarem zangadas ou aborrecidas nesse período. Outras, pulam refeições e consomem a maior parte das calorias à noite.

Há muito sabemos que quebrar o jejum noturno fazendo um bom desjejum (literalmente, quebrar o jejum) é uma coisa saudável, porque ele proporciona ao corpo a energia para iniciarmos as atividades diárias. Pular a refeição matinal tende a resultar em maus hábitos alimentares, como comer doces ou tomar refrigerantes durante a manhã. Se as pessoas predispostas à hipoglicemia (baixa concentração de glicose no sangue) fizerem isso, experienciarão mudanças de humor, irritabilidade e aumento da dor, que serão novamente aliviados pelos doces – apenas para recorrer a eles com maior intensidade algumas horas depois.

A hipoglicemia é uma condição que pode ser experienciada por aqueles com histórico familiar de diabetes, mas nem sempre isso acontece. Muitos médicos negam que a condição exista ou tenha quaisquer sintomas visíveis, embora sua presença possa ser documentada por testes de tolerância à glicose. Ela é exacerbada por períodos prolongados de jejum. As pessoas suscetíveis percebem que quando comem apenas doces, como descrito acima, têm os sintomas provocados pela baixa concentração de glicose no sangue, uma ou duas horas depois. Além dos sintomas relacionados ao humor, podem ocorrer tremores, transpiração, dor de cabeça, dores musculares e fadiga. Fisiologicamente, afirma-se que por causa de uma resposta insulínica exagerada ao aumento de açúcar no sangue, há uma subseqüente queda súbita deste. Por sua vez, isso desencadeia uma resposta de adrenalina, que contribui para os sintomas experienciados. Essa resposta de adrenalina eleva novamente o açúcar no sangue até que o próximo pedaço de chocolate ou qualquer outro doce desencadeie um evento.

Em geral, o primeiro tratamento recomendado para a hipoglicemia é evitar fazer lanches que contêm doces. Alguns nutricionistas até mesmo recomendam evitar *todos* os doces *sempre*. No final de uma refeição, a absorção de doces é retardada devido aos outros nutrientes que estão sendo digeridos e, com freqüência, nessa ocasião os doces são mais bem tolerados. A outra recomendação é fazer refeições pequenas e freqüentes, evitando assim os períodos prolongados de jejum. Por exemplo, você pode fazer uma refeição leve com frutas, manteiga de amendoim e bolacha, ou queijo tipo cottage. Diversos pacientes que sofrem com dores de cabeça e fibrosite afirmaram que os sintomas melhoraram depois de terem seguido essas recomendações.

Fazer a maior refeição à noite, também não é bom para a utilização dos nutrientes que proporcionam energia. Se você for dormir logo após essa refeição noturna, isso pode contribuir para o aumento de peso, problemas de sono e refluxo (o movimento do ácido do estômago de volta para o esôfago).

O QUE COMER E POR QUÊ

Novamente, consumir com moderação uma variedade de alimentos frescos é a chave da alimentação saudável. Se você precisa perder peso, observe o conteúdo de gordura dos alimentos, faça exercícios e consuma porções moderadas. Identificar o que você come, e observar qualquer correspondente aumento ou redução na dor, também pode ajudá-lo a determinar quais os alimentos, ingredientes ou aditivos que devem ser evitados e quais devem ser mantidos em sua dieta. (Apresentamos abaixo algumas sugestões específicas.)

Também é essencial identificar por que você come, pois muitas pessoas que têm dor afirmam que comer as faz sentir-se bem, pelo menos temporariamente. Acredita-se que o alimento libere endorfinas (os analgésicos do corpo), que podem explicar essa sensação boa. Assim, verificar como você se sente quando come pode dar-lhe pistas importantes para aproveitar ao máximo sua dieta. Por exemplo, você pode descobrir que come demais em busca de bem-estar. Agradar a si mesmo de outras maneiras – praticando as técnicas da RR, tornando-se consciente de outras atividades agradáveis e buscando apoio social – pode ajudá-lo a diminuir sua necessidade de "comer para sentir-se bem".

Alimentos relacionados à redução da dor

Muitos pacientes relacionaram breves períodos de jejum e dietas vegetarianas com a diminuição da dor, particularmente nos casos de artrite inflamatória (como a artrite reumatóide). Um estudo controlado demonstrou que curtos períodos de jejum, seguidos de uma dieta vegetariana, sem glúten (o glúten é uma substância encontrada na farinha de trigo), estavam associados à diminuição da dor e outros sintomas da artrite, bem como à melhora na saúde em geral. (Ver o artigo de Kjeldsen-Kragh e outros na Leitura Adicional). Como mencionamos anteriormente, os benefícios obtidos foram considerados relacionados à eliminação de alimentos associados à intolerância ou a respostas alérgicas. A melhora também poderia estar relacionada a uma alteração em determinados ácidos graxos, que favoreciam a produção de prostaglandinas com menor atividade inflamatória (as prostaglandinas são substâncias químicas que participam da inflamação). Finalmente, a melhora poderia estar relacionada à perda de peso, ocorrida no grupo experimental.

Estudos realizados por Seltzer e outros observam que a combinação de triptofano, um aminoácido essencial e precursor da serotonina (mencionada no Capítulo 2), com dietas ricas em carboidratos complexos e pobres em proteínas, está associada com maior tolerância à dor em seres humanos. Acredita-se que essa tolerância aumentada esteja relacionada a elevações nos níveis de serotonina no sistema nervoso central, que também ocorreu em estudos alimentares semelhantes, realizados com ratos. O Capítulo 2 observou que a serotonina está envolvida nas vias inibitórias para a dor no sistema nervoso central. Igualmente, as dietas ricas em proteínas e pobres em carboidratos complexos estão associadas à diminuição nos níveis de serotonina no cérebro.

Ingredientes/aditivos dos alimentos relacionados ao aumento da dor

Agora, vamos dar uma olhada nos culpados que foram associados ao aumento da sensação dolorosa:

- Cafeína
- Álcool
- Glutamato monossódico (MSG)
- Aspartame

Cafeína. A cafeína é um estimulante que vicia, portanto, é aconselhável considerar uma diminuição no consumo de cafeína, quando você estiver sob muita tensão ou com algum tipo de dor. Mas tenha cuidado: você pode sentir efeitos tais como dores de cabeça e fadiga se parar de repente de tomar bebidas cafeinadas. Em lugar de parar abruptamente, você deve diminuir aos poucos seu consumo, para evitar sintomas de abstinência. Por exemplo, em vez de tomar cinco xícaras de café pela manhã, tente tomar duas xícaras de café descafeinado e três de café comum, até estar tomando apenas café descafeinado. Então, diminua também o número de xícaras de café descafeinado, se desejar.

A cafeína está naturalmente presente no café, no chá, no chocolate e no cacau. Ela também é encontrada em alguns refrigerantes e em muitos medicamentos (em particular nas preparações para resfriado, controle de peso, dor e estimulantes). A tabela seguinte mostra como os níveis de cafeína podem variar, dependendo do tipo de bebida e de sua preparação.

CONTEÚDO DE CAFEÍNA DAS BEBIDAS COMUNS

Bebida	Medida	Cafeína (mg)
Café		
infusão, borra	226,8 g	80-200*
instantâneo	1 colher de chá	50-66
descafeinado	1 colher de chá	2-5
Chá (saquinho normal)		20-100*
	3 min. de infusão	36
	5 min. de infusão	46
Refrigerantes		
Colas e bebidas		
apimentadas	340,2 g	43-65
Chocolate quente	226,8 g	5-10

* Quanto maior o tempo de infusão do chá e do café, maior o conteúdo de cafeína.

Álcool. O álcool é um vasodilatador, portanto, pode provocar enxaquecas ou exacerbar dores de cabeça já existentes. Embora uma teoria anterior tenha explicado que as enxaquecas eram provocadas pela dilatação dos vasos sanguíneos após intensa constrição dos mesmos, atualmente ela é considerada incorreta ou, na melhor das hipóteses, inadequada, e aqueles que sofrem de enxaqueca podem descobrir que é melhor abandonar o álcool, seja qual for o mecanismo subjacente. Outras substâncias que podem dilatar os vasos sanguíneos são a tiramina e a histamina. A tiramina pode ser encontrada no vinho tinto e em alguns queijos; a histamina pode ser encontrada em alguns vinhos e champanhes. (Ver o artigo de Radnitz citado na Leitura Adicional.)

Muitos outros pacientes também percebem uma associação entre a dor e o uso do álcool. Se você *não* perceber que a dor melhora quando o álcool é eliminado da sua dieta, então é melhor beber moderadamente. Se você *realmente* perceber que a dor melhora quando o álcool é eliminado, seria melhor evitá-lo completamente.

Lembre-se de que as bebidas alcoólicas também contêm muitas calorias. 43 g de gin, rum, vodka ou uísque contêm cerca de 116 calorias. 340 g de cerveja contêm cerca de 145 calorias.

Usar o álcool para diminuir a dor pode ser problemático. Embora ele seja um antigo analgésico para a dor aguda, com o tempo sua utilização na dor crônica pode criar ainda mais problemas físicos e sociais. O consumo de álcool duas horas antes de dormir pode perturbar o sono, diminuindo os estágios do sono profundo e dos sonhos. O excesso de bebida também pode resultar em disfunção do fígado, do pâncreas, dos músculos e do cérebro em indivíduos suscetíveis. Se alguma vez você já achou que deveria eliminar a bebida, se as pessoas já o criticaram porque você bebe, já se sentiu mal ou culpado por beber ou se já tomou um drinque pela manhã para acalmar os nervos ou livrar-se de uma ressaca, seria bom prestar atenção e buscar auxílio médico.

MSG. O MSG é um condimento encontrado em muitos alimentos preparados, mas normalmente está associado à comida chinesa. As pessoas sensíveis ao MSG podem sentir dor de cabeça, sensação de ardor no rosto, transpiração excessiva e aperto no peito. Estudos mostraram que as pessoas que sofrem de enxaqueca podem ou não ser mais predispostas às dores de cabeça provocadas pelo MSG. Se você é sensível, o melhor tratamento é evitá-lo. Mas cuidado: o MSG pode estar oculto em caldos ou cubos de caldo de carne e outros produtos alimentícios, portanto, leia os rótulos para saber se ele está presente.

Aspartame. O aspartame (marca registrada: Finn®) é o adoçante que foi comercializado para substituir a sacarina. Ele foi associado à dor de cabeça em indivíduos sensíveis. O aspartame pode ser encontrado numa ampla variedade de produtos: novamente, verifique os rótulos. Se você estiver tomando muitas bebidas dietéticas ou ingerindo produtos dietéticos que contêm aspartame, talvez queira deixar de consumi-los para ver se isso provoca algum efeito na dor, especialmente se você estiver sentindo dores de cabeça.

O papel das vitaminas e minerais na redução da dor

Finalmente, vamos examinar o papel das vitaminas e minerais na redução da dor crônica.

O uso de magnésio, zinco, vitaminas B, E e C, tem sido incentivado em condições de dor crônica que apresentam um componente inflamatório. A ausência de descobertas científicas consistentes pode refletir a variabilidade humana e a natureza subjetiva da dor e não o fracasso desses complementos para ajudar determinadas pessoas. Por outro lado, a ausência de benefícios positivos consistentes pode indicar que esses complementos não têm valor. Atualmente, não há evidências de que o acréscimo da maior parte desses complementos de vitaminas ou minerais em sua dieta habitual ajuda a aliviar a dor.

Entretanto, uma dieta rica em cálcio ou complemento de cálcio é importante por causa da elevada incidência de osteoporose (ossos frágeis) em mulheres pós-menopáusicas. (A vitamina D também é importante pelo seu papel na formação dos ossos, mas, geralmente, pode-se obter quantidades adequadas dessa vitamina no leite ou pela exposição à luz do sol.) A osteoporose é a causa número um de invalidez em mulheres acima de 65 anos de idade nos Estados Unidos e está associada a fraturas da coluna vertebral e quadril. Por volta dos trinta anos, homens e mulheres começam a perder o cálcio dos ossos; contudo, após a menopausa, o ritmo de perda em mulheres suscetíveis é acelerado. Os fatores de risco incluem os seguintes:

- Apresentar um histórico familiar de osteoporose
- Ser caucasiana, com antepassados do norte da Europa
- Fumar
- Ser magra
- Ser inativa

Têm havido muitas controvérsias com relação à quantidade e à forma como as mulheres deveriam ingerir cálcio. Sabemos que após a menopausa é preciso repor o estrogênio antes que o cálcio possa ser incorporado aos ossos. As atuais recomendações encorajam as mulheres a ingerir uma quantidade adequada de cálcio em sua dieta, antes da menopausa.

A dosagem recomendada é de 1000 miligramas de cálcio por dia para mulheres que não estejam grávidas nem amamentando, com mais de 25 anos de idade. Essa dosagem equivale a quatro copos de 226,8 g de leite ou cinco tabletes de Tums® por dia. Para mulheres pós-menopáusicas, com risco de osteoporose, a dosagem recomendada é de 1200-1500 miligramas de cálcio por dia, mais a terapia de reposição de estrogênio.

RESUMO

POR QUE DISCUTIR NUTRIÇÃO?

- Um capítulo sobre nutrição é incluído neste livro por três razões: os bons hábitos alimentares são essenciais para a boa saúde; alguns comportamentos alimentares específicos podem afetar os níveis de dor; e, atualmente, há muita desinformação sobre terapias nutricionais para a dor.
- É difícil realizar estudos de terapias nutricionais por diversos motivos, e os resultados desses estudos devem ser avaliados com extremo cuidado.
- Há algumas evidências preliminares de que eliminar da dieta os alimentos considerados indutores de hipersensibilidade (alergias) pode provocar alguma melhora na artrite reumatóide. Atualmente quase não há evidência de que a manipulação alimentar é benéfica para outras síndromes de dor crônica.
- Você pode seguir algumas recomendações nutricionais básicas agora para melhorar sua saúde geral e ajudá-lo a lidar com a dor.

FRESCO É MELHOR; MODERAÇÃO

- Quanto mais os alimentos forem preparados por outros antes de chegarem até nós, maior a probabilidade de conterem muito sal, açúcar, gorduras saturadas, conservantes e corantes artificiais.
- Fazer uma dieta rica em gordura e sódio e pobre em fibras aumenta o risco de desenvolvimento de doenças cardíacas, alguns tipos de câncer (cólon e talvez câncer de mama), pressão sanguínea elevada e obesidade.
- Ingerir moderadamente alimentos frescos ajudará a manter o seu peso estável, adequado para a sua altura.

NECESSIDADES NUTRICIONAIS BÁSICAS

- Os quatro grupos alimentares básicos, de acordo com o governo dos Estados Unidos, são:
  - Leite e seus derivados
  - Carne e seus substitutos
  - Frutas e verduras
  - Cereais, pão e outros grãos

- Adultos saudáveis são aconselhados a ingerir, diariamente (essas são recomendações mínimas; grupos especiais têm necessidades diferentes), o seguinte:
  - Três porções de verduras
  - Duas porções de frutas
  - Seis porções de grãos
  - Duas porções de carne ou substitutos
  - Duas porções de leite ou outros produtos derivados
- Os quatro grupos alimentares básicos satisfazem nossas necessidades dos seguintes nutrientes: carboidratos, proteínas, gorduras, vitaminas e minerais.

ADMINISTRANDO A DOR PELA NUTRIÇÃO

- Tente manter um diário alimentar (ver exemplo no final do livro) durante algumas semanas para ajudá-lo a identificar como, quando, o que e por que você come, bem como para determinar quaisquer padrões da dor, associados à dieta.
- Reserve algum tempo para preparar-se para fazer uma refeição. Tente comer sem distrações e preste atenção ao alimento que você está ingerindo. Após comer, sente-se tranqüilamente durante algum tempo e deixe o alimento digerir.
- Siga os "sim" e "não" com relação a quando comer:
  - Faça um desjejum para obter energia para as suas atividades diárias.
  - Se você sofre de hipoglicemia, não jejue por períodos prolongados e evite fazer lanches que contenham doces.
  - Não pule refeições.
  - Não coma a maior parte das calorias à noite.
- Identificar aquilo que você come e qualquer melhora ou piora na dor pode ajudá-lo a determinar quais alimentos evitar e quais manter em sua dieta.
- Igualmente, identificar por que você come pode ajudá-lo a estabelecer uma relação entre os motivos psicológicos que o levam a comer (fazendo-o sentir-se "melhor") e a real necessidade de alimento.
- Há algumas evidências de que breves períodos de jejum e uma dieta vegetariana, individualizada, sem glúten, ajudam na artrite reumatóide. E também que as dietas ricas em carboidratos complexos e pobres em proteínas estão associadas aos aumentos de serotonina, o que pode inibir a dor no sistema nervoso central.
- Experimente evitar as seguintes substâncias caso você experimente determinados sintomas:
  - Cafeína (dor em geral, estresse)
  - Álcool (enxaquecas ou outras dores de cabeça, dor em geral)
  - MSG (dores de cabeça, ardor no rosto, transpiração, aperto no peito)
  - Aspartame (dores de cabeça)
- Atualmente, não há evidências consistentes de que o acréscimo da maioria dos complementos de vitaminas ou minerais, além da sua dieta habitual, ajude a aliviar a dor. Contudo, os complementos de cálcio devem ser considerados, devido à incidência de osteoporose em mulheres pós-menopáusicas e os problemas associados provocados por fraturas.

TAREFAS EXPLORATÓRIAS

1. Anote tudo o que você come e bebe durante uma semana, usando o diário alimentar apresentado no final do livro. No final da semana, examine seu diário e verifique se você gostaria de alterar sua dieta.

Ou, durante duas a quatro semanas, faça uma dieta com substitutos para a carne: muitas frutas, grãos e verduras, nenhum doce e nada de álcool ou cafeína. Se você for um grande consumidor de cafeína, pode desejar apenas diminuir a quantidade para não sofrer quaisquer sintomas de abstinência. Observe se a dor é afetada pela mudança alimentar. Se você perceber qualquer melhora, continue a dieta durante pelo menos dois meses.

2. Estabeleça um objetivo que você queira alcançar relacionado à sua dieta. Novamente, certifique-se de que o objetivo é uma tarefa comportamental que você pode avaliar em termos de providências que você tomará para alcançá-lo. Eis um exemplo:

Objetivo: *Observar se alimentos ou bebidas contendo aspartame afetam a dor.*
Passos para alcançar esse objetivo:

 A. *Levar uma agenda em meu bolso para registrar qualquer coisa contendo aspartame que eu coma ou beba durante as refeições.*

 B. *Anotar quanto tempo eu levo para comer ou beber em cada caso.*

 C. *Observar o efeito sobre a dor.*

Objetivo:_____
Passos para alcançar esse objetivo:

 A. _____

 B. _____

 C. _____

 D. _____

Além disso, relacione planos contingentes. Isto é, identifique os obstáculos que poderiam impedi-lo de alcançar esse objetivo. Que soluções você poderia planejar para garantir o sucesso desse objetivo?

Obstáculos	**Soluções**
A. _____	_____
B. _____	_____
C. _____	_____
D. _____	_____

3. Continue compartilhando suas atividades agradáveis. Que tipo de coisas você apreciou?_____

_____

4. Que exercícios físicos você tem sido capaz de fazer regularmente? _____

_____

5. Se alguma mudança em seus hábitos alimentares (ou qualquer outro aspecto relacionado à administração da dor) estiver provocando estresse ou ansiedade, tente imaginar-se num lugar seguro e agradável (ver Capítulo 3, Técnica 5 da RR). Descreva seu lugar especial: _____

_____

_____

LEITURA ADICIONAL

Os livros e artigos a seguir oferecem informações adicionais sobre nutrição básica e sobre nutrição e dor:

1. RADNITZ, Cynthia. "Food-Triggered Migraine: A Critical Review". In: *Annals of Behavioral Medicine, 12*:51-64, 1990.

2. DWYER, Johanna. "Nutritional Remedies: Reasonable and Questionable". In: *Annals of Behavioral Medicine, 14*:120-5, 1992.

3. KJELDSEN-KRAGH, Jens *et al.* "Controlled Trial of Fasting and One-Year Vegetarian Diet in Rheumatoid Arthritis". In: *The Lancet, 338*:899-902, 1991.

4. *Tufts University Diet and Nutrition Letter*. Doze números publicados por ano. Para informações sobre assinaturas, escreva para P.O.Box 57857, Boulder, CO 80322-7857; ou telefone para (800) 274-7581.

5. NATOW, Annette B. e HESLIN, Jo-Ann. *The fat counter*. Nova York, Pocket Books, 1993.

6. LIEBERMAN, Harris, *et al.* "Mood, Performance, and Pain Sensitivity: Changes Induced by Food Constituents". In: *Journal of Psychiatric Research, 17*:135-45, 1982-1983.

7. PANUSH, Richard. "Does Food Cause or Cure Arthritis?" In: *Rheumatic Disease Clinics of North America, 17*:259-272, 1991.

8. DARLINGTON, L. Gail. "Dietary Therapy for Arthritis". In: *Rheumatic Disease Clinics of North America, 17*:273-85, 1991.

9. WARSHAW, Hope S. *The restaurant companion: a guide to healthier eating out*. Chicago, Surrey Books, 1990.

10. *Nutrition Action Health Letter*. Dez números publicados por ano. Para informações sobre assinaturas, escreva para o Center for Science in the Public Interest, 1875 Connecticut Ave. N.W., Suite 300, Washington, DC 20009-5728; ou telefone para (202) 667-7483.

11. BRODY, Jane. *Jane Brody's good food book*. Nova York, Bantam Books, 1985.

12. *Dietary Guidelines for Americans*, 3ª ed., Washington, DC: U.S. Department of Health and Human Services, 1990.

13. SELTZER, Samuel; STOCH, Russel; MARCUS, Richard e JACKSON, Eric. "Alteration of Human Pain Thresholds by Nutritional Manipulation and L-Tryptophan Supplementation". In: *Pain, 13*:385-393, 1982.

14. PENNINGTON, Jean A. T. e NICHOLS CHURCH, Helen. *Bowes and Church's Food Values of Portions Commonly Used*, 13ª ed. Nova York, Harper & Row, 1980.

6

O Poder
da Mente

Minha ansiedade vem do sentimento de que não há ninguém para cuidar de mim. Se eu ceder à dor, reagir da maneira como realmente sinto, meu mundo se desintegrará, eu não terei nenhum rendimento, meu marido me deixará, ninguém gostará de mim. Estou sempre preocupada em fazer as coisas, sempre fracassando, decepcionando as pessoas, deixando-as zangadas. Eu preciso fugir. Preciso ser libertada dessas preocupações e ter alguém que me diga: "Comece outra vez. Construa uma vida baseada naquilo que você deseja, e deixe o resto de lado". E se eu fizer isso e não descobrir o que quero? E se eu continuar infeliz, e sem marido, sem emprego ou sem dinheiro?

Trecho de um exercício sobre a dor, escrito por Joan, uma paciente

O PAPEL DA PSICOLOGIA NA DOR CRÔNICA

Qualquer discussão e consideração sobre o manejo da dor deveria incluir os estados psicológicos, as emoções e os sentimentos. Para compreender sua experiência com a dor, você precisa compreender o que está acontecendo no seu corpo *e* na sua mente. Como discutimos em capítulos anteriores, uma vez que a sua resposta à dor crônica é tanto física quanto emocional, o tratamento também deve ser físico e emocional.

Têm havido muitas controvérsias na medicina no que se refere a saber se a dor crônica é ou não simplesmente a manifestação física de trauma psicológico, depressão ou histeria. Muitos acreditam que a dor crônica tem uma natureza psicológica ou psicossomática. As teorias psicológicas sobre as origens da dor crônica ganharam popularidade, em parte, por causa da separação entre a mente e o corpo na disciplina médica. Além disso, a ignorância dos mecanismos responsáveis pela dor crônica tem contribuído para a idéia de que aquilo que não pode ser visto deve ser "psicológico".

Muitos médicos enfatizam o corpo ou a mente em suas terapias. O médico que trata do corpo, raramente explora as manifestações emocionais ou psicológicas da vida com dor, e aquele que trata da mente, raramente examina o corpo do paciente. Entretanto, ao ouvir os relatos dos pacientes descrevendo suas limitações físicas, emocionais e sociais, fica muito claro para mim que a mente *e* o corpo estão intimamente envolvidos na experiência da dor crônica. É importante fazer diagnósticos psicológicos para prescrever um tratamento adequado; contudo, pode haver um excesso de rótulos psicológicos aos pacientes com dor crônica que não melhoram. Isso serve apenas para aumentar a frustração de todos e desvalorizar a experiência dos pacientes, não esclarecendo as abordagens terapêuticas. Vamos explorar alguns dos rótulos psicológicos comumente utilizados na dor crônica.

RÓTULOS PSICOLÓGICOS COMUNS NA DOR CRÔNICA

DEPRESSÃO

Na ausência de dor, sentir-se triste ou inútil e ter problemas de sono ou de alimentação pode conduzir a um diagnóstico de depressão. Mas esses sintomas comuns podem ser indicativos do esforço que a pessoa faz para viver com a dor, o que pode ser muito perturbador. O tratamento de um indivíduo com dor crônica pode incluir antidepressivos, apenas como parte de um plano de tratamento abrangente.

Os pacientes deprimidos também queixam-se de dores no corpo. A diferença é que as dores geralmente desaparecem com o tratamento satisfatório da depressão. A dor crônica não desaparece com o tratamento da depressão, embora a *experiência* dolorosa possa melhorar.

HISTERIA

Muitas pacientes com dor crônica são incorretamente rotuladas de "histéricas", simplesmente porque são mulheres e sentem dores inexplicáveis. "Histeria" é um termo com grande interesse histórico. Na literatura médica do último século, o útero (em grego, *hystera*) era considerado a fonte de muitos problemas femininos, predispondo a mulher ao mau humor, à irritabilidade, à volubilidade e a diversas queixas físicas. Esses comportamentos, "anormais", "histéricos", contrastavam com o comportamento calmo, racional e social da população normal (isto é, masculina).

Desde o século XVI, a histeria é descrita como doença mental. E novamente, sua incidência ocorre principalmente nas mulheres (embora ocasionalmente os homens também fossem descritos como portadores da doença). Sigmund Freud influenciou a atual compreensão psiquiátrica da histeria. Ele escreveu extensivamente sobre suas especulações relacionadas à causa e tratamento de uma misteriosa perda de função física, envolvendo quase todas as partes do corpo, e associada a traumas psicológicos (geralmente envolvendo conflito sexual). Os pacientes histéricos também eram caracterizados por uma resposta emocional particular chamada *la belle indifférence*. Isto é, eles pareciam não se importar com a perda de suas funções, como a incapacidade de falar ou caminhar. Os pacientes com dor crônica, em geral, preocupam-se muito com a perda de funções.

Considerando-se o significado historicamente machista ou a condição psiquiátrica específica descrita por Freud, o uso do termo "histérico" para descrever as observações de dor crônica numa mulher ansiosa ou assustada (ou homem), não parece ser apropriado ou preciso, mesmo que a resposta seja considerada exagerada. Nem o fato de os raios X ou testes de laboratório não poderem determinar a fonte ou a causa da dor crônica num paciente, justificam um diagnóstico de histeria ou a classificação de comportamentos relacionados à dor como "histérico". Seria melhor observarmos que os comportamentos relacionados à dor são manifestações do sofrimento que ocorrem numa mulher *ou* homem com dor crônica. Também precisamos perceber que os "comportamentos adequados" são cultural e socialmente determinados e, como tal, estão sujeitos a interpretação e preconceitos.

HIPOCONDRIA

Alguns indivíduos preocupam-se demais com a saúde. Eles são sensíveis às sensações físicas originadas pelo funcionamento normal do corpo e podem ficar alarmados se ficarem conscientes de coisas como os próprios batimentos cardíacos normais. Eles são raramente tranqüilizados ou, na melhor das hipóteses, são tranqüilizados apenas temporariamente, com os exames ou com os testes feitos por seus médicos. Esses indivíduos são chamados de "hipocondríacos".

A partir das discussões anteriores sobre a experiência da dor crônica e a ausência de uma causa precisa, em muitos casos, é fácil ver como o rótulo de "hipocondríaco" poderia ser erroneamente empregado a pacientes com dor crônica. Os pacientes com síndromes dolorosas como a fibromialgia (ver Anexo A) – na qual a dor é mal definida, difusa, intermitente e migratória, sem nenhuma confirmação laboratorial específica – relataram esses equívocos. Nesses casos, é essencial a realização de exames e de um histórico cuidadoso. O padrão dos sintomas, a presença de pontos de gatilho, e a ausência de resultados positivos para a artrite reumatóide ou o lupus em testes laboratoriais pode ajudar a fazer o diagnóstico de fibromialgia. Além disso, a disposição de alguns pacientes com fibromialgia participarem ativamente na administração da dor, trabalhando em parceria com seus médicos, demonstra uma resposta de enfrentamento saudável no que se refere a essa administração. Essa seria uma resposta improvável em pacientes hipocondríacos.

FINGIMENTO

Parece haver uma considerável paranóia por parte de muitas companhias de seguros e de certos médicos com relação aos pacientes de dor crônica, alegando serem "simuladores" – pessoas que apenas fingem estar doentes. Essa paranóia gera culpa e desconfiança entre médicos e pacientes. É provável que essa situação, em parte, deva-se à atmosfera litigiosa de "quem é o culpado", na qual a medicina é atualmente praticada. Já é bastante difícil para os médicos e outros profissionais da saúde fazer diagnósticos precisos e tratar sintomas sem precisar também imaginar se os sintomas relatados são "reais". A falta de explicações bem definidas para a dor crônica em seres humanos também provoca considerável confusão nos profissionais no que se refere à realidade da dor crônica. Outros equívocos são criados pela percepção do médico de que um paciente, de algum modo fracassou ou sabotou uma terapia "geralmente bem-sucedida", e pela correspondente percepção do paciente de que o médico fracassou, não conseguindo aliviar sua dor e seu sofrimento.

Para que um profissional e um paciente com dor possam ter um relacionamento terapêutico bem-sucedido, é necessário deixar de lado a culpa e a desconfiança mútua. Esses sentimentos devem ser substituídos pela compreensão de que a experiência da dor crônica é real, não imaginária ou inventada. A dor crônica não é um problema curável para muitos pacientes, mas os sintomas podem ser reduzidos. Além disso, não é uma questão de fracasso do paciente para reagir, ou do médico para proporcionar um tratamento eficaz.

Como discutimos no Capítulo 2, a dor crônica é uma experiência complexa de um sistema de alarme prejudicado. A busca do paciente pelo significado da dor pode levá-lo a concentrar-se em encontrar alguém para culpar, particularmente quando a dor ocorre após um acidente. Embora as perspectivas de ser indenizado como resultado de uma ação legal ou de indenização trabalhista possam influenciar a experiência da dor, ela não parece criar dor na maioria dos indivíduos. Como discutiremos mais tarde, muitos casos que envolvem indenização estão associados à raiva e à frustração, o que pode interferir na cura e piorar a experiência dolorosa. Quando um sistema externo, como o sistema legal, a indenização de trabalhadores, ou o seguro por invalidez, num caso em particular, há um prolongamento do processo normal de tristeza e uma demora na aceitação da condição de dor crônica. Contudo, essa demora não é fingimento.

Em resumo, os pacientes são responsáveis pelo relato claro e preciso da sua experiência dolorosa; os médicos são responsáveis pela avaliação e tratamentos cuidadosos; e os sistemas externos precisam oferecer indenização de maneira justa e conveniente.

TRANSTORNO DO ESTRESSE PÓS-TRAUMÁTICO

Atualmente, as manifestações físicas e psicológicas do Transtorno do Estresse Pós-Traumático (PTSD) estão recebendo considerável atenção. Alguns teóricos acreditam que determinados tipos de dor crônica (isto é, dores de cabeça, dor abdominal e dor pélvica) são, na realidade, manifestações psicológicas de abuso físico ou sexual ocorridos há anos.

Entretanto, outra explicação pode ser a de que para as pessoas com dor crônica e para aquelas que passam por traumas emocionais ou físicos significativos, ter dor crônica é como estar sofrendo novamente um abuso. Sentimentos de ansiedade, vulnerabilidade, falta de controle e sensação de que ninguém acredita podem ser experimentados tanto por pacientes com dor quanto pelas pessoas com PTSD. Assim, é possível para as pessoas que sofreram abuso ou vivenciaram um trauma significativo, e que têm dor crônica, experienciar um aumento na dor, tanto emocional quanto fisicamente. A PTSD pode não causar a dor nessas circunstâncias, mas pode criar a experiência de dor física por causa das qualidades semelhantes dessas duas experiências carregadas de emoção. Em outros termos, a perturbação psicológica da PTSD necessita tratamento e a dor física também.

Contudo, antes de procedimentos médicos ou cirúrgicos, é importante verificar a presença da PTSD. Por exemplo, na dor pélvica persistente, a aflição pode não atingir uma magnitude que precipitaria ou estimularia uma intervenção cirúrgica, se fatores coexistentes tais como a PTSD também fossem tratados. É importante verificar a relação entre a PTSD e a dor, porque a cura deve ocorrer em diversos níveis – nas memórias da mente e do corpo.

APROVEITANDO O PODER DA MENTE: TÉCNICAS COGNITIVAS

Uma abordagem saudável ao tratamento da dor crônica deve incluir uma exploração das relações entre pensamentos e sentimentos. Essa exploração pode servir para confirmar a complexa experiência mente-corpo da dor. Ela pode restaurar a auto-estima danificada, criar novas direções e aumentar seu poder e auto-eficiência.

A mente, fonte de pensamentos e sentimentos, dá significado às experiências, incluindo a da dor. Um estado de espírito derrotado, desesperado, provavelmente contribuirá para a interpretação negativa dos sinais da dor, aumentando a aflição e o desespero. A mente pode ser considerada um filtro por meio do qual passa o sinal da dor, e onde sua intensidade é enfraquecida ou aumentada. A experiência dolorosa pode não ser tão severa ou intensa num dia quente, ensolarado, quando alguém lhe diz "Eu te amo", e você recebe uma carta de um amigo do qual sente saudades, quanto ela é num dia frio, chuvoso, quando há semanas ninguém lhe telefona ou escreve e você não tem nada para fazer.

Você já começou a aproveitar o poder da mente com a prática das técnicas da RR (ver Capítulo 3). O trabalho descrito no restante deste capítulo exigirá a exploração de algumas das coisas que determinam sua maneira de ver o mundo e interpretar aquilo que lhe acontece. As técnicas apresentadas aqui são chamadas de técnicas "cognitivas" ("cognitivo" é derivado de "cognição", que significa "conhecer" ou "pensar"). Um bom lugar para começar é examinando o conteúdo dos seus pensamentos e a sua relação com a maneira como você sente emocionalmente.

PENSAMENTOS AUTOMÁTICOS OU DIÁLOGO INTERNO

Uma das ferramentas mais poderosas para mudar sua maneira de pensar é monitorar aquilo que você diz para si mesmo enquanto reage a situações internas ou externas – isto é, explorar o seu "diálogo interno". Essa abordagem se baseia na premissa de que muitos estados de espírito, emoções e sentimentos são mantidos quando não criados pela tagarelice mental. Se alterar ou reestruturar sua maneira de conversar consigo mesmo, você pode realmente mudar a maneira como se sente.

Por exemplo, leia novamente o trecho do exercício escrito de Joan, apresentado no início deste capítulo. O que você sentiu? Você sentiu o pânico, a ansiedade e o medo que atormentavam essa mulher, apenas lendo a descrição dos seus pensamentos? Se isso aconteceu, você pode lhe dar algumas indicações do poder dos pensamentos. Se, ao contrário, você percebeu que julgou apenas o conteúdo, pode beneficiar-se com a leitura da seção sobre empatia apresentada no próximo capítulo.

O diálogo interno pode acompanhar tanto emoções negativas quanto positivas. Algumas pessoas se envolvem num diálogo interno positivo (as otimistas), enquanto outras experimentam uma torrente de pensamentos negativos durante o dia inteiro (as pessimistas). O trecho a seguir, extraído do livro *The subtleties of the inimitable Mulla Nasrudin*, uma coleção de contos orientais, de Idries Shah, mostra o que queremos dizer:

Só espero estar doente

Nasrudin juntou-se à multidão que já esperava para ser atendida pelos médicos. Ele repetia em voz alta: "Espero estar muito doente, espero estar muito doente". Ele confundiu tanto os outros sofredores, que eles insistiram para que ele fosse o primeiro a consultar o médico.

"Só espero estar muito doente!"

"Por quê?"

"Eu detestaria pensar que alguém que se sente como eu estivesse realmente saudável!" (p. 78)

Por razões óbvias, você gostará de lidar com o diálogo interno negativo. Você já está se sentindo suficientemente mal e as emoções negativas constantes tiram-lhe a alegria de viver e contribuem para os sentimentos de impotência e desesperança.

O diálogo interno é automático, ocorre muito rapidamente e nem sempre é expresso em frases completas. Por exemplo, vamos supor que você tenha acordado pela manhã e aberto os olhos. Você faz a primeira tentativa para sair da cama e torna-se consciente da dor. Você pode dizer para si mesmo: "Ela ainda está aqui. Ugh! Não agüento mais! Quando ela irá embora? Já sofri o suficiente. Eu sou um inútil! Nunca vou melhorar. Esse vai ser um péssimo dia. A vida é horrível. Eu sou um infeliz. Ninguém se importa comigo!". Se é assim que você conversa consigo mesmo, por que *não* iria sentir-se triste ou desanimado?

Entretanto, seria bom ter cuidado para não confundir entre esforçar-se para trabalhar os pensamentos negativos e julgar pensamentos como sendo "bons" ou "maus". A questão não é saber se eles são bons ou maus, mas se são eficientes ou ineficientes.

Ocasionalmente, todos nós nos envolvemos num diálogo interno negativo. Contudo, ao fazê-lo, geralmente criamos uma realidade incorreta. A maior parte dos diálogos internos é incorreta porque distorce as situações de maneira exagerada, aumentada, do tipo tudo ou nada, que nos faz sentir derrotados e impotentes. Nós nos tornamos vítimas da idéia de que o mundo externo ou seus eventos são responsáveis pela nossa infelicidade. As afirmações sobre a dor, no exemplo acima, provocam ansiedade e depressão porque entrelaçam descrições realistas e imaginárias do que está acontecendo. É verdade que a dor ainda está lá e você está infeliz. Mas as outras afirmações são exageradas, suposições simplistas, cuja precisão pode e deve ser desafiada. Você não é necessariamente inútil porque sente dor; e realmente não sabe se o dia *inteiro* vai ser péssimo; e, de qualquer modo, o que isso tem a ver com o fato de as pessoas se importarem com você?

O poder do trabalho cognitivo consiste na oportunidade que ele lhe oferece para desafiar aquilo que você diz para si mesmo. Você pode refletir sobre os motivos para se sentir assim e sobre as maneiras para mudar isso. Uma passagem do *The pleasantries of the incredible Mulla Nasrudin*, outro dos livros de Idries Shah, ilustra bem esse aspecto:

Acho que você está certo!

O Mulá foi nomeado juiz. Durante o seu primeiro caso, o queixoso argumentou tão convincentemente que [Nasrudin] exclamou: "Acho que você está certo!". O escrevente da corte implorou para que ele se controlasse, pois o réu ainda não tinha sido ouvido. Nasrudin ficou tão empolgado pela eloqüência do réu que, tão logo o homem acabou o seu testemunho, ele gritou: "Acho que você está certo!". O escrevente não podia permitir isso.

"Sua Excelência, os *dois* não podem estar certos."

"Acho que você está certo", disse Nasrudin. (p. 48)

Vamos examinar um exemplo que ilustra os efeitos de diferentes interpretações de uma situação. Suponha que você esteja indo para um compromisso e tenha ficado preso no trânsito. Imagine-se respondendo de duas maneiras diferentes:

Resposta da série 1

Os pensamentos: "Não acredito que isso esteja acontecendo comigo! De onde vieram todas essas pessoas? Elas não sabem que eu tenho um compromisso importante? Não vou conseguir chegar a tempo. Isso sempre me acontece. Eu devia saber que o trânsito estaria ruim. Sou tão estúpido. Que idiota!".

Resposta física: Aumento da pressão sanguínea e freqüência cardíaca; respiração curta, superficial; aumento da tensão muscular... em resumo, a resposta de estresse.

Resposta emocional: Raiva, frustração e culpa.

Resposta da série 2

Os pensamentos: "Que lentidão! Isto é muito lamentável. Minhas opções para sair desse engarrafamento são limitadas porque estou sobre uma ponte. Posso chegar atrasado, mas neste momento não posso fazer nada. Vou aproveitar a oportunidade para fazer um pouco de respiração diafragmática e colocar no gravador minha fita preferida de Mozart. Vou tirar miniférias!".

Resposta física: Diminuição na pressão sangüínea e freqüência cardíaca; respiração mais lenta; redução da tensão muscular.

Resposta emocional: Resolução, aceitação e controle.

Quais as diferenças entre as duas séries de respostas? O que poderia predispô-lo à raiva e à frustração na resposta da série 1? Sublinhe as afirmações na resposta da série 1 que são uma reflexão precisa da situação. Agora considere a resposta da série 2: Em que ela difere da resposta na série 1? Sublinhe as afirmações na resposta da série 2 que refletem precisamente a situação.

A reação imediata a tudo isso pode ser a de que você tem o direito de ficar agitado e frustrado quando acontecem coisas ruins. Certamente, você tem! Mas estamos falando de escolhas. Se ficar irritado e agitado é o seu estilo preferido de atuação, vá em frente. Se, no entanto, você percebe que os estados emocionais negativos aumentam sua perturbação emocional e sua dor física, continue lendo.

PENSAMENTOS IRRACIONAIS E DISTORCIDOS

De onde vêm esses pensamentos "desenfreados e malucos"? Por que algumas vezes eles distorcem o que realmente está acontecendo? A psicologia moderna e as pesquisas sobre a consciência só agora estão começando a avaliar o potencial da mente e a nossa necessidade de compreender como e por que pensamos dessa forma.

As seguintes observações (ver Leitura Adicional) podem estimulá-lo a ini- ciar a própria jornada em direção a uma consciência maior dos seus processos de pensamento:

- Nossas crenças culturais e o nosso vocabulário influenciam aquilo que percebemos do mundo ao nosso redor (Edward Hall e Robert Cialdini).
- Nossa predisposição para fazer planos de curto prazo nos deixa vulneráveis às conseqüências de longo prazo (Robert Ornstein).
- O sexo, bem como a cultura, influenciam nossa comunicação interpessoal (Deborah Tannen).

Um bom começo é identificar o conteúdo das suposições e crenças subjacentes ao diálogo interno. Os psicólogos e outros pensadores fizeram diversas tentativas para identificar as fontes dos pensamentos negativos, e essas idéias não são necessariamente novas.

> Os homens são perturbados, não pelas coisas que acontecem, mas pelas opiniões a respeito das coisas... Quando estamos perturbados, angustiados ou impotentes, nunca devemos culpar os outros, mas a nós mesmos, essa é a nossa opinião. Culpar os outros pela sua situação ruim é ato de um homem ignorante; culpar a si mesmo é o ato de alguém que começou a ser educado; e não culpar nem um nem outro, é o ato de alguém cuja educação está completa. (Epíteto, cerca de 55-135 a.C., *The encheiridion*).

AS CRENÇAS IRRACIONAIS DE ELLIS

Um psicólogo, Albert Ellis, desenvolveu um modelo para desafiar pensamentos exagerados e substituí-los por outros, mais realistas. Esse modelo é chamado de "terapia racional-emotiva"; sua premissa básica é a de que a maior parte do nosso sofrimento vem das maneiras irracionais como percebemos o mundo. Os pensamentos exagerados, derrotistas, nos quais nos envolvemos, levam ao pessimismo e a comportamentos ineficazes, limitando nossas possibilidades. Eis uma lista das dez "crenças irracionais" de Ellis (Ellis e Grieger; ver Leitura Adicional). Gosto de chamá-las de "suposições e crenças que nos colocam em dificuldades".

1. É uma necessidade absoluta para um adulto ter o amor e a aprovação dos colegas, familiares e amigos.
2. Você precisa ser sempre competente e quase perfeito em tudo o que faz.
3. Algumas pessoas são ruins, perversas e mesquinhas e deveriam ser castigadas.
4. É horrível quando pessoas e coisas não são da maneira como você gostaria que fossem.
5. Os eventos externos causam a maior parte da infelicidade humana – as pessoas simplesmente reagem quando os eventos desencadeiam as suas emoções.
6. Você deve sentir medo ou ansiedade com relação a qualquer coisa desconhecida, incerta ou potencialmente perigosa.
7. É mais fácil evitar do que enfrentar as dificuldades e responsabilidades da vida.

8. Você precisa de outra coisa mais forte ou maior do que você, com a qual contar.

9. O passado tem muito a ver com a determinação do presente.

10. A felicidade pode ser alcançada pela inércia, passividade e ociosidade contínua.

Essas crenças não são *necessariamente* irracionais ou malucas. Isto é, elas não são absolutamente incorretas em todas as circunstâncias. Mas certamente são irracionais se você acredita nelas firmemente – se acredita que elas são absolutamente verdadeiras em todas as circunstâncias e, conseqüentemente, permite que elas governem seus pensamentos e seus comportamentos. Por exemplo, cometer erros é realmente horrível, mas também faz parte da condição humana.

A NATUREZA DA "VERDADE"

A primeira resposta que você poderia dar depois de ter lido a lista das crenças irracionais de Ellis poderia ser esta: "Mas como elas podem ser irracionais? Elas são todas verdadeiras!" Se isso aconteceu, pense um pouco a respeito da natureza da "verdade".

Nunca esquecerei a ocasião em que eu estava conversando com um grupo de pacientes sobre o que eles sentiam quando alguém os ultrapassava pelo acostamento, enquanto eles ficavam presos num engarrafamento na Rodovia 128 (um importante anel viário, em Boston). Choveram recriminações: "Eles não têm o direito de fazer isso". "Eles são horrorosos". "Onde está a polícia quando precisamos dela?". Então, eu perguntei quantos deles *jamais* haviam dirigido pelo acostamento na Rodovia 128. Ninguém levantou a mão.

Algumas vezes, nos agarramos à verdade, mas estamos falando sobre a "verdade" de quem? Uma passagem de uma terceira coleção de Idries Shah, *The exploits of the incomparable Mulla Nasrudin*, ilustra aquilo que pode ser uma questão complicada:

Como Nasrudin criou a verdade

"As leis, por si só, não tornam as pessoas melhores". disse Nasrudin ao rei. "Elas precisam praticar determinadas coisas para ficar em harmonia com a verdade interior. Essa forma de verdade lembra, apenas ligeiramente, a verdade aparente."

O rei decidiu que podia fazer e faria as pessoas observarem a verdade. Ele poderia fazê-las praticar a honestidade.

Havia uma ponte para entrar na cidade. Sobre ela, o rei construiu um cadafalso. No dia seguinte, quando os portões foram abertos ao amanhecer, o capitão da guarda estava lá com sua tropa para examinar todos os que entravam.

Ele fez uma proclamação: "Todos serão questionados. Quem disser a verdade, poderá entrar. Quem mentir, será enforcado".

Nasrudin deu um passo à frente.

"Aonde você vai?"

"Estou a caminho", disse Nasrudin, lentamente, "para ser enforcado".

"Nós não acreditamos em você!"

"Muito bem, se eu disse uma mentira, enforque-me!"

"Mas se o enforcarmos por estar mentindo, tornaremos verdade o que você disse!"

"Está certo; agora você sabe o que é a verdade – a SUA verdade!" (p. 7)

OS DEZ TIPOS DE DISTORÇÕES COGNITIVAS DE BURNS

Um outro modelo para classificar o diálogo interno negativo vem de David Burns, psiquiatra do Presbyterian Medical Center of Philadelphia. Seus trabalhos sobre técnicas cognitivas têm sido úteis para levar essas poderosas ferramentas da mente a um público mais amplo. Em sua experiência clínica, ele descobriu que há dez categorias de distorções cognitivas que podem levar a estados emocionais negativos. Leia o seguinte e veja se pode identificar aquelas que lhe são familiares:

1. **Pensamento tipo tudo ou nada.** Refere-se à tendência para avaliar qualidades pessoais ou situações em categorias extremas, simplistas. Por exemplo, antes de ter dor crônica, você costumava jogar beisebol nos finais de semana. Agora, você percebe que está pensando: "Se não posso jogar beisebol, não posso mais gostar desse esporte".

   Há uma aparente vantagem ao pensarmos em termos simplistas, do tipo tudo ou nada. É mais previsível e cria a sensação de que há ordem no mundo à sua volta. Isso, por sua vez, lhe proporcionaria uma vantajosa posição de controle sobre o seu mundo. Infelizmente, as coisas não funcionam assim. Tudo o que temos é a incerteza. É possível viver confortavelmente com a incerteza, mas é preciso tempo para tornar-se perito. As habilidades que você vai aprender irão ajudar.

2. **Excesso de generalização.** Refere-se à tendência para considerar um único evento negativo como um interminável padrão de derrota. Considerando o exemplo anterior, você poderia responder, "Nunca mais serei capaz de gostar de alguma coisa". A infelicidade realmente adora companhia, mas globalizá-la dessa maneira cria um sentimento exagerado de rejeição e solidão.

3. **Filtragem mental.** Refere-se à tendência para demorar-se exclusivamente num único evento negativo e, assim, perceber toda a situação como negativa. Por exemplo, você está preparando um almoço para alguns amigos e descobre que não tem um ingrediente essencial para o preparo de um dos pratos que planeja incluir. Você só consegue pensar que o almoço inteiro ficará arruinado. Isso lhe dá indigestão.

4. **Desqualificação do positivo.** Refere-se à tendência para considerar experiências neutras, ou mesmo positivas, e transformá-las em negativas. Por exemplo, uma amiga lhe faz uma visita e lhe diz que você está muito bem. Seu primeiro pensamento é: "Eu não me sinto bem. Ela não compreende". Talvez não, mas tente dizer um simples "obrigado" antes de verificar. Talvez você não pareça tão mal quanto se sente!

5. **Tirar conclusões precipitadas.** Refere-se especificamente a tirar uma conclusão negativa que não é justificada pelos fatos da situação. Dois tipos de conclusões precipitadas são a leitura mental e a adivinhação.
   A. Leitura mental. Você supõe saber por que alguém faz aquilo que faz e não tem o trabalho de verificar. Por exemplo, você passa por um colega no corredor e diz "Oi!". Ele não responde. Você pensa: "Ele deve estar aborrecido comigo. O que eu fiz de errado?". Ao verificar, você descobre que ele estava preocupado com um filho doente, que acabara de deixar em casa.
   B. Adivinhação. Você "sabe" que as coisas não vão dar certo. Considerando sua falta de sorte, você prevê isso como um fato já estabelecido. Por exemplo, você acorda com dor de cabeça e diz: "Agora, o meu dia inteiro está arruinado. Eu tinha tanta coisa para fazer e nunca conseguirei".

6. **Magnificação e minimização.** Na magnificação, você exagera a importância de um evento negativo ou erro. Se, por exemplo, você experimenta uma crise de dor, começa a dizer: "Não posso agüentar isso! Não aguento mais!". Mas, na verdade, você pode. Você pode não querer agüentar; e isso está certo, mas você pode. Já na minimização, você considera qualidades pessoais ou eventos positivos e nega a sua importância. Por exemplo, uma pessoa da família comenta como é bom vê-lo num passeio familiar e você responde: "Do que adianta, se eu não posso participar das atividades?".

7. Raciocínio emocional. Refere-se a considerar as suas emoções como evidências da verdade. Se você sente que alguma coisa está certa, então isso deve ser verdade. Por exemplo, você percebe que está pensando: "Eu me sinto inútil. [Portanto] eu sou inútil".

8. Rotular. Refere-se especificamente à identificação de um erro ou qualidade negativa, descrevendo toda a situação ou indivíduo em função dessa qualidade. Por exemplo, em vez de considerar a si mesmo como um indivíduo que tem um problema de dor, você percebe que está dizendo: "Eu sou um deficiente, imperfeito, e sem nenhuma qualidade valiosa".

9. Personalização. Refere-se a assumir a responsabilidade por um evento negativo mesmo quando as circunstâncias estão além do seu controle. Por exemplo, você e sua mulher vão jantar num restaurante elegante, mas o serviço e a comida são ruins. Você se considera responsável pela má escolha e por ter "arruinado" a noite.

10. Afirmações do tipo "dever". Essas são tentativas para motivar (ou intimidar) a si próprio, dizendo coisas como: "Eu deveria saber", "Eu deveria ir lá" ou "Eu preciso fazer isso". Essas afirmações fazem você se sentir ressentido e pressionado. Elas também sugerem que você esteja agindo de acordo com uma autoridade externa.

"FITAS" ANTIGAS

As crenças irracionais e distorções cognitivas descritas acima são antigas "fitas" que tocamos a partir de nossas primeiras experiências quando crianças. Elas refletem as respostas observadas em nossa família, com os professores e na sociedade em que crescemos. Loretta LaRoche, uma comediante que ensina esses princípios por meio do humor, evoca a poderosa imagem de um grande ônibus escolar amarelo que cada pessoa dirige em sua vida. Diversas pessoas sobem e descem, mas algumas têm um bilhete vitalício. Essas pessoas podem ser os pais, os professores, os ex-namorados, os amigos e mentores, vivos e mortos. Sempre há alguém que acha que sabe qual é o melhor caminho para você chegar ao seu destino e, algumas vezes, poderá estar no assento do motorista. Mas essa é a sua oportunidade de decidir quem realmente está dirigindo o seu ônibus. Voltando à metáfora das "fitas", essa é a sua oportunidade de editar as suas fitas antigas e gravar algumas novas.

Há diferentes tipos de fitas, com diferentes temas recorrentes. Por exemplo, você assume toda a responsabilidade, ou nenhuma ("A dor é minha culpa" ou "A dor é sua culpa"). Ou você espera do mundo uma coerência que não existe ("Se eu for bom, não acontecerão coisas ruins"). Ou talvez você ache que se pensar negativamente, afastará o azar ("Estou me sentindo melhor essa manhã, mas se eu contar para alguém a dor pode piorar"). Pensar por meio de padrões inconscientes, restritos (as fitas antigas) geralmente nos tira a flexibilidade necessária para lidar com o mundo em constante mutação e com nossos problemas pessoais.

MONITORANDO PENSAMENTOS AUTOMÁTICOS E OUTRAS RESPOSTAS

ESBOÇO DE EXERCÍCIO

Usando o esboço desse exercício sempre que você estiver triste, frustrado ou ansioso, lhe permitirá começar a agir, em vez de reagir, com relação às situações que estão ocorrendo à sua volta. Novamente, a intenção deste exercício em particular ou deste capítulo, em geral, não é julgar a "boa" ou a "má" qualidade do pensamento negativo. O problema do pensamento negativo durante longos períodos é que ele simplesmente não leva à solução de problemas nem a uma resposta eficaz para a realidade do que está acontecendo.

O exemplo seguinte ilustra o que este exercício abrange:

Você acorda com mais dor num dia em que planejou visitar um amigo. (*Situação*)

Qual a primeira coisa que você diria? (*Pensamentos automáticos*)_____

Como você se sentiria fisicamente? (*Resposta física*)_____

Como se sentiria emocionalmente? (*Resposta emocional*)_____

Quais as crenças irracionais ou distorções cognitivas nas quais você estaria envolvido? Consulte as páginas anteriores, onde elas estão relacionadas. (*Distorções cognitivas*)_____

O que você diria para si mesmo, que seria realista e focalizado na ação? (*Pensamento reestruturado*, para ser discutido mais tarde)_____

No final do livro há uma folha de trabalho para o registro diário de pensamentos automáticos que você pode copiar e levar com você para apreender e registrar pensamentos automáticos e outras respostas a situações estressantes. Nem sempre você pode contar com a memória, porque a excitação emocional e as respostas cognitivas negativas provavelmente diminuirão com o passar do tempo. Você pode estar consciente apenas de sintomas físicos, como tensão muscular ou palpitações, e não das emoções ou pensamentos. Anotando o máximo que puder sobre a situação e as suas sensações físicas, você poderá recapturar as emoções e pensamentos. Lentamente, com o tempo e a prática, você será capaz de mudar essas respostas negativas à medida que elas surgirem. Lembre-se também de que esse exercício pode ser utilizado para explorar as suas emoções e cognições negativas a respeito de qualquer coisa, não somente da dor.

TRABALHANDO COM A RAIVA

A raiva deve ser abordada de maneira um pouco diferente. A aceitação da responsabilidade por essas respostas negativas está implícita no trabalho com as suas respostas emocionais e cognitivas a situações estressantes. Isto é, embora você possa não ter controle sobre os eventos reais que o deixam triste e ansioso, você tem algum controle sobre suas constantes respostas negativas a um evento. Como a raiva está associada à atitude de culpar o mundo em geral, ou determinados eventos ou pessoas pela sua infelicidade, o seu controle desaparece. Nessas circunstâncias, é necessário identificar o seu papel no problema, mesmo se ele for apenas o fato de ter permanecido zangado por tanto tempo. Como solucionar o problema da raiva e continuar com a sua vida?

Para muitas pessoas, desistir da raiva é como se estivessem desistindo ou aceitando e admitindo a culpa ou a responsabilidade. Ainda procurando alguma coisa para culpar, elas dizem: "Se não é culpa *sua*, então deve ser *minha* culpa". Transferir a responsabilidade por um ferimento, em circunstâncias adequadas, pode ajudar a encontrar soluções ou corrigir um erro. Entretanto, agarrar-se à raiva relacionada a um erro não ajuda; apenas contribui para sentimentos de perseguição, depressão e ansiedade. Identificar onde você realmente tem controle e responsabilidade em suas respostas emocionais e cognitivas pode ajudá-lo a dar o próximo passo: reestruturar os seus pensamentos. Vale a pena pensar nisso se você está zangado há algum tempo. Esse tema será discutido mais adiante, no próximo capítulo; a reestruturação dos seus pensamentos está descrita a seguir, após um comentário sobre como lidar com perguntas do tipo "Por quê?".

"POR QUE EU?

Algumas vezes, você pode perceber-se dizendo. "Por que isso me acontece? Quando terminará? Por que eu? Por quê? Por quê? Por quê?". Essas perguntas podem deixá-lo extremamente ansioso, pois podem lhe dar a impressão irreal de que você *deveria* ser capaz de respondê-las. Fazer essas perguntas também pode lhe dar a ilusão de que os problemas por trás delas estão sendo explorados e logo serão resolvidos. Na verdade, não há respostas definitivas para essas perguntas.

Para chegar ao âmago dessas perguntas, permitindo que o exercício de monitoração descrito acima possa ser aplicado, é preciso examinar as suposições por trás das perguntas. Por exemplo, você acha que há uma razão para tudo e que você deveria conhecê-la? Secretamente, você teme que qualquer pessoa que se sinta tão mal deve ter feito alguma coisa muito ruim? Se lhe dissessem que a sua dor terminaria em exatamente seis anos e dois meses, você conseguiria viver confortavelmente agora? Após ter identificado essas suposições, compare-as com as listas de crenças irracionais e distorções cognitivas apresentadas anteriormente. Quais delas estão contidas nas suas suposições?

As perguntas do tipo "Por quê?", não devem ser confundidas com aquelas associadas à busca de significado em nossa vida. O significado não será encontrado numa ladainha interminável de "Por que eu?"; no final, essas perguntas são apenas uma outra forma de pensamento negativo.

REESTRUTURANDO OS SEUS PENSAMENTOS

> A maior revolução de nosso tempo é o conhecimento de que os seres humanos, ao mudar as atitudes interiores de suas mentes, podem transformar os aspectos exteriores de suas vidas.
>
> William James

Você pode começar reestruturando seus pensamentos – isto é, mudando seu diálogo interno – usando uma dessas três técnicas.

TÉCNICA 1 DE REESTRUTURAÇÃO: DESAFIANDO PENSAMENTOS AUTOMÁTICOS

Na primeira técnica você desafia a realidade de seus pensamentos automáticos da seguinte forma: primeiro, identifique ou capte os pensamentos automáticos negativos. A seguir, examine os pensamentos capturados procurando distorções, crenças irracionais e atitudes derrotistas que talvez o tenham levado a pensar e sentir dessa maneira. Então, com essa base, você pode desafiar a exatidão dos pensamentos. Geralmente, depois que os pensamentos são desafiados, a resposta emocional desaparece. Outras vezes, descrever a realidade da situação para si mesmo irá ajudá-lo a alterar o sentimento.

Por exemplo, é verdade que se você tem dor crônica, você é deficiente e imperfeito? Por enquanto, espero que você possa responder com um sonoro "Não!". A verdade *é* essa: Você tem um problema crônico que altera sua maneira de envolver-se em atividades. A afirmação: "Eu sou deficiente" é um total exagero do tipo "rotular" (número 8 na lista de distorções cognitivas de Burns). Reconhecendo isso, talvez agora você possa dizer alguma coisa assim para si mesmo: "Sentir dor diminui minhas atividades, mas não se reflete no meu caráter", ou "Descobri que estabelecendo o meu próprio ritmo ainda posso realizar coisas e me sentir bem, porque demonstrei coragem para superar as minhas limitações". O que você acha disso?

Entretanto, tenha cuidado com uma coisa. Reestruturar *não* significa substituir uma afirmação negativa e exagerada por uma positiva, inadequada e incorreta – por exemplo, acordar com dor e dizer: "Essa é uma experiência maravilhosa" em lugar de "Meu dia está arruinado". Você saberá quando tiver encontrado a afirmação certa porque irá sentir-se melhor, aliviado, menos ansioso ou triste.

Usando a Técnica 1: Como você poderia alterar sua resposta, se acorda com mais dor num dia em que fez planos para visitar um amigo? Anote aqui seu pensamento reestruturado.

_____

_____

_____

TÉCNICA 2 DE REESTRUTURAÇÃO: ESCLARECENDO O PROBLEMA E O QUE VOCÊ PODE FAZER

Eis uma segunda forma de reestruturação. Ela ajuda a esclarecer o verdadeiro problema após a identificação do diálogo interno negativo. Ela também serve para lhe dar uma idéia de onde você tem controle ou poder numa situação aparentemente impossível. Eis um exemplo:

Expresse o problema: *Estou acordando com dor.*
Mostre por que é um problema: *Porque eu tinha planejado visitar um amigo hoje*

Identifique:

O que você pode fazer?	*Vou ver como me sinto após tomar um banho quente, praticar uma técnica da RR e tomar duas aspirinas.*
O que você precisa?	*Posso pedir ao meu amigo para vir aqui, ou para nos encontrarmos num local mais perto. Ou posso visitá-lo outro dia. Isso acontece. Geralmente, é temporário. Eu sei o que posso fazer para cuidar de mim.*
Como você se sente?	*Triste, porém no controle.*

TÉCNICA 3 DE REESTRUTURAÇÃO: A TÉCNICA DA FLECHA VERTICAL

Algumas vezes, você pode ter dificuldades para enxergar onde está o problema em seu diálogo interno. Ele parece tão preciso e você se sente ainda mais infeliz. Nessas situações, uma terceira maneira de reestruturar seus pensamentos é a técnica da flecha vertical, criada por David Burns (ver Leitura Adicional). Nesta técnica, os pensamentos negativos são abordados de maneira diferente. Você começa a analisar o diálogo interno negativo, perguntando a si mesmo: "Se aquilo que estou dizendo para mim mesmo é verdade, então por que isso me perturba?". "O que há de tão ruim nisso?", ou "Qual a pior coisa que poderia acontecer?". Então, escreva suas respostas a essas perguntas e imagine uma flecha apontando para baixo – ou desenhe uma – a respeito daquilo que você escreveu.

A seguir, faça novamente as mesmas perguntas acima (elas são representadas pela flecha), mas dessa vez sobre cada resposta que você acabou de anotar. Escreva um outro conjunto de respostas, outra flecha, e faça novamente as mesmas perguntas. Continue até revelar todas as distorções cognitivas, crenças irracionais, temores e suposições ocultos por trás do pensamento original que você estava analisando. Eis um exemplo:

Você acorda com dor e diz: "Eu sou tão inútil". Primeiramente, você diz para si mesmo: "Se isso é verdade, por que me perturba?". "Por que é tão ruim?". "Qual a pior coisa que poderia acontecer?"

↓

Você pode responder: "Nunca posso fazer nada que alguém me tenha pedido". Pergunte-se novamente: "Se isso é verdade, por que me perturba?". "Por que é tão ruim?". "Qual a pior coisa que poderia acontecer?". (A flecha agora representa as perguntas.)

↓

Você pode responder: "Agora meu amigo vai me odiar porque não sou confiável".

↓

Você responde: "Em breve não terei nenhum amigo".

↓

Você responde: "Tenho medo de ficar sozinho".

E assim por diante. No exemplo acima, o medo subjacente de ficar sozinho pode tornar qualquer situação que o isole em fonte de depressão ou pânico. Ao saber de onde vem o pânico, você pode tomar providências para lidar com a solidão.

A Escala de Atitude Disfuncional (EAD), apresentada no final deste capítulo, também pode ajudá-lo a identificar as crenças irracionais rigidamente mantidas e as distorções cognitivas que o tornam vulnerável aos estresses diários. Meus colegas e eu consideramos a EAD muito útil na identificação das raízes de algumas das expectativas e suposições perturbadoras mantidas pelas pessoas (geralmente sem saber, até que sejam desafiadas). Por exemplo, se o seu escore mais baixo na EAD for em Perfeccionismo e Realização, talvez você descubra que a maior parte dos sentimentos negativos registrada durante uma semana foi gerada em ocasiões que desafiavam as crenças de que você precisa ter um desempenho perfeito o tempo todo (Por exemplo: "Se eu não posso trabalhar, não mereço fazer nada divertido"; "Se cometo um erro, sou estúpido e inadequado"; "Se não posso jogar beisebol com meus filhos, sou um pai terrível"). Desafiar essas suposições e expectativas inflexíveis faz parte de começar a dirigir seu próprio ônibus escolar amarelo ou gravar suas próprias fitas (tomando emprestadas duas metáforas usadas anteriormente neste capítulo).

PRATICANDO A REESTRUTURAÇÃO

Essas técnicas de reestruturação não tornarão menos estressante tudo aquilo que lhe acontece. Entretanto, elas podem permitir que você identifique suas escolhas e controle suas respostas para os problemas cotidianos e desafios importantes. Você sentirá de maneira diferente quando puder descrever o que está acontecendo e determinar suas opções. Os livros de David Burns são muito recomendados para trabalho adicional nessa área (ver Leitura Adicional).

Tente praticar as três técnicas de reestruturação aqui apresentadas. Mudar sua maneira de sentir modificando aquilo que diz para si mesmo pode ser um conceito estranho que você deverá praticar para tornar-se hábil. Provavelmente, no início, o melhor que você poderá fazer será mudar seus pensamentos depois dos acontecimentos. Mas, no final, você será capaz de começar a reestruturação assim que começar a ouvir sua tagarelice interna. Você saberá quando captou os pensamentos que criaram as emoções negativas, porque apenas lendo-os você recriará as emoções. Mas cuidado com as perguntas: "Por que eu?". Vá além das suposições ou expectativas subjacentes a elas. Você saberá quando tiver encontrado uma reestruturação adequada de um pensamento, porque irá sentir-se melhor e com mais controle.

Agora, vamos analisar o que aconteceu a Joan (ver citação no início do capítulo). No final do programa, seu pensamento havia passado por uma transformação. Abaixo, o início de um poema que ela escreveu, baseado num sonho que teve durante o programa:

Um amigo me mostrou uma urna de cimento, do tamanho de um poço.
Ela estava ligeiramente aberta.
Dentro, havia membros, braços e pernas flutuando num líquido ralo e escuro.
Um homem mergulhou até o fundo e trouxe meu corpo para a superfície. Ele não estava morto, apenas semimorto – mantido vivo, de algum modo, por uma máscara e um *snorkel*.
Tive medo de olhar para ele, mas olhei –
Quando vi que era eu, voltei-me para meu amigo e meu marido e disse com imensa alegria: "Estou tão contente por estar viva".
Observei o homem erguer meu corpo da urna e começar a caminhar com ele. Lentamente, meu corpo começou a se reanimar.
O homem guiou meu corpo para um barco onde uma multidão estava reunida para observar. Os dois caminharam pelo meio da multidão.
Enquanto faziam isso, meu corpo transformou-se. Ele ficou cheio de luz e coberto por delicadas roupas brancas. A cabeça ficou coberta de cabelos longos, dourados.
Na proa do barco, meu corpo partiu para o céu e a multidão aplaudiu.
Enquanto eu observava, pensei: "Eu sou linda!".

RESUMO

- Para compreender sua experiência total com a dor, você precisa compreender o que está acontecendo em seu corpo e em sua mente; suas respostas à dor crônica são uma experiência física e emocional, assim como o tratamento.
- Os rótulos psicológicos para os pacientes com dor crônica só ajudam quando utilizados como um meio para compreender o processo e formular o plano de tratamento.
- Os pensamentos automáticos ou o diálogo interno podem afetar a maneira como você sente. Além disso, se você pode alterar ou reestruturar o diálogo interno negativo, pode realmente mudar sua maneira de sentir.
- Nossas crenças culturais e nosso vocabulário influenciam a maneira como percebemos o mundo à nossa volta; nossa predisposição para fazer planos de curto prazo nos torna vulneráveis às conseqüências de longo prazo; e o sexo, bem como a cultura, influenciam nossa comunicação interpessoal.
- Albert Ellis desenvolveu um modelo chamado "terapia racional-emotiva" para desafiar crenças irracionais e substituí-las por outras, mais realistas.
- David Burns desenvolveu um outro modelo de abordagem ao diálogo interno negativo. Ele identificou dez categorias de "distorções cognitivas" que podem levar a estados emocionais negativos.

- Monitorar os seus pensamentos automáticos e outras respostas a situações estressantes lhe permitirá avaliar e começar a mudar essas respostas. A raiva e os pensamentos "Por que eu?", particularmente, exigem um exame cuidadoso.
- Reestruturar pensamentos associados a estados emocionais negativos lhe permite identificar as suas opções e adquirir maior controle sobre as suas respostas às dificuldades da vida. São apresentadas três técnicas de reestruturação:
  - Desafiando pensamentos automáticos
  - Esclarecendo o problema e o que você pode fazer
  - A técnica da flecha vertical

TAREFAS EXPLORATÓRIAS

1. Acompanhe seus pensamentos automáticos sempre que experimentar um estado emocional negativo (tristeza, ansiedade, medo, ciúme) ou sempre que sentir um aumento na tensão ou na dor física. (Você também tem pensamentos automáticos com estados emocionais positivos, mas, evidentemente, não precisa trabalhar para mudar esses estados emocionais.) Copie e utilize a folha de registro apresentada no final do livro. Primeiramente, registre o evento desencadeador (*Situação*). Depois de capturar os pensamentos no papel (*Pensamentos automáticos*), anote como se sente física (*Resposta física*) e emocionalmente (*Resposta emocional*). Então, escreva qual a distorção cognitiva ou a crença irracional que você acha que está por trás do seu diálogo interno (*Distorção cognitiva*). Finalmente, veja se consegue mudar aquilo que poderia dizer para si mesmo, e torná-la uma afirmação mais realista (*Pensamento reestruturado*). Como isso o faz sentir-se, física e emocionalmente?

   A prática regular das técnicas da RR (ver Capítulo 3) parece facilitar essa auto-observação. Se você não tem praticado diariamente uma técnica da RR, pode ter mais problemas com este exercício e talvez queira considerar a idéia de aumentar seu compromisso com a prática diária desta técnica.

2. Uma maneira muito eficaz para desenvolver a habilidade com as técnicas cognitivas apresentadas neste capítulo, é escrever sobre um evento estressante ou desafiador durante dez ou vinte minutos, todos os dias ou periodicamente, especialmente se você estiver encontrando dificuldade para solucionar determinada situação ou captar seus pensamentos automáticos. A citação no início deste capítulo foi feita durante um exercício escrito como este. A pesquisa realizada por James Pennebaker e descrita em seu livro *Opening up: the healing power of confiding in others* (ver "Leitura Adicional") demonstrou que escrever a respeito de seu estresse pode, por si só, ser terapêutico.

   Ao escrever você poderá ver que seus pensamentos automáticos e crenças irracionais são surpreendentemente constantes; só muda o cenário. Você também pode descobrir que há uma constância em seu estilo de resposta emocional para os problemas. Joan, por exemplo, descobriu que a ansiedade era dela. As pessoas que pensam ansiosamente fazem muitas perguntas do tipo: "E se...?". Outras, podem descobrir que a depressão é sua resposta predominante e fazem muitas afirmações do tipo: "Eu não posso" e "Eu nunca...". Pode haver uma mistura de estados emocionais, mas, muitas vezes, um deles é predominante.

3. Complete a Escala de Atitude Disfuncional (EAD) apresentada no final deste capítulo. Após identificar as categorias nas quais você teve uma pontuação mais baixa (os números negativos ou os números positivos mais baixos), examine as cinco perguntas que compõem cada categoria e identifique as crenças irracionais ou as distorções cognitivas associadas a elas. Use essa

informação para ajudá-lo a desafiar alguns diálogos internos irracionais nos quais você se envolve de vez em quando e para identificar padrões nos diversos eventos que perturbam sua paz de espírito. Talvez você fique perturbado com aquilo que descobrir, mas lembre-se de que a verdade pode libertá-lo.

4. Anote um objetivo que você queira alcançar relacionado a este capítulo. Como sempre, certifique-se de que seu objetivo é uma tarefa comportamental que você pode avaliar pelos passos que dará para alcançá-lo. Eis um exemplo:

Objetivo: *Acompanhar os meus pensamentos automáticos quando perceber que estou deprimido ou ansioso.*
Passos para alcançar esse objetivo:
   A. *Copiar o mapa no final do livro e levá-lo em meu bolso.*
   B. *Se eu não puder captar os pensamentos automáticos, usarei o exercício escrito para anotar cada incidente e ver o que surge.*
   C. *Após completar a* EAD, *examinarei a natureza das situações que estavam associadas à depressão ou à ansiedade e verei se elas combinam com qualquer uma de minhas atitudes derrotistas identificadas pela* EAD.

Agora é a sua vez.
Objetivo: _____
Passos para alcançar esse objetivo:
   A. _____
   B. _____
   C. _____
   D. _____

Além disso, relacione planos contingentes. Isto é, identifique os obstáculos que poderiam impedi-lo de alcançar esse objetivo. Que soluções você pode planejar para assegurar o sucesso desse objetivo?

	Obstáculos	**Soluções**
A.	_____	_____
B.	_____	_____
C.	_____	_____
D.	_____	_____

LEITURA ADICIONAL

Os livros a seguir oferecem idéias e observações adicionais a respeito de como e por que pensamos de determinada maneira:

1. CIALDINI, Paul. *Influence: the psychology of persuasion.* Nova York, William Morrow, 1993.
2. ORNSTEIN, Robert. *Evolution of consciousness.* Nova York, Prentice-Hall, 1991.
3. HALL, Edward T. *Beyond culture.* Garden City, NY, Dobleday, 1976.
4. SHAH, Idries. *The pleasantries of the incredible Mulla Nasrudin.* Londres, Press Octagon, 1983.
5. _____. *The subtleties of the inimitable Mulla Nasrudin and the exploits of the incomparable Mulla Nasrudin.* Londres, Octagon Press, 1983.

6. BURNS, David. *The feeling good handbook.* Nova York, Penguin Books, 1989.

7. _____. *Ten days to self-esteem.* Nova York, Quill/William Morrow, 1993.

8. TANNEN, Deborah. *You just don't understand: women and men in conversation.* Nova York, William Morrow, 1990.

9. PENNEBAKER, James. *Opening up: the healing power of confiding in others.* Nova York, William Morrow, 1990.

10. ROBBINS, Anthony. *Awake the giant within.* Nova York, Summit Books, 1991.

11. ELLIS, Albert e GRIEGER Russel. *Handbook of rational-emotive therapy.* Nova York, Springer, 1977.

ESCALA DE ATITUDE DISFUNCIONAL (EAD)

INSTRUÇÕES

Enquanto você preenche o questionário, mostre o quanto concorda ou discorda de cada atitude. Quando terminar, uma resposta-chave permitirá que você pontue as suas respostas e crie um perfil de seus sistemas pessoais de valores. Isso mostrará suas áreas de força e vulnerabilidade psicológicas.

É muito simples responder ao teste. Depois de cada uma das 35 atitudes, faça um sinal na coluna que representa sua opinião a respeito de como você pensa *a maior parte do tempo*. Certifique-se de escolher somente uma resposta para cada atitude. Como somos diferentes uns dos outros não há respostas "certas" ou "erradas" para cada afirmação. Para decidir se uma dada atitude é típica da sua filosofia, lembre-se de como você vê as coisas na maior parte do tempo.

Afirmação	Concordo muito	Concordo um pouco	Neutro	Discordo um pouco	Discordo muito
1. A crítica aborrecerá quem a recebe.	_____	_____	_____	_____	_____
2. É melhor desistir dos meus interesses para agradar às outras pessoas.	_____	_____	_____	_____	_____
3. Preciso da aprovação de outras pessoas para ser feliz.	_____	_____	_____	_____	_____

(continua)

Escala de Atitude Disfuncional (EAD) (continuação)

Afirmação	Concordo muito	Concordo um pouco	Neutro	Discordo um pouco	Discordo muito
4. Se alguém importante para mim espera que eu faça alguma coisa, então realmente devo fazê-la.	_____	_____	_____	_____	_____
5. Meu valor como pessoa depende muito daquilo que os outros pensam de mim.	_____	_____	_____	_____	_____
6. Não posso encontrar a felicidade se não for amado por outra pessoa.	_____	_____	_____	_____	_____
7. Se os outros não gostam de você, você está fadado a ser menos feliz.	_____	_____	_____	_____	_____
8. Se as pessoas com quem eu me preocupo me rejeitam, significa que há algo errado comigo.	_____	_____	_____	_____	_____
9. Se alguém que eu amo não me ama, significa que não mereço ser amado.	_____	_____	_____	_____	_____
10. Ficar isolado dos outros, com certeza, leva à infelicidade.	_____	_____	_____	_____	_____

(continua)

Escala de Atitude Disfuncional (EAD) (continuação)

Afirmação	Concordo muito	Concordo um pouco	Neutro	Discordo um pouco	Discordo muito
11. Se quero ser uma pessoa de valor, preciso realmente me destacar em pelo menos um aspecto importante.	_____	_____	_____	_____	_____
12. Preciso ser uma pessoa útil, produtiva, criativa ou a vida não tem propósito.	_____	_____	_____	_____	_____
13. As pessoas que têm boas idéias têm mais valor do que aquelas que não as têm.	_____	_____	_____	_____	_____
14. Se eu não faço as coisas tão bem quanto os outros, significa que sou inferior.	_____	_____	_____	_____	_____
15. Se eu fracasso no meu trabalho, então sou um fracasso como pessoa.	_____	_____	_____	_____	_____
16. Se eu não posso fazer alguma coisa bem-feita, não tem sentido fazê-la.	_____	_____	_____	_____	_____
17. É uma vergonha para uma pessoa demonstrar as suas fraquezas.	_____	_____	_____	_____	_____

(continua)

Escala de Atitude Disfuncional (EAD) (continuação)

Afirmação	Concordo muito	Concordo um pouco	Neutro	Discordo um pouco	Discordo muito
18. Uma pessoa deve tentar ser melhor em tudo o que faz.	_____	_____	_____	_____	_____
19. Devo ficar aborrecido se cometer um erro.	_____	_____	_____	_____	_____
20. Se eu não estabelecer os padrões mais elevados para mim mesmo, provavelmente, acabarei me tornando uma pessoa inferior.	_____	_____	_____	_____	_____
21. Se eu acreditar muito que mereço alguma coisa, tenho motivos para esperar obtê-la.	_____	_____	_____	_____	_____
22. É preciso ficar frustrado se você encontrar obstáculos para obter aquilo que deseja.	_____	_____	_____	_____	_____
23. Se eu der prioridade às necessidades das outras pessoas, elas deverão me ajudar quando eu precisar alguma coisa delas.	_____	_____	_____	_____	_____

(continua)

Escala de Atitude Disfuncional (EAD) (continuação)

Afirmação	Concordo muito	Concordo um pouco	Neutro	Discordo um pouco	Discordo muito
24. Se eu for um bom marido ou mulher, então meu (minha) parceiro (a) deverá me amar.	_____	_____	_____	_____	_____
25. Se faço coisas boas para alguém, posso prever que ela me respeitará e me tratará tão bem quanto é tratada por mim.	_____	_____	_____	_____	_____
26. Eu deveria assumir a responsabilidade pela maneira como as pessoas sentem e se comportam quando estão comigo.	_____	_____	_____	_____	_____
27. Se eu critico a maneira como alguém faz alguma coisa e ela ficar zangada ou deprimida, isso significa que eu a perturbei	_____	_____	_____	_____	_____
28. Para ser uma pessoa boa, de valor, digna, devo tentar ajudar a todos os que precisam.	_____	_____	_____	_____	_____

(continua)

Escala de Atitude Disfuncional (EAD) (continuação)

Afirmação	Concordo muito	Concordo um pouco	Neutro	Discordo um pouco	Discordo muito
29. Se uma criança está com problemas emocionais ou comportamentais, isso mostra que seus pais fracassaram em algum aspecto importante.	_____	_____	_____	_____	_____
30. Eu deveria ser capaz de agradar a todos.	_____	_____	_____	_____	_____
31. Não posso esperar controlar os meus sentimentos quando acontece alguma coisa ruim.	_____	_____	_____	_____	_____
32. É inútil tentar mudar emoções perturbadoras porque elas são uma parte válida e inevitável da vida diária.	_____	_____	_____	_____	_____
33. Meu humor é criado principalmente por fatores que estão fora do meu controle, como o passado, a química corporal, os ciclos hormonais, os biorritmos, o acaso ou o destino.	_____	_____	_____	_____	_____

(continua)

Escala de Atitude Disfuncional (EAD) (continuação)

Afirmação	Concordo muito	Concordo um pouco	Neutro	Discordo um pouco	Discordo muito
34. Minha felicidade depende muito daquilo que me acontece.	_____	_____	_____	_____	_____
35. As pessoas que têm as marcas do sucesso (boa aparência, *status*, riqueza ou fama) estão destinadas a ser mais felizes do que aquelas que não as têm.	_____	_____	_____	_____	_____

PONTUANDO A EAD

Agora que você completou a EAD, pode pontuá-la da seguinte forma. Classifique sua resposta a cada das 35 atitudes de acordo com esta indicação:

Concordo muito	Concordo um pouco	Neutro	Discordo um pouco	Discordo muito
-2	-1	0	+1	+2

Agora, some seus pontos nas primeiras cinco atitudes. Ele indica a tendência a medir o seu valor em função das opiniões dos outros e da quantidade de aprovação ou crítica que você recebe. Supondo que seus pontos nesses cinco itens fossem: +2, +1, -1, +2, 0, então, a sua pontuação total para essas cinco perguntas seria +4.

Proceda dessa maneira somando seu escore para os itens de: 1 a 5, 6 a 10, 11 a 15, 16 a 20, 21 a 25, 26 a 30 e 31 a 35 e anote-os conforme ilustrado no exemplo a seguir:

EXEMPLO DE PONTUAÇÃO:

Sistema de valores	Atitudes	Pontuações individuais	Pontuações totais
I. Aprovação	1 a 5	+2, +1, -1, +2, 0	+4
II. Amor	6 a 10	-2, -1, -2, -2, 0	-7
III. Realização	11 a 15	+1, +1, 0, 0, -2	0
IV. Perfeccionismo	16 a 20	+2, +2, +1, +1, +1	+7
V. Direito	21 a 25	+1, +1, -1, +1, 0	+2
VI. Onipotência	26 a 30	-2, -1, 0, -1, +1	-3
VII. Autonomia	31 a 35	-2, -2, -1, -2, -2	-9

ANOTE AQUI A SUA PONTUAÇÃO:

Sistema de valores	Atitudes	Pontuações individuais	Pontuações totais
I. Aprovação	1 a 5	_____	_____
II. Amor	6 a 10	_____	_____
III. Realização	11 a 15	_____	_____
IV. Perfeccionismo	16 a 20	_____	_____
V. Direito	21 a 25	_____	_____
VI. Onipotência	26 a 30	_____	_____
VII. Autonomia	31 a 35	_____	_____

Cada grupo de cinco itens da escala avalia um dos sete sistemas de valores. A sua pontuação total para cada grupo de cinco itens pode variar de +10 a -10. Agora você pode ler sobre cada variável e desenvolver o perfil de sua filosofia pessoal.

INTERPRETANDO A SUA PONTUAÇÃO DA EAD

I. *Aprovação* (itens 1-5): Esses itens avaliam sua tendência para basear sua auto-estima na maneira como os outros reagem a você. Uma pontuação positiva (entre 0 e +10) indica que você é independente, com um senso saudável do próprio valor, mesmo quando confrontado com críticas e desaprovação. Uma pontuação negativa (entre 0 e -10) indica que você é muito dependente porque avalia a si mesmo por meio dos olhos dos outros. Você é vulnerável à ansiedade e à depressão quando os outros o criticam ou ficam zangados com você.

II. *Amor.* (itens 6-10): Esses itens avaliam sua tendência para basear a auto-estima pelo fato de ser ou não amado. Um escore positivo (entre 0 e +10) indica que você considera o amor desejável, mas tem ampla variedade de interesses que também considera gratificantes e satisfatórios. Assim, o amor não é uma exigência para a sua felicidade ou auto-estima. Uma pontuação negativa (entre 0 e -10) indica que você considera o amor uma "necessidade", sem a qual você não pode sobreviver ou ser feliz. Você tende a adotar papéis inferiores nos relacionamentos com as pessoas de quem gosta por medo de afastá-las. Pode até mesmo recorrer a comportamentos manipuladores para obter o afeto e a atenção das pessoas. Ironicamente, essa atitude carente, ambiciosa, em geral afasta as pessoas intensificando sua solidão.

III. *Realização* (itens 11-15): Esses itens avaliam sua tendência para basear sua auto-estima pelo fato de ser ou não produtivo. Uma pontuação positiva (entre 0 e +10) indica que você valoriza a criatividade e a produtividade, mas não as considera um caminho necessário para obter auto-estima e satisfação. Uma pontuação negativa (entre 0 e -10) indica que você é viciado em trabalho. O senso de auto-valor e sua capacidade de ser feliz dependem de sua produtividade. Se o seu negócio fracassar, se você se aposentar, ficar doente ou inativo, estará correndo o risco de sofrer um choque emocional.

IV. *Perfeccionismo* (itens 16-20): Esses itens avaliam sua tendência para basear o seu valor em sua habilidade de evitar erros e fracassos. Uma pontuação positiva (entre 0 e +10) indica que você tem capacidade de estabelecer padrões significativos, flexíveis e adequados. Você aprecia processos e experiências por si mesmo e não está exclusivamente fixado em objetivos; não precisa destacar-se em tudo; não teme cometer erros, mas considera-os oportunidades para crescer e aprender. Uma pontuação negativa (entre 0 e -10) indica que você exige a perfeição em si mesmo – os erros são tabus, o fracasso é "pior do que a morte", e mesmo as emoções negativas são um desastre. Você está vivendo de acordo com padrões pessoais impossíveis e irreais, e a vida torna-se uma rotina triste e tediosa.

V. *Direito* (itens 21-25): Esses itens avaliam até onde você acha que merece o melhor da vida, simplesmente porque você é você. Uma pontuação positiva (entre 0 e +10) indica que você nem sempre se sente automaticamente merecedor de coisas e, assim, negocia para obter o que deseja e, em geral, consegue. Você percebe que não há nenhuma razão inerente pela qual as coisas sempre deveriam acontecer do seu jeito. Você considera um resultado negativo como um desapontamento, não como uma tragédia, sabendo que não pode esperar "justiça" o tempo todo. Você é paciente e persistente, com grande tolerância à frustração. Uma pontuação negativa (entre 0 e -10) indica que você acha que merece todas as coisas (sucesso, amor, felicidade etc.). Você espera e exige que as suas vontades sejam atendidas pelas outras pessoas e pelo universo em geral, devido à sua bondade inerente e trabalho árduo. Quando isso não acontece, você fica deprimido e sente-se inadequado, podendo ficar irado. Assim, gasta muita energia ficando frustrado, triste e/ou furioso.

VI. *Onipotência* (itens 26-30): Esses itens avaliam sua tendência em considerar-se o centro do seu universo pessoal e responsável por grande parte do que acontece à sua volta. Uma pontuação positiva (entre 0 e +10) indica que você conhece a alegria que vem da aceitação do fato de que você não é o centro do universo. Uma vez que não controla outros adultos, você não é responsável por eles, mas apenas por si mesmo. Você se relaciona com os outros como um colaborador. Você não se sente ameaçado quando os outros discordam de suas idéias ou não seguem os seus conselhos. Freqüentemente, as pessoas o escutam e respeitam suas idéias, porque você não insiste em afirmar que elas precisam concordar com você. Os seus relacionamentos são caracterizados pela reciprocidade, não pela dependência. Uma pontuação negativa (entre 0 e -10) indica que você culpa as pessoas que não estão realmente sob o seu controle. Conseqüentemente, você é atormentado pela culpa e pela autocondenação. A atitude de achar que você deveria ser onipotente e todo-poderoso o deixa ansioso e ineficaz.

VII. *Autonomia* (itens 31-35): Esses itens avaliam sua habilidade de encontrar a felicidade dentro de si mesmo. Uma pontuação positiva (entre 0 e +10) indica que os seus estados de espírito são o resultado dos seus pensamentos e atitudes. Você assume a responsabilidade pelos seus sentimentos porque reconhece que eles são, essencialmente, criados por você. Uma pontuação negativa (entre 0 e -10) indica que você está preso na crença de que o seu potencial para obter alegria e auto-estima vem do lado de fora. Seus estados de espírito são a vítima de fatores externos. Isso o coloca em desvantagem porque, basicamente, todas as coisas estão fora do seu controle.

UMA PALAVRA FINAL SOBRE A EAD

A Escala de Atitude Disfuncional não é um teste infalível e você pode não concordar com os resultados. Se isso acontecer, você não está sozinho; esse questionário encontrou algumas das mais fortes objeções em nosso programa para a dor. Entretanto, a maioria esmagadora considera a escala muito valiosa para identificar atitudes derrotistas, depois que suas objeções ou pensamentos autocríticos a respeito dos resultados ("Realmente, devo estar louco." "Eu não percebi que era tão disfuncional.") são colocados de lado. É surpreendente ver como a EAD identifica e prevê com precisão os tipos de situações que atingem os pontos vulneráveis das pessoas. Experimente.

Adaptado de *Feeling good: the new mood therapy*. Nova York, William Morrow, 1980, por David Burns. Copyright 1980 pelo dr. David Burns. Adaptado com permissão do autor e da editora.

7

Adotando Atitudes Saudáveis

Era uma vez um velho fazendeiro que tinha uma égua. Um dia, a égua pulou a cerca e fugiu. "Agora você não tem um cavalo para puxar o arado na época de plantio", disseram-lhe os vizinhos. "Que azar!"

"Azar, sorte", respondeu o fazendeiro. "Quem sabe?"

Na semana seguinte, a égua voltou trazendo com ela dois garanhões selvagens. "Com três cavalos, agora você é um homem rico", disseram-lhe os vizinhos. "Que sorte!"

"Sorte, azar", respondeu o fazendeiro. "Quem sabe?"

Naquela tarde, o único filho do fazendeiro tentou domar um dos garanhões, mas caiu e quebrou a perna. "Agora você não tem ninguém para ajudá-lo a plantar", disseram-lhe os vizinhos. "Que azar!"

"Sorte, azar", respondeu o fazendeiro. "Quem sabe?"

No dia seguinte, os soldados do imperador entraram na cidade e recrutaram o filho mais velho de todas as famílias, mas o filho do fazendeiro ficou, por causa de sua perna quebrada. "Seu filho é o único primogênito na província que não foi afastado da família", disseram-lhe os vizinhos. "Que sorte!..."

A Zen story about an old Chinese farmer (recontada em *The Wellness Book*, p. 460; ver Capítulo 2, Leitura Adicional)

Essa história Zen caracteriza uma atitude flexível. Em essência, ela demonstra que seja qual for a interpretação dos fatos, sempre há uma considerável incerteza na vida. Desenvolver certa tranqüilidade ou atitude positiva em relação à incerteza é uma maneira de nos adaptarmos ao estresse e às dificuldades do cotidiano. Para pessoas como você, que agora estão vivendo com dor, essa facilidade de adaptação pode ser crucial para lidar com ela. As pesquisas médicas e científicas realizadas por Seligman (1991), Fawzy e outros (1993), e Williams e Williams (1993) descobriram que há numerosos benefícios para a saúde daquelas que conseguem abandonar estilos de vida, comportamentos e atitudes rígidas e destrutivas adotando outras, mais positivas e flexíveis. Esses benefícios incluem menos fatores de risco para doenças cardíacas, menos recorrência de ataques cardíacos, e mais tempo de vida para pacientes de câncer. Na verdade, estamos apenas começando a compreender e valorizar o poder da adaptação e das atitudes positivas.

Aqui a palavra "atitude" significa uma característica ou postura psicológica que um indivíduo adota, habitualmente, sem pensar nela. As atitudes são os resultados de múltiplos fatores, como influências culturais, crenças familiares, comportamentos aprendidos e, talvez, genética. Todos nós temos atitudes; elas nos permitem tomar numerosas decisões diárias sem pesar cada uma delas conscientemente, e elas influenciam nosso comportamento. Entretanto, as atitudes podem tornar-se problemas quando são tão negativas e inflexíveis a ponto de prejudicar uma atuação saudável ou impedir (ou pelo menos complicar) uma adaptação adequada às circunstâncias nas quais nos encontramos.

Se, por exemplo, você mantém uma atitude de quem não tem controle sobre o que lhe acontece, então pode achar difícil enxergar os benefícios e adotar comportamentos saudáveis. Você pode dizer: "Se eu vou sentir dor, por que deveria me incomodar e parar de fumar ou seguir uma dieta pobre em gorduras?". Ou, tomando um outro exemplo, você pode estar com dor e insistir em continuar fazendo as tarefas domésticas como fazia antes. Provavelmente, você sofrerá mais e, mesmo assim, não terá uma casa limpa. Quando você perceber que está mantendo atitudes como essa, é preciso parar e examiná-las conscientemente.

As atitudes problemáticas de impotência e de raiva/hostilidade aprendidas são comuns entre os pacientes com dor crônica que me consultam. Essas atitudes particulares são discutidas aqui porque interferem bastante no enfrentamento eficaz e na solução de problemas. Contrariamente, atitudes como resistência ao estresse, otimismo, empatia e altruísmo podem ajudar a diminuir a incerteza da vida em geral e da vida com dor crônica em particular.

ATITUDES PROBLEMÁTICAS

IMPOTÊNCIA APRENDIDA

Se você colocar um rato numa gaiola e cada vez que ele empurrar o trinco lhe der um choque elétrico, logo ele aprenderá a evitar aquele comportamento – empurrar o trinco. Se uma segunda gaiola, com outro rato, estiver conectada à primeira e sempre que o rato 1 empurrar o trinco, o rato 2 receber um choque, o rato 2 começará a ficar ansioso e hipervigilante. O rato 2 não tem controle sobre aquilo que o rato 1 faz; portanto, não pode controlar os choques que recebe.

Após um período de tempo nessa condição incontrolável e incerta, se o rato 2 for colocado num labirinto, ele não será capaz de aprender novos caminhos como fazia antes. Ele ficará retraído e pode parar de comer. Se isso continuar por algum tempo, o rato 2 não fará nenhum esforço para ajudar-se, mesmo que os choques tenham parado. Esse comportamento é chamado de "impotência aprendida".

Como o rato aprendeu tão completamente que não há nada que ele possa fazer para modificar sua situação de impotência, ele permite que essa atitude afete até mesmo as coisas sobre as quais ele tem controle.

Muitos pacientes com dor crônica adotam uma atitude semelhante à da impotência aprendida. Eles podem pedir ou mesmo implorar ajuda, mas acham difícil acreditar que determinadas sugestões ou técnicas possam alterar a percepção da dor e ajudá-los a adquirir controle. Contudo, essa atitude, assim como a do rato, só os levará a conseguir mais da mesma coisa... nada. A prática das habilidades, a execução das tarefas exploratórias e outros exercícios deste livro lhe permitirão identificar onde você realmente tem controle, e aprender novas maneiras de viver com dor.

RAIVA/HOSTILIDADE

Raiva e responsabilidade

O Capítulo 6 mencionou que para trabalhar com os sentimentos de raiva é preciso utilizar uma abordagem ligeiramente diferente daquela de apenas identificar ou reestruturar pensamentos automáticos. A raiva e a hostilidade precisam ser exploradas em função da motivação de uma pessoa para mantê-las. Muitas vezes, a raiva e a hostilidade envolvem a identificação de uma outra pessoa como responsável pelos sentimentos, o indivíduo zangado está preso a esses sentimentos porque não se considera responsável por eles. Essa atitude, por sua vez, gera mais da mesma coisa, pois a solução *parece* continuar fora do controle do indivíduo zangado.

A necessidade de acreditar que alguém ou alguma coisa é responsável pelo seu sofrimento pode ser muito forte numa pessoa. Além disso, há ocasiões em que a raiva é adequada e justificada. A raiva é uma emoção muito poderosa que pode servir como base para uma ação construtiva e para a determinação. Porém, muitos estudos, como por exemplo da doença cardiovascular (ver Williams e Williams na Leitura Adicional) mostraram que simplesmente agarrar-se à raiva ou à hostilidade, em lugar de usá-las como um impulso para a ação construtiva, pode ser destrutivo para a vítima. De um lado, culpar as outras pessoas pela nossa infelicidade só serve para lhes dar o controle que deveria ser nosso. Por outro lado, a atitude de agarrar-se à raiva estende-se ainda mais, causando depressão, ansiedade, dúvida e mais raiva.

Algumas pessoas protestam dizendo que aceitar a responsabilidade pela maneira como elas sentem equivale a admitir que fizeram alguma coisa errada ou ceder; contudo, definitivamente, esse não é o caso. Além disso, muitos pacientes zangados expressaram o medo de que se abandonassem a raiva nada mais restaria deles. A raiva tornou-se uma força auto-sustentadora em suas vidas. Novamente, a depressão e a ansiedade, estão por trás da raiva ou, em muitos casos, são até mesmo criadas por ela. Continuar zangados pode ajudar esses pacientes a evitar esses sentimentos. Mas quem está sofrendo por agarrar-se a esses estados emocionais negativos? Como disse uma paciente ao perceber a natureza autodestrutiva de sua raiva: "Eu estava deixando outra pessoa morar na minha cabeça sem pagar aluguel!".

Como observamos no Capítulo 6, os pacientes cuja dor é resultado de lesão provocada por acidente no trabalho ou pela negligência de alguém, compreensivelmente, muitas vezes mostram-se muito zangados. Entretanto, muitos pacientes envolvidos em ações trabalhistas, questões judiciais e outras, acabam lutando contra um adversário poderoso e invisível. O sentimento de terem sido injustiçados e malcompreendidos e as tentativas para encontrar uma explicação ou compensação pelo sofrimento exacerbam a atitude de "eu contra eles". Por exemplo, uma de minhas pacientes estava processando uma pessoa porque ela escorregara no gelo, na frente da garagem daquela pessoa, e machucara as costas. Perguntei-lhe quem ela culparia caso tivesse escorregado no gelo em frente à própria garagem. Ela respondeu, sem hesitar: "A mim, suponho".

Para lidar com a raiva é necessário identificar o próprio papel ou as responsabilidades no processo. Uma dessas responsabilidades pode ser a identificação dos seus pensamentos automáticos. Por exemplo, você pode estar pensando algo assim: "Alguém precisa pagar pelo meu sofrimento. O acidente que me machucou foi uma situação imperdoável e eu não ficarei satisfeito até que o erro seja corrigido". Assim que esses pensamentos forem revelados, é necessário identificar onde termina sua responsabilidade e onde começa a das outras pessoas envolvidas. O perdão pode ser caracterizado como o ato de aceitar as injustiças que você sofreu. Esse é um processo árduo e difícil. Mas ele pode ajudá-lo a esclarecer quem é o responsável, e pelo que, após um dano.

As cinco fases do perdão

Beverly Flanigan, uma psicóloga que estudou o processo do perdão, descreve cinco fases que levam ao perdão, em seu livro *Forgiving the unforgivable: overcoming the bitter legacy of intimate wounds* (ver Leitura Adicional). Embora ele pretenda ser uma descrição do perdão da traição e da infidelidade em relacionamentos pessoais, o processo que ela descreve parece aplicar-se também ao perdão por danos físicos.

Fase 1: Identificando o dano. A primeira fase proporciona a você, assim como à pessoa lesada, a oportunidade de esclarecer qual foi o ato errado e explorar a maneira de interpretar o significado ou a importância desse ato.

Por exemplo, suponhamos que alguém tenha batido atrás do seu carro e você tenha machucado o pescoço. O ato errado cometido pelo outro motorista talvez tenha sido o de não deixar espaço suficiente entre os dois carros, a alta velocidade ou a falta de atenção no trânsito. Porém, ao explorar a importância do ato errado, uma regra moral implícita que pode prejudicar seus sentimentos em relação a esse ato pode ser "Não ferirás". Assim, se você considerar esse dano como uma violação pessoal, pode sentir-se ainda mais enfurecido. Além disso, se a outra pessoa jamais tiver se desculpado, você pode sentir ainda mais que tem o direito de buscar castigo para o transgressor.

Se houver o envolvimento de advogados, essa importante fase pode durar até o caso ser levado aos tribunais, muitos meses ou anos depois. Como resultado de não identificar o dano e explorar sua importância, você também pode não ser capaz de começar a admitir que as dolorosas conseqüências são permanentes e tomar as providências necessárias para lidar com sua nova condição (Fase 2). Além disso, a possibilidade de conversar com o responsável ficará limitada a depoimentos e você não terá oportunidade de identificar ou de relacionar-se com qualquer uma das suas fraquezas humanas (como ter cometido um erro). Obviamente, é doloroso ser injustiçado. Quando os efeitos são físicos e de longo prazo, há o desejo de ser compensado em muitos níveis. Isso é adequado, mas se as fases do perdão forem interrompidas no início, a solução externa (o acordo) não é acompanhada por uma solução interna de aflição.

Fase 2: Reivindicando o dano. Se houver um progresso para a Fase 2, o processo envolve a aceitação de que o dano é permanente e que a dor é sua e você deve lidar com ela. Você deixa de culpar o causador do seu sofrimento e de negar que a responsabilidade para seguir em frente é sua.

Fase 3: Culpando o causador. Na Fase 3, alguém é considerado responsável pelo dano. Numa situação que envolve um acidente de carro, como a do exemplo acima, geralmente esse culpado é o outro motorista. Outras situações envolvendo danos podem não ser tão óbvias. Se você sofreu um dano relacionado ao trabalho, talvez a natureza do trabalho – por exemplo, o movimento repetitivo de digitação num computador durante longos períodos de tempo – tenha contribuído para o dano. Você pode sentir uma considerável frustração se não houver uma recuperação dentro do prazo esperado e não puder mais realizar seu trabalho. Se você se sentir culpado por não voltar ao trabalho, pode ficar zangado com a empresa por ela não ter providenciado melhores condições de trabalho.

Nesses casos, esses sentimentos geralmente são exacerbados pela falta de cuidado com as necessidades físicas e emocionais do trabalhador. Embora a indenização ao trabalhador tenha sido originalmente planejada como um tipo de seguro para empregadores e empregados, raramente isso acontece quando ocorrem situações de dor crônica. Novamente, o envolvimento legal pode retardar a solução ou atribuir culpas quando elas realmente não existem. Embora a atribuição da culpa possa ser adequada em casos de danos resultantes de negligência, acidentes ou agressão, nem sempre ela pode ser possível nos casos de dor crônica. Se você é um paciente com dor por causa de tais circunstâncias, é importante evitar atribuir a culpa inadequadamente (seja para si próprio ou para os outros) e perceber que você também pode seguir para a próxima fase.

Fase 4: Equilibrando a balança. Quando a necessidade de assumir a responsabilidade de lidar com o dano tiver sido admitida (Fase 2) e a questão sobre quem, se houver alguém, deve ser considerado responsável pelo dano tiver sido resolvida (Fase 3), o perdão pode avançar. O perdão começa a partir de uma posição de força. Se você continuar se sentindo impotente para lidar com a dor, então a raiva pode perpetuar a desesperança e a impotência de ser uma vítima. Identificar-se com a responsabilidade de *viver* com dor, em lugar da responsabilidade de *causar* a dor, pode lhe permitir lidar com ela a partir de uma posição de autoconsciência. A autoconsciência lhe oferece a possibilidade de seguir em frente a partir de uma posição de força. Se você estiver consciente dos seus sentimentos e motivações, pode identificar onde terminam as suas responsabilidades e onde começam as dos outros, equilibrando a balança.

Quando alguém for considerado responsável, o castigo por meio dos tribunais e da indenização, não da vingança ou da recriminação, é o correto. Provavelmente, esse era o papel original do sistema legal nessas circunstâncias.

Fase 5: Escolhendo o perdão. A arte de perdoar sugere que você está pronto para abandonar os sentimentos negativos que até agora aprisionaram sua mente, seu espírito e seu coração. Ao fazer isso, você começa a reparar o dano, continuando com a vida que você tem agora. Perdoar é aceitar sua nova vida, mesmo que ela inclua a dor. Com esse processo, aqueles que perdoam encontram e criam novas respostas que, de certo modo, os transformam em novas pessoas. "Se nada jamais poderá ser igual, a partir de agora talvez possa ser melhor" (Flanigan, 1992, p. 162).

Anotando os erros

O exercício escrito mencionado nas "Tarefas Exploratórias" do Capítulo 6 tem sido útil para pessoas que têm problemas para identificar os pensamentos por trás da raiva e os fatores motivacionais por trás dos seus pensamentos. Comece perguntando-se: "Quem me machucou e o que fizeram?". Então, relacione o que você ganha ficando zangado e o que você ganha abandonando a raiva. Compare os dois lados da sua lista. Quais são as suas conclusões?

ATITUDES SAUDÁVEIS

Até agora, a maioria das pesquisas comportamentais concentrou-se principalmente na descrição de atitudes negativas e seu relacionamento com a saúde ruim. Entretanto, as investigações de alguns pesquisadores identificaram diversas atitudes associadas a resultados positivos para a saúde.

RESISTÊNCIA AO ESTRESSE

Suzanne Kobasa, da Universidade de Chicago, por exemplo, estudou executivos "duros na queda" – aqueles que exibiam uma atitude de desafio, envolvimento e controle experimentavam menos sintomas emocionais e físicos durante um período de negócios particularmente estressante do que aqueles que não demonstravam essa atitude. Ela descobriu que esses executivos consideravam as mudanças como desafios e não como ameaças; eles estavam comprometidos com seu trabalho, bem como com suas famílias e instituições sociais. Eles também acreditavam que a resposta para qualquer coisa que acontecesse estava sob controle.

Outro pesquisador que examinou as atitudes positivas é Aaron Antonovsky, da Universidade Ben-Gurion de Negev, em Israel. Antonovsky conversou com um grupo de sobreviventes do Holocausto em Israel, que parecia ter conservado uma boa saúde emocional, apesar de terem vivenciado um trauma terrível. A partir dessas conversas com esses excepcionais sobreviventes, e outros, Antonovsky continuou desenvolvendo sua teoria do "senso de coerência" que, para ele, responde à pergunta sobre as origens da boa saúde dos indivíduos que demonstram uma habilidade para lidar bem com fatores estressantes. Ele sugeriu que as pessoas com um senso de coerência elevado têm um sentimento de confiança penetrante, constante, embora dinâmico, que: 1) os fatores estressantes vindos do ambiente interno ou externo são estruturados, previsíveis e explicáveis; 2) eles próprios têm recursos disponíveis para enfrentar as exigências resultantes desses fatores estressantes; e 3) essas exigências são desafios dignos de investimento e envolvimento.

OTIMISMO

O otimismo também foi considerado uma atitude saudável. Os otimistas são aquelas pessoas que antecipam o melhor resultado e esperam que ocorram experiências agradáveis. O otimismo tem sido associado a um sistema imunológico melhor e Sandra Levy, uma psiconeuroimunologista, demonstrou que um estilo descritivo otimista é um forte prognóstico do alcance da remissão do câncer (ver Hafen e outros, na Leitura Adicional). Martin Seligman, da Universidade da Pensilvânia, demonstrou que um estilo pessimista está associado à depressão e à má saúde geral. Os pessimistas consideram aquilo que lhes acontece como algo estável ("Isso *sempre* me acontece"), global ("Eu *nunca* faço nada direito") e interno ("É tudo *minha* culpa"). Ao contrário, os otimistas consideram os eventos como algo instável ("Só porque aconteceu uma vez, não significa que acontecerá de novo"), específico ("Eu tenho dificuldade para acompanhar minhas atividades"), e externo ("As outras pessoas são responsáveis pelo seu comportamento, eu sou responsável pelo meu").

EMPATIA

Há diversas definições para a palavra "empatia". Aqui, ela é usada com o significado de uma percepção *não crítica* da experiência dos outros. Você se lembra do trecho extraído do exercício escrito de Joan, no início do Capítulo 6? Se conseguiu identificar-se com ele e compreendeu um pouco do que Joan estava vivenciando, você estava sentindo empatia. Se, por outro lado, você descobriu que estava fazendo comentários depreciativos ou desagradáveis, então você estava julgando.

Quando nos pedem para julgar, para avaliar o conteúdo de nossos pensamentos, então é correto utilizar o julgamento. Mas, muitas vezes, somos rápidos demais para julgar. Isso nos deixa vulneráveis a tomar decisões precipitadas, como presumir que uma situação ou indivíduo não têm nenhuma boa qualidade; e também diminiu nossas opções para explorar outras explicações ou possibilidades. Nós podemos ter uma forte tendência para fazer julgamentos rapidamente e, em particular, se estivermos nos sentindo sem controle.

A princípio, deixar de fazer julgamentos pode parecer muito indefinido; aparentemente, isso parece exigir que você permaneça num eterno estado de ambigüidade. Na verdade, isso lhe dá o tempo necessário para reunir informações, colocar-se no lugar do outro, experimentar diversos pontos de vista, oferecendo um certo nível de paciência com os outros e, finalmente, consigo mesmo. Quando você começa a perceber que, como seres humanos, sofremos muito por basearmos nossos julgamentos em ilusões e falsas informações, e que apenas *pensamos* saber o que está acontecendo, você pode começar a relaxar com relação ao longo processo necessário para as mudanças. Ficando mais relaxado a respeito desse processo, você poderá deixar de lado a tendência de avaliar os seus esforços como bons ou ruins, certos ou errados, e explorar a ampla variedade de possibilidades e escolhas à sua frente.

Como observamos no início deste capítulo, essa flexibilidade é um componente essencial das atitudes positivas que melhoram nossa vida e nossa saúde.

ALTRUÍSMO

Um rabino teve uma conversa com Deus a respeito do Céu e do Inferno. "Eu vou lhe mostrar o Inferno", disse-lhe Deus, conduzindo o rabino até uma sala onde havia uma grande mesa redonda. As pessoas sentadas à sua volta estavam famintas e desesperadas.

No meio da sala havia um enorme caldeirão de ensopado, mais do que suficiente para todos. O aroma do ensopado era delicioso e fez o rabino salivar. As pessoas ao redor da mesa estavam segurando colheres com cabos muito longos. Cada pessoa descobriu que era possível alcançar o caldeirão para pegar uma colherada do ensopado, mas como o cabo da colher era mais longo do que o braço de qualquer uma delas, ninguém conseguia levar o alimento à boca.

O rabino viu que o sofrimento delas era realmente terrível. "Agora, eu lhe mostrarei o Céu", disse-lhe Deus, e eles foram para outra sala, exatamente igual à primeira. Lá, havia a mesma grande mesa redonda e o enorme caldeirão de ensopado. As pessoas, como antes, tinham as mesmas colheres de cabo longo. Mas aqui, elas estavam bem alimentadas, satisfeitas, rindo e conversando.

A princípio, o rabino não compreendeu. "É simples, mas requer certa habilidade", disse-lhe Deus. "Como pode ver, elas aprenderam a alimentar uma às outras."
(Conto popular judaico)*

Como seres humanos, precisamos uns dos outros. Nutrir essa ligação pode ser muito difícil quando você está com dor, porque a dor pode absorvê-lo a tal ponto de fazê-lo fechar seus olhos para as necessidades dos outros. Depois de determinar o tipo de acompanhamento de atividades que você necessita, pense seriamente em juntar-se a um grupo de apoio, de trabalho voluntário, ou envolva-se politicamente, para ajudar a atender às necessidades de outras pessoas.

CONSTRUINDO UMA BASE PARA A MUDANÇA DE ATITUDE

Assuma uma virtude, apesar de não tê-la...
Abstenha-se esta noite;
E isso lhe proporcionará uma espécie de facilidade para a abstinência seguinte: a seguinte mais fácil.
Pois a prática pode quase mudar as características naturais.

William Shakespeare, *Hamlet*

Se você ainda não as possui, é possível desenvolver atitudes mais saudáveis como a resistência ao estresse, o otimismo, a empatia e o altruísmo. As atitudes não são fixas ou imutáveis. É possível alterar os filtros por meio dos quais você enxerga o seu mundo. As habilidades apresentadas neste livro podem ajudá-lo a explorar e a desenvolver atitudes positivas, saudáveis.

As técnicas seguintes, em particular, irão ajudá-lo a trabalhar no desenvolvimento de atitudes saudáveis. As afirmações podem estimular um diálogo interno positivo e nutrir a auto-estima; examinar as fontes da sua auto-estima pode ajudá-lo a fortalecer sua coragem e firmeza, e o humor pode facilitar o difícil trabalho de mudança.

---

* Recontado por Irvin D. Yalom em *The theory and practice of group psychotherapy,* 3ª ed., Nova York, Basic Books, 1975, pp. 12-3.

AFIRMAÇÕES

O Capítulo 6 discutiu formas de mudar o diálogo interno negativo; até aqui, este capítulo discutiu como determinadas atitudes positivas ou negativas afetam sua maneira de sentir-se em relação ao mundo à sua volta. Você pode usar "afirmações" para mudar suas atitudes de maneira positiva. Em geral, as afirmações são frases curtas, citações ou reflexões que você pode repetir para si mesmo, e que o fazem sentir-se entusiasmado, confortado ou apoiado.

Há muitas maneiras de usar e desenvolver afirmações. Você talvez queira consultar um livro de reflexões diárias (por exemplo, ver Schaef na Leitura Adicional) ou livros espirituais em busca de inspiração. Ou você pode escolher uma citação, frase ou passagem que simplesmente vem à sua mente durante as atividades diárias. Você talvez descubra que no final de uma técnica da RR (ver Capítulo 3), uma afirmação vem à sua mente. A princípio, talvez você não concorde com essa afirmação espontânea, mas repetindo-a durante o dia você pode descobrir que ela o inspira a considerar um sentimento ou atitude que deseja desenvolver.

Por exemplo, você pode terminar sua técnica da RR com a afirmação: "Eu sou forte". Ela vem do seu inconsciente, mas o seu eu mais consciente diz: "Quem você está enganando? Eu não me sinto nem um pouco forte!". Entretanto, ao considerar ou repetir periodicamente a afirmação: "Eu sou forte", durante um dia ou uma semana, você pode começar a gostar de entrar em contato com qualidades de força cuja natureza não é física; isto é, você está desenvolvendo a força da coragem, da firmeza e da vontade. Como resultado, você fica inspirado a fazer mais coisas com sua vida. Muitas vezes, como nesse caso, as afirmações mais úteis e relevantes são aquelas que você mesmo cria.

Durante a próxima semana, anote algumas afirmações que vêm à sua mente enquanto estiver praticando uma técnica da RR. Prenda-as na porta da geladeira ou no painel do carro para lembrar-se delas. Veja o que acontece.

EXAMINANDO AS FONTES DE AUTO-ESTIMA

A auto-estima, ou a maneira como você se sente em relação a si mesmo é o resultado final de muitos fatores. A EAD (ver Capítulo 6) pode ajudá-lo a identificar as suposições não desafiadas que você pode estar mantendo e que dificultam a adaptação aos fatores estressantes da vida. O exercício seguinte também pode ajudá-lo a determinar e fortalecer suas áreas vulneráveis.

Escreva dez coisas que você gosta em si mesmo:

1. _____
2. _____
3. _____
4. _____
5. _____
6. _____
7. _____
8. _____
9. _____
10. _____

Agora, escreva dez coisas que você não gosta em si mesmo ou que acha que gostaria de mudar:

1. _____
2. _____
3. _____
4. _____
5. _____
6. _____
7. _____
8. _____
9. _____
10. _____

Que lista foi mais fácil de completar? Por quê?

_____

_____

Se você é como a maioria das pessoas, é mais fácil entrar em contato com as coisas negativas. Geralmente, dizer aquilo que gostamos em nós mesmos é rotulado de presunção ou egocentrismo, portanto, você pode sentir-se impelido a qualificar as afirmações positivas com "mas" ou "nem sempre". Contudo, lembre-se: É correto sentir-se satisfeito com alguma coisa que você faz, sente ou gosta em si mesmo.

Observe a lista que contém as coisas que você gosta em si mesmo. Coloque um sinal (√) naquelas que são características internas ("paciência", "compaixão", "bom ouvinte") e um × nas que são externas ("bom trabalhador", "bom amigo", "boa aparência"). Há um equilíbrio entre √ e ×, ou você tende mais para o lado do ×?

As características externas são mais vulneráveis às opiniões dos outros ou perdas (por exemplo, perda do emprego, da boa saúde ou de relações pessoais). Muitas pessoas com dor, sofrem ainda mais quando sua principal fonte de auto-estima está naquilo que fazem (ou fizeram) por uma carreira ou pelo mundo exterior. É importante para as pessoas que elas tenham tanto qualidades internas quanto externas sobre as quais construir sua auto-estima. Isso cria uma base firme para o envolvimento com o mundo ao seu redor.

Veja se você consegue equilibrar sua lista de características positivas tanto com as qualidades externas quanto com as internas. Há quaisquer características em sua lista negativa que você poderia transformar em positivas por meio do estabelecimento de objetivos?

HUMOR

Assim como a auto-estima diminui em muitas pessoas com dor crônica, o mesmo acontece com a capacidade para enxergar o humor em si mesmas e no mundo. A preocupação consigo mesmo e a tristeza associada ao sofrimento pela perda do funcionamento "normal" pode tornar difícil encontrar o humor na vida. Ser capaz de usar o humor implica uma interação saudável entre mente e corpo; isso não significa que você precise estar livre da dor.

No Capítulo 6, você talvez tenha rido ao identificar seus pensamentos automáticos. Você pode ter pensado: "De onde tirei *essa* idéia?!". Rir das próprias tolices e fraquezas é saudável e pode gerar atitudes positivas, que duram muito tempo após o riso. Isso ajuda a garantir a flexibilidade, lembrando-o de não levar tudo tão a sério. Na verdade, o riso aumenta a produção de endorfinas (os opiácios naturais do corpo), que podem diminuir a percepção da dor.

Como qualquer outro comportamento, o uso do humor, especialmente por meio de piadas, pode ser utilizado para ocultar atitudes negativas subjacentes que precisam ser exploradas. Por outro lado, as risadinhas conscientes e inocentes não são apenas desejáveis, mas necessárias. Também é importante ser capaz de rir espontaneamente. Na realidade, os desafios da vida real às nossas suposições e expectativas geralmente são a fonte de nossas maiores risadas.

Se para você está sendo difícil encontrar alguma coisa da qual dar risada, assista a uma comédia; leia histórias em quadrinhos, compre um livro de piadas: ou, se você realmente ficar encalhado, observe crianças brincando. Comprometa-se agora a buscar conscientemente as risadinhas, ou talvez as gargalhadas óbvias, pelo menos semanalmente.

RESUMO

- Descobriu-se que fazer mudanças em estilos de vida, comportamentos e atitudes negativos, resulta numa série de benefícios específicos para a saúde, podendo melhorar muito a capacidade para lidar com a dor crônica.
- Uma atitude é uma característica psicológica ou postura que pode resultar de diversos fatores, mas, geralmente, é adotada inconscientemente por uma pessoa.
- Agarrar-se a determinadas atitudes negativas pode prejudicar o funcionamento saudável e impedir a adaptação apropriada a novas circunstâncias. Essas atitudes precisam ser examinadas conscientemente.
- A impotência aprendida pode paralisá-lo a tal ponto, que você não consegue trabalhar na cura. Lembre-se de que você realmente tem escolhas e controle.
- A raiva tem um lugar, mas agarrar-se a ela é destrutivo. O perdão é uma maneira de lidar eficazmente com a raiva; há cinco fases de perdão.
- Estudos sobre pessoas otimistas e resistentes ao estresse indicam que essas atitudes estão associadas ao funcionamento e enfrentamos mais saudáveis.
- A empatia é uma compreensão não crítica daquilo que alguém está sentindo; ela pode ajudar a evitar decisões precipitadas e aumentar suas opções.
- O altruísmo é uma importante maneira de permanecer ligado aos outros.
- Afirmações são frases, citações ou reflexões curtas, positivas, que você pode repetir para si próprio para obter inspiração, conforto ou apoio.
- Auto-estima é como você se sente com relação a si mesmo. A maioria das pessoas acha mais fácil entrar em contato com as suas características negativas do que com as positivas; entretanto, enfatizar as características positivas aumentará sua auto-estima.
- O humor consciente é saudável. Ele está associado à produção de endorfinas e gera atitudes positivas que duram muito tempo após o riso.

TAREFAS EXPLORATÓRIAS

1. Continue anotando seus pensamentos automáticos associados a estados emocionais negativos (ver Capítulo 6). Identifique as distorções e suas possíveis fontes por meio das próprias explorações. Reestruture os pensamentos automáticos para que eles reflitam a realidade da situação, usando qualquer uma das três técnicas de reestruturação discutidas no Capítulo 6. Copie e use a folha de trabalho no final do livro para anotar suas explorações no diálogo interno negativo. Ao empregar as técnicas sugeridas neste capítulo, você percebeu que o seu diálogo interno está se tornando mais positivo?

2. Continue praticando as técnicas básicas da RR (1-5) diariamente. Como sugerimos no texto, utilize frases e afirmações que vêm à sua mente durante a prática da RR como afirmações pessoais.

3. Escreva um objetivo que você deseja realizar relacionado ao material deste capítulo. Como sempre, certifique-se de que seu objetivo seja uma tarefa comportamental que você pode avaliar pelas providências que tomará para alcançá-lo. Eis um exemplo:

Objetivo: *Fazer alguma coisa para rir pelo menos uma vez por semana.*

Passos para alcançar esse objetivo:

    A. *Ler o* New Yorker.

    B. *Alugar uma comédia.*

    C. *Ler as tiras do jornal.*

Agora é a sua vez.

Objetivo: _____

Passos para alcançar esse objetivo:

    A. _____

    B. _____

    C. _____

    D. _____

Além disso, relacione planos contingentes. Isto é, identifique os obstáculos que poderiam impedi-lo de alcançar esse objetivo. Que soluções você pode planejar para assegurar o sucesso desse objetivo?

	Obstáculos	**Soluções**
A.	_____	_____
B.	_____	_____
C.	_____	_____
D.	_____	_____

LEITURA ADICIONAL

Os livros a seguir oferecem informações adicionais a respeito de atitudes e como mudá-las:

1. FLANIGAN, Beverly. *Forgiving the unforgivable: overcoming the btter legacy of intimate wounds.* Nova York, Macmillan, 1992.

2. KOBASA, Suzanne. "Stressful Life Events, Personality and Health: An Inquiry into Hardiness". In: *Journal of Personality and Social Psychology, 37*:1-11, 1979.

3. SELIGMAN, Martin. *Learned optimism.* Nova York, Knopf, 1991.

4. ANTONOVSKY, Aaron. *Unraveling the mystery of health: how people manage stress and stay well.* San Francisco, Jossey-Bass, 1987.

5. WILLIAMS, Redford B. e WILLIAMS, Virginia. *Anger Kills: seventeen strategies for controlling the hostility that can harm your health.* Nova York, Times Books, 1993.

6. SCHAEF, Anne Wilson. *Meditations for women who do too much.* San Francisco, Harper, 1990.

7. SHAH, Idries. *Reflections.* Londres, Octagon Press, 1983.

8. _____. *The pleasantries of the incredible Mulla Nasrudin.* Londres, Octagon Press, 1983.

9. SHAH, Idries. *The subtleties of the inimitable Mulla Nasrudin and the exploits of the incomparable Mulla Nasrudin.* Londres, Octagon Press, 1983.

10. ORNSTEIN, Robert e SOBEL, David. *Healthy Pleasures.* Reading, MA, Addison-Wesley, 1989.

11. KLEIN, Allen. *The healing power of humor.* Los Angeles, Tacher, 1989.

12. FAWZY I., FAWZY *et al.* "Malignant Melanoma: Effects of an Early Structured Psychiatric Intervention, Coping, and Affective State on Recurrence and Survival 6 Years Later". In: *Archives of General Psychiatry, 50:*681-88, 1993.

13. HAFEN, Brent; FRANDSAEN, Kathryn; KARREN, Keith e HOOKER, Keith. *The health effects of attitudes, emotions and relationships.* Provo, UT, EMS Associates, 1992.

8

COMUNICAÇÃO EFICAZ

> Se você me amasse, saberia o que eu quero dizer.
>
> Eu, para meu marido

A comunicação é um conjunto de habilidades aprendidas que nos permite transmitir mensagens, expressar sentimentos, receber *feedback* e escutar sem julgar. O fato de um capítulo sobre habilidades básicas de comunicação ter sido incluído num livro sobre controle da dor crônica é que: Os pacientes com dor sentem muita angústia, não somente como resultado da dor, mas da tentativa de comunicar-se com os outros a respeito de sua dor.

Há três tipos básicos de problemas de comunicação. A maioria das pessoas, com ou sem dor, enfrenta esses problemas em algum momento:

1. Há incompatibilidade entre as palavras que as pessoas falam (suas afirmações) e aquilo que elas realmente desejam (suas intenções).
2. As pessoas sentem-se confusas ou resistentes com relação a expressar claramente o que sentem, o que desejam, ou aquilo de que precisam (assertividade). Elas tendem a negar os próprios sentimentos ("Você é importante, eu não" – passividade) ou a desconsiderar os sentimentos dos outros ("Eu sou importante, você não" – agressividade).
3. As pessoas ouvem, mas realmente não *escutam* (escutar ativo).

Este capítulo descreve esses três tipos de problemas e apresenta sugestões para superá-los.

FAZENDO AS AFIRMAÇÕES COMBINAR COM AS INTENÇÕES

COMUNICAÇÃO GERAL: EXEMPLO DE UMA CENA

Vamos examinar a cena seguinte:

Você acaba de voltar das compras e comprou um vestido por uma quantia ligeiramente maior do que normalmente gastaria. Esse foi um trato para participar no programa para a dor, portanto, você se sente apenas um pouco culpada. Você coloca o vestido para jantar.

Quando seu marido chega em casa, a princípio, você ignora a sua observação de que as latas de lixo não foram recolhidas. Finalmente, você diz: "Bem, o que você acha?" (Você percebe que essa é uma pergunta carregada, considerando o preço do vestido.).

"Sobre as latas de lixo?", ele diz, apenas um pouco confuso.

"O vestido, o vestido!", você exclama.

"É bonito", ele resmunga, agora realmente confuso.

Você sai da sala furiosa, gritando que ele é insensível e egoísta. Você acha que se ele a amasse saberia o que você queria dizer e o que desejava. Ele fica totalmente desconcertado.

O primeiro princípio da comunicação eficaz é saber o que você pretende com as afirmações que faz para os outros. (Embora eu deva confessar que, às vezes, eu mesma aja como se o meu marido pudesse ler a minha mente, isso realmente não ajuda a comunicação com ele ou com qualquer outra pessoa.)

Compatibilizar afirmações com intenções é uma arte e uma habilidade que exigem a aceitação de um certo nível de responsabilidade pela sua parte na conversa.

Voltemos à cena que você acabou de ler. Se a sua intenção é obter um *feedback* positivo relacionado à escolha de um vestido, ao fato de você merecê-lo, e de que ele lhe cai bem, você poderia dizer algo como: "Comprei esse vestido hoje para 'levantar o meu astral'. Estou querendo uma confirmação de que escolhi bem, que eu mereço me tratar bem, e que você acha que eu estou linda".

Agora, há pessoas que acham que se as respostas não vêm espontaneamente da outra pessoa, elas "não valem". Eu não disse que a outra pessoa (por exemplo, o marido, na cena acima) é obrigada a responder do jeito que você quer. Entretanto, arrisco-me a dizer que aquilo que você está pedindo ficará muito mais claro para a outra parte se a sua afirmação refletir a sua intenção. Ele (ou ela) ainda terá a opção de agir ou não de acordo com os seus desejos.

COMUNICAÇÃO COM PROFISSIONAIS DE SAÚDE

Colocando por escrito

O exercício a seguir pode ser útil para esclarecer as suas interações com profissionais de saúde que, com freqüência, podem deixá-lo confuso e frustrado, por causa da incompatibilidade entre afirmações e intenções. Ele também servirá de modelo para explorar outros conflitos potenciais de comunicação. Não continue a ler até fazer esse exercício.

1. Suponha que sua dor tenha piorado. Você vai ao médico. O que você diz? Anote uma afirmação para o seu médico. (É importante tornar essa interação *imaginária*, não uma que realmente tenha ocorrido entre você e o seu médico.)

_____

_____

_____

_____

2. Agora, escreva o que você deseja que o médico responda.

_____

_____

_____

_____

Em muitas de nossas interações com os outros, desejamos receber o seguinte:

- Informação
- Análise
- Conselhos
- Compreensão
- Reafirmação

Se você completou o exercício acima, será capaz de ver aquilo que desejava examinando a declaração feita pelo médico. O que você estava pedindo? Informação, conselho, análise, reafirmação, compreensão ou uma combinação deles?

Se você é como a maioria das pessoas, sua afirmação imaginária para o médico foi mais ou menos assim: "Minha dor está pior – está doendo mais do que nunca". Fim da frase! Se a "resposta imaginária" do médico indicou que aquilo que você desejava (isto é, a sua intenção) era receber algum conselho, análise e reafirmação, então você vai ficar decepcionado, na vida real, se o médico lhe disser: "Não é nada. Tome duas aspirinas e telefone-me pela manhã".

Tente reescrever sua primeira afirmação para o médico. Contudo, desta vez, inclua solicitações claras por conselho, análise, informação, compreensão e/ou reafirmação. Eis um exemplo: "Minha dor está pior. Gostaria que você me examinasse e fizesse os testes adequados para ver se é apenas uma crise ou se é alguma coisa nova. Será que eu deveria mudar alguma coisa no tratamento? Estou assustado, portanto, gostaria que você fizesse isso para me tranqüilizar".

_____

_____

_____

_____

Muitas pessoas descobrem que é fácil pedir conselhos, análise ou informação, quando comparado a pedir compreensão ou reafirmação. Algumas vezes isso acontece porque elas esperam que as últimas sejam automáticas: "Se você se importasse comigo, saberia o que eu desejo". Também é possível que isso tenha algo a ver com o sentimento de que elas não merecem esse tipo de atenção ou respeito.

Este exercício também pode revelar o desejo "secreto" de uma cura ou milagre. Se você está procurando milagres, encare esse fato e peça diretamente. Então, você e o médico poderão, pelo menos, discutir os tratamentos mais recentes ou a ausência deles.

Se Deborah Tannen, autora de _You just don't understand_ (ver Leitura Adicional), está certa quando afirma que dar conselhos é uma resposta de comunicação comum aos homens, então isso talvez explique por que muitas pacientes do sexo feminino queixam-se de não receber declarações de reafirmação ou compreensão da classe médica, predominantemente masculina. Na verdade, as mulheres talvez nem pensem em pedir tais declarações. Muitos médicos simplesmente não consideram importantes as declarações de reafirmação e compreensão na comunicação comum; outros acham que, quando dão conselhos ou compartilham informações, estão demonstrando sua compreensão ou sua reafirmação.

Obviamente, se você não precisa de reafirmação, compreensão, ou qualquer outro item da lista acima, então você não precisa pedir. Você está buscando o esclarecimento da sua agenda única. Se as suas intenções forem expressas de modo indireto ou confuso, você não obterá o que deseja e irá sentir-se incompreendido, usado e ofendido. Naturalmente, apenas o fato de tornar claro aquilo que você deseja não garante que irá obtê-lo. Mas, assim que você começar a praticar a comunicação mais clara, acredito que ficará agradavelmente surpreso com os resultados.

Eis algumas sugestões para melhorar suas interações com os profissionais da saúde. Antes da sua próxima consulta, faça o seguinte:

1. Anote as suas perguntas, relacionando primeiramente as mais importantes.
2. Prepare-se para descrever o sintoma ou o problema que o levou ao médico. Faça uma descrição simples e breve.
3. Faça a si mesmo essas perguntas sobre os seus sintomas ou problema:
   Onde ele está localizado?
   Quando começou? Quando ocorre?
   Descreva a sensação (sintoma): é cortante, ardente, contínua etc.?
   O que a faz melhorar?
   O que a faz piorar?
   O que você fez a esse respeito?
   Anote as suas respostas. Muitos diagnósticos são feitos a partir dos padrões e interações de sintomas, portanto, essa é uma informação importante. Talvez você considere útil levar um mapa dos seus níveis de dor.
4. Saiba quais medicamentos você está tomando e a dosagem de cada um. Anote-os.
5. Se você acha que há determinada questão que precisa ser discutida em detalhes e que exige uma consulta de mais do que 15 minutos, informe isso quando telefonar para o médico. A recepcionista também não lê pensamentos.
6. Esclareça suas expectativas. Durante a consulta você está procurando um milagre, um diagnóstico, um plano de tratamento ou um prognóstico?

A folha de *feedback* apresentada no final do livro também pode ajudá-lo a comunicar-se de maneira clara e explícita com os profissionais de saúde.

ASSERTIVIDADE

"Assertividade" é uma maneira de expressar o que você sente, ao mesmo tempo em que respeita os direitos dos outros: "Eu sou importante, você é importante". Há três obstáculos comuns que nos impedem de ser assertivos:

1. Você acha que não tem o direito de expressar aquilo que sente, deseja ou precisa.
2. Você confunde assertividade com passividade ("Você é importante, eu não") ou com agressão ("Eu sou importante, você não").
3. Você não sabe por que sente dessa maneira, por que nunca pensou a respeito ou por que está se comunicando num estilo baseado em suposições ou atitudes tradicionais do passado.

OBSTÁCULO 1: ACHANDO QUE NÃO TEM O DIREITO DE SE EXPRESSAR

Assim como no início da vida aprendemos crenças irracionais e distorções cognitivas, também aprendemos determinadas "regras" de comunicação:

"Não é adequado falar, a não ser que falem com você."
"As crianças devem ser vistas, não ouvidas."

"Você é obrigado a responder a todas as perguntas. Se lhe fizerem uma pergunta, você deve dar uma resposta."

"Você deve sempre concordar com os outros. Não é correto dizer não."

A partir dessas sutis "regras de ouro" você aprende a reprimir sua opinião. Novamente, de acordo com Deborah Tannen (ver Leitura Adicional), se você é do sexo feminino, aprendeu isso de maneira particularmente meticulosa: mulheres e homens recebem diferentes mensagens sobre comunicação, e uma delas é que as mulheres não devem expressar suas opiniões.

Muitas de vocês talvez ainda sintam-se desconfortáveis expressando aquilo que sentem, desejam ou precisam. Talvez seja útil considerar a assertividade como uma via de mão dupla. Você tem o direito de expressar suas opiniões a respeito daquilo que sente e deseja, ou daquilo que acha que precisa, mas existem responsabilidades que acompanham esses direitos, as quais incluem a sua consciência dos direitos, desejos e necessidades dos outros. Melodie Chenevert, uma enfermeira, escreve sobre a necessidade dos direitos e responsabilidades em seu livro *Special techniques in assertiveness training:* STAT:

Direitos – Responsabilidades

Direitos	Responsabilidades
Falar	Escutar
Receber	Dar
Ter problemas	Encontrar soluções
Ser confortado	Confortar os outros
Trabalhar	Fazer o melhor
Cometer erros	Corrigir os seus erros
Rir	Fazer os outros felizes
Ter amigos	Ser amigo
Criticar	Elogiar
Ter os seus esforços recompensados	Recompensar os esforços dos outros
Ser independente	Ser confiável
Chorar	Enxugar as lágrimas
Ser amado	Amar os outros

De Melodie Chenevert, *Special techniques in assertiveness training:* STAT. St. Louis: C. V., Mosby, 1988, p. 64. Copyright 1988 de C. V. Mosby. Reimpresso com permissão.

Acrescente outros direitos e responsabilidades aos relacionados aqui. A pessoa assertiva sabe que abusar dos direitos ou responsabilidades é autodestrutivo.

OBSTÁCULO 2: CONFUNDIR ASSERTIVIDADE COM PASSIVIDADE OU AGRESSÃO

Vamos considerar os três estilos básicos de comportamento interpessoal – passivo, agressivo e assertivo – sob a perspectiva de nossa discussão anterior. Quais são as intenções das afirmações passivas, agressivas e assertivas?

Afirmação	Intenção
Passiva	
"Tudo bem, o que quer que você diga, eu não me importo."	Para manter a paz, eu não crio problemas; eu faço concessões mesmo quan-não é necessário.
"Faça o que você quiser (suspiro)."	Você é importante, eu não.
Agressiva	
"Você é um idiota! É tudo sua culpa!"	Para vencer, eu castigo, culpo ou revido sempre que achar necessário.
"Não me importo com o que você diz." "Não me diga o que fazer."	Eu sou importante, você não.
Assertiva	
"Fico triste quando você não pergunta o que eu gostaria de fazer, porque me faz pensar que você não se importa comigo nem com aquilo que eu gostaria. Quero que você me pergunte o que eu gostaria de fazer. Prometo que vou sugerir algumas idéias e não vou considerá-lo responsável se isso não acontecer."	Eu expresso os meus sentimentos, defino o seu comportamento que provoca esses sentimentos e mostro a razão de me sentir assim. Acrescentando "eu quero" e "Eu vou" amplia a afirmação assertiva, esclarecendo uma ação descrita de comportamento e identificando a minha responsabilidade nessa interação. Eu sou importante, você é importante.

A vantagem de falar assertivamente é que isso lhe dá a oportunidade de expressar o seu ponto de vista. Entretanto, esse estilo também exige uma certa honestidade e uma compreensão clara sobre aquilo que você realmente deseja. Conseqüentemente, o terceiro obstáculo à assertividade.

OBSTÁCULO 3: NÃO SABER POR QUE VOCÊ SENTE DESSA MANEIRA

O que você deseja? Por que deseja isso?
A "fórmula" para a comunicação assertiva é a seguinte:

"Eu sinto _____ quando você _____, porque _____."

Essa fórmula exige que *os três* elementos sejam incluídos. Muitas pessoas ficam embaraçadas depois do "Eu sinto"; completar o resto da frase significa entrar em contato consigo mesmas e explorar seus sentimentos internos. Vamos examinar por que é importante fazê-lo.

Durante quase dois anos, Paul sofrera de uma dolorosa neuropatia diabética, envolvendo as mãos e as extremidades inferiores e tornara-se incapaz de realizar seu trabalho como encanador. Sem poder trabalhar havia seis meses, estava entediado e irritado.

Um dia, seu filho mais velho voltou da escola e comentou que estava frio dentro de casa. Paul ficou furioso e disparou para a garagem, onde geralmente se refugiava quando estava aborrecido. Ele disse para si mesmo: "Eu não acho que esteja frio, a criança está enganada". Entretanto, depois de refletir um pouco, ele começou a fazer afirmações como: "É responsabilidade do pai proporcionar calor, alimento e proteção para sua família. Se eu não posso cuidar da minha família, então sou um inútil".

Até esse momento, Paul não percebera como ele estava infeliz por não estar trabalhando. Ele voltou para casa e, após o jantar, discutiu os seus sentimentos com a família. Seu filho mais velho disse que o piloto do aquecedor a gás apagara e que ele o acendera novamente. Todos riram quando Paul contou como ficara zangado quando o filho comentara sobre o calor e como considerara isso um sinal de que não podia nem mesmo cuidar das necessidades básicas da sua família, como o aquecimento.

Quando Paul conseguiu expressar suas preocupações de maneira assertiva, foi capaz de receber a reafirmação da família, de que eles compreendiam e não o consideravam menos provedor ou pai por não estar trabalhando fora de casa.

Theresa, outra paciente, expressou frustração a respeito do projeto de reforma do seu banheiro. Ela ficou extremamente irritada com o marido quando ele lhe mostrou um conjunto de torneiras que achou que poderiam ficar bem no banheiro. Ela ficou furiosa e respondeu que seria difícil limpar as torneiras e que ela é quem as limparia.

Quando pedimos a Theresa para transformar sua resposta numa afirmação assertiva para o marido, ela disse: "Fico aborrecida quando você me mostra torneiras extravagantes para colocar no banheiro, porque durante os últimos 25 anos você jamais levou em consideração aquilo que eu faço. Você sempre contou comigo". Ela estava cheia de sentimentos resultantes de 25 anos de frustrações conjugais. Uma coisa importante para ter em mente a respeito das mensagens assertivas é que elas não podem ser usadas para corrigir todos os danos passados e mágoas não expressadas. Theresa pôde ver isso e percebeu que a sua responsabilidade era decidir o que realmente desejava comunicar. Também percebeu que ela e o marido precisavam conversar mais um com o outro.

Então, a afirmação de Theresa ficou assim: "Eu fico chocada quando você pede minha aprovação para torneiras extravagantes, porque, embora sejam muito bonitas, seria difícil limpá-las. Quando você me apresenta algo que parece ser uma escolha impensada, fico imaginando se alguma vez você já pensou em tudo o que faço em casa quando você está trabalhando". Na verdade, como ela descobriu, o marido jamais pensara dessa maneira. Ele foi capaz de compreender por que ela não ficou extasiada com as torneiras que ele escolhera e Theresa foi capaz de sentir orgulho por ter defendido seu ponto de vista.

As afirmações "Eu quero" irão ajudá-lo a controlar a ação que você considera desejável. Para as situações em que há necessidade de compromisso ou esclarecimento, as afirmações "Eu quero" podem facilitar a aceitação da ação solicitada. Por exemplo, Theresa poderia ter dito ao marido: "Se você me trouxer um catálogo de torneiras, farei um esforço para escolher uma que seja adequada às minhas necessidades".

É importante diferenciar entre uma afirmação agressiva e prejudicial, e aquela que é usada para esclarecer os seus sentimentos ou intenções. Por exemplo, a afirmação "Eu acho que você é um idiota" não é assertiva, embora comece com "Eu acho". Embora as afirmações agressivas possam fluir mais facilmente do que as assertivas, raramente elas conseguem alguma coisa, a não ser vingança ("Eu mostrei a eles") que, geralmente, é efêmera. Elas dificultam ainda mais as possibilidades de comunicação ou as eliminam totalmente.

As afirmações passivas, tais como: "É você quem sabe" ou "Eu não me importo", podem ser adequadas quando utilizadas consciente e criteriosamente. Se elas simplesmente reforçarem a tortura ou o auto-abuso, então elas também envenenarão as tentativas de comunicação e de relacionamentos.

As principais dificuldades para começar uma comunicação assertiva são 1) tornar-se consciente dos motivos que o fazem sentir-se assim; e 2) assumir a responsabilidade por aquilo que sente, em vez de culpar os outros ou desejar que as coisas fossem diferentes. Uma das razões de o Capítulo 6 ter-lhe dado oportunidade de identificar pensamentos automáticos negativos foi ajudá-lo a superar essas dificuldades. Embora no início possa parecer desconfortável ou embaraçoso afirmar diretamente como você sente, isso permite o surgimento de um verdadeiro diálogo (comunicação nos dois sentidos). Completando o Questionário de Asser-tividade, apresentado no final deste capítulo, você poderá identificar as situações em que a assertividade pode ser mais embaraçosa.

ESCUTAR ATIVO

O escutar ativo é uma técnica que, quando praticada com percepção consciente, pode suavizar (ou pelo menos esclarecer as questões envolvidas em) muitas trocas emocionais. É um primeiro passo na resolução e prevenção de conflitos. Para escutar ativamente é preciso ouvir – *não* julgar, repetir, questionar, apoiar, racionalizar ou contestar – o que alguém está dizendo.

Por exemplo, suponha que seu marido diga: "Estou cansado de ver a casa sempre desarrumada". Essa é uma afirmação compreensivelmente carregada, porque talvez você já esteja sentindo-se desconfortável com sua incapacidade de manter as coisas arrumadas devido ao seu problema de dor. Eis algumas possíveis respostas:

- *Julgando:* "Você não devia sentir-se assim."
- *Repetindo:* "Quer dizer que você acha que a casa está sempre desarrumada."
- *Questionando:* "Verdade? Você tem alguma idéia brilhante sobre como mantê-la arrumada?"
- *Apoiando:* "As coisas vão melhorar. Tentarei com mais empenho."
- *Racionalizando:* "Você teve um dia difícil no trabalho. Sente-se e acalme-se."
- *Contestando:* "Faço o melhor que posso, mas você nunca está satisfeito."

Algumas dessas afirmações soam mais razoáveis do que outras, mas cada uma delas encerra a discussão prematuramente – seja tirando conclusões precipitadas, recusando mais informações ou impedindo uma conversa.

Uma frase que talvez seja útil nesses casos vem do trabalho do psicólogo Carl Rogers:

"Você parece _____ com _____."

Vamos preencher os espaços em branco para explorar melhor a cena. "Você parece *aborrecido* com *a desordem da casa*. As possíveis respostas do seu marido incluem as seguintes:

"Oh! Não é apenas a desordem aqui, é a desordem no trabalho. Sinto-me tão sobrecarregado porque não consigo fazer as coisas. Tenho dois projetos para entregar."
"É melhor você acreditar, pois estou aborrecido. Trabalho duro o dia inteiro e não gosto de voltar para uma casa desarrumada."

Com o escutar ativo, você ganha tempo e percebe melhor o que a outra pessoa está sentindo. Então, você pode escolher entre gastar energia ou esforço para responder, ou decidir não se envolver, naquele momento, na aflição da outra pessoa.

Depois que a pessoa tiver respondido e você tiver decidido responder, pode ser muito recompensador aprender a desviar-se de respostas que sejam potenciais fontes de conflito. Reconhecer como a outra pessoa sente permite que ambas as partes respeitem as suas diferenças; esclarecer a verdadeira fonte de aflição facilita a conversa e a solução do problema num campo neutro. Por exemplo, uma possível réplica para a segunda resposta do marido mencionada acima ("É melhor você acreditar, pois estou aborrecido...") poderia ser a seguinte: "Sinto muito que você esteja aborrecido. Eu queria verificar se era eu, a casa desarrumada ou alguma outra coisa que o estava aborrecendo". A partir daí, a conversa poderia progredir para a solução do problema – isto é, como lidar com o fato de a casa estar desarrumada e de que talvez seja difícil mantê-la limpa.

Portanto, o escutar ativo serve para dispersar energias emocionais que, rapidamente, poderiam levar a um confronto. Ele também permite que você seja reflexivo, compreensivo, objetivo e imparcial. Ao identificar o sentimento que você está percebendo, você está encorajando a outra pessoa a expressar-se. E, esclarecendo para quem ou para o que esses sentimentos estão sendo dirigidos, você está favorecendo a solução do problema e reforçando uma expressão mais saudável de emoções. Como qualquer novo comportamento, o escutar ativo requer prática – mas o esforço vale a pena.

OUTRAS SUGESTÕES PARA A PRÁTICA DA COMUNICAÇÃO

Talvez as pessoas tenham dificuldade em mudar seus estilos de comunicação porque pensam pouco sobre eles após terem aprendido a falar. Entretanto, algumas sugestões podem facilitar sua prática. No início, como ocorre na monitoração dos pensamentos automáticos, o processo parece longo e difícil. Contudo, depois de algum tempo, você descobre que está examinando seus pensamentos automáticos sempre que percebe sinais físicos ou emocionais negativos. Igualmente, quando você estiver experimentando um conflito interpessoal ou desconforto, é uma boa hora para parar e refletir sobre qual poderia ser o problema de comunicação ou onde ele poderia estar. Sua intenção foi claramente expressa? Você está sendo passivo ou agressivo, apenas por hábito? Você levou em consideração a origem da outra pessoa ou simplesmente presumiu que já sabia? É um conflito cultural ou baseado na diferença de sexos que envolve estilos e não questões de personalidade?

Para ilustrar o último desses pontos, eu estava certa vez num cruzeiro com um grupo de turistas espanhóis, ingleses e americanos. Paramos para almoçar numa pequena cidade grega, à beira-mar. Depois de esperar mais de uma hora na fila do *buffet*, o problema tornou-se óbvio. Ouvimos diversos grupos de ingleses e espanhóis discutindo com grande entusiasmo. Cada nacionalidade acusava a outra de "fazer fila" do lado "errado". Os ingleses afirmavam que "todo mundo sabe que a fila vem da esquerda", os espanhóis eram veementes em sua afirmação de que as filas começam do lado direito. (Os americanos, naturalmente, apenas empurravam-se bem no meio da fila.) O conflito, que rapidamente se tornou pessoal, estava baseado em fatores culturais que nenhum dos grupos estava disposto ou era capaz de reconhecer na ocasião. Provavelmente, importantes batalhas foram iniciadas devido a mal-entendidos de importância e significado ainda menores.

Não é fácil assumir a responsabilidade pelas nossas palavras e pensamentos. Tendemos a adotar, automaticamente, atitudes de longo prazo (aquelas que, recentemente, não foram conscientemente consideradas, se é que foram consideradas algum dia) a problemas de curto prazo. Por outro lado, como tendemos a ter uma visão curta, as nossas soluções focalizam-se em arranjos rápidos e gratificações imediatas. Poucos de nós podem dar-se ao luxo de entregar-se a essas maneiras de pensar. Como você verá por si mesmo, a prática de habilidades efetivas de comunicação, apresentada neste capítulo, realmente facilita o diálogo merecido e necessário com o mundo exterior.

RESUMO

- Há três importantes aspectos de comunicação: fazer as afirmações combinar com as intenções; assertividade; e escutar ativo.
- Fazer as afirmações combinarem com as intenções significa ser claro em sua afirmação original a respeito daquilo que você realmente quer dizer. É particularmente importante na comunicação com os profissionais da saúde, quando você deve deixar evidente se está solicitando informação, análise, conselho, compreensão e/ou reafirmação.
- Assertividade é uma maneira positiva e direta de expressar o que você sente, ao mesmo tempo respeitando o direito dos outros. Há três obstáculos comuns para tornar-se assertivo:
  - Achar que não tem o direito de expressar-se
  - Confundir assertividade com passividade ou agressão
  - Não saber por que você sente dessa maneira
- O escutar ativo é uma técnica consciente: ela exige que você ouça o que alguém está dizendo sem pressupor que já sabe o que a pessoa está tentando dizer.

TAREFAS EXPLORATÓRIAS

1. Complete o Questionário de Assertividade apresentado no final deste capítulo. O que você aprendeu?

   _____

   _____

   _____

   Como você poderia lidar de modo mais eficaz em situações nas quais a assertividade é problemática para você?

   _____

   _____

   _____

   _____

2. Escreva uma afirmação que você gostaria de fazer para alguém envolvido numa de suas situações de comunicação "difícil":

   _____

   _____

   _____

   Agora, escreva o que você deseja que a outra pessoa responda:

   _____

   _____

   _____

   _____

   Verifique se a sua afirmação reflete aquilo que você mostrou desejar na afirmação da outra pessoa. Continue a praticar este exercício.

3. Identifique uma comunicação assertiva: Durante a semana, torne-se consciente de qualquer conversa difícil – situações nas quais você tenha falado assertivamente ou não, mas deveria ter falado. Anote os elementos principais do diálogo numa conversa.

Eu disse:_____

_____

_____

A outra pessoa disse:_____

_____

_____

Eu disse:_____

_____

Ele/ela disse: _____

_____

_____

Eu disse:_____

_____

_____

Depois de registrar a conversa, analise-a de acordo com as orientações sobre comunicação assertiva discutidas neste capítulo. Você utilizou frases do tipo "Eu" ("Eu sinto," "Eu quero" etc.?). Você descreveu o comportamento específico que o estava incomodando? Você expressou sua opinião, seus pontos de vista, e respeitou os da outra pessoa? Finalmente, observe o que aconteceu após a conversa. Se você foi assertivo, qual o estresse que você acha ter evitado? Se você não foi assertivo, qual estresse você criou para si mesmo?

4. Continue acompanhando os seus pensamentos automáticos negativos e, outras respostas negativas, usando a folha de trabalho apresentada no final do livro. Agora, pense na pergunta: Como posso reestruturar os pensamentos que refletem a realidade da situação, usando afirmações como "Eu posso" e "Eu preciso"? Preste mais atenção às situações que envolvem conflito na comunicação com os outros. Qual a fonte do conflito, na sua maneira de percebê-lo? Há suposições ou expectativas não expressas envolvidas? Você tem um "quadro completo" dos fatos ou precisa de mais informações?

5. Pratique a resposta de quem escuta "Você parece _____ com _____ nas afirmações seguintes e, então, use uma resposta assertiva ("Eu sinto _____ quando você _____ porque _____") para praticar a afirmação da sua intenção. Use também as afirmações "Eu quero" e "Eu farei".

A. "Você já devia estar melhor agora! Não há nada de errado nos raios X ou nos exames de sangue e, mesmo assim, você ainda sente dor. Não tenho mais nada a lhe oferecer!"

Resposta de quem escuta:_____

_____

_____

Resposta assertiva: _____

_____

_____

B. "Sempre que eu lhe peço para fazer alguma coisa, você vem com essa história confusa sobre não saber se será capaz."

Resposta de quem escuta:_____

_____

_____

Resposta assertiva: _____

_____

_____

C. "O que é isso; férias defitinivas? Quando você vai voltar a trabalhar? Ou será que você não vai abandonar essa moleza?"

Resposta de quem escuta:_____

_____

_____

Resposta assertiva: _____

_____

_____

6. Escreva um objetivo que você deseja alcançar relacionado ao assunto deste capítulo. Como sempre, certifique-se de que seu objetivo seja uma tarefa comportamental que você possa avaliar em termos de providências que poderá tomar, para realizá-lo. Eis um exemplo:

Objetivo: *Praticar a comunicação clara com meu médico na próxima consulta.*
Passos para alcançar esse objetivo:

A. *Esclarecer as minhas expectativas relacionadas à consulta, escrevendo uma afirmação para o médico. Ter certeza de que ela reflete as minhas intenções.*

B. *Registrar a minha dor num gráfico para revelar o padrão das últimas quatro semanas.*

C. *Levar comigo a minha lista de medicamentos.*

D. *Anotar as minhas perguntas antes de ir colocando em primeiro lugar as mais importantes.*

Agora é a sua vez.

Objetivo: _____
Passos para alcançar esse objetivo:

A. _____
B. _____
C. _____
D. _____

Além disso, relacione planos contingentes. Isto é, identifique os obstáculos que poderiam impedi-lo de realizar esse objetivo. Que soluções você pode planejar para garantir o sucesso desse objetivo?

Obstáculos	**Soluções**
A. _____	_____
B. _____	_____
C. _____	_____
D. _____	_____

7. Agora é um bom momento para começar a explorar a Técnica 7 da RR (ver Capítulo 3), se você ainda não a experimentou. Depois de trabalhar com a imagem da dor, você pode colocar outros problemas atrás da parede de plástico transparente e examiná-los. Esse distanciamento de um problema pode ajudá-lo a desenvolver uma visão objetiva da questão e talvez tornar-se mais eficaz na solução de problemas.

LEITURA ADICIONAL

Os livros a seguir oferecem informações adicionais sobre habilidades de comunicação:

1. FISHER, Roger e URY, William. *Getting to yes: negotiating agreement without giving in.* Boston, Houghton Mifflin, 1981.
2. TANNEN, Deborah. *You just don't understand: women and men in conversation.* Nova York, William Morrow, 1990.
3. _____. *That's not what I Meant!: how conversational style makes or breaks relationships.* Nova York, Ballantine Books, 1986.
4. STEINMETZ, Jenny; BLANKENSHIP, Jon; BROWN, Linda; HALL, Deborah e MILLER, Grace. *Managing stress before it manages you.* Palo Alto, CA: Bull, 1980.
5. DAVIS, Martha; ESHELMAN, Elizabeth Robbins e McKAY, Matthew. *Manual de relaxamento e redução do stress.* São Paulo, Summus, 1996.
6. BURNS, David. *The feeling good handbook.* Nova York, Penguin Books, 1989.
7. ROGERS, Carl. *Client-Centered Therapy.* Boston, Houghton Mifflin, 1951.

QUESTIONÁRIO DE ASSERTIVIDADE

Para aperfeiçoar ainda mais a avaliação das situações nas quais você precisa ser mais assertivo, complete o questionário abaixo. Assinale na coluna A os itens que se aplicam a você, e então classifique-os na coluna B como:

1. Confortável
2. Discretamente desconfortável
3. Moderadamente desconfortável
4. Muito desconfortável
5. Insuportavelmente ameaçador

(Observe que os diversos graus de desconforto podem ser expressos quer as suas reações inadequadas sejam hostis ou passivas.)

A Assinale aqui se o item aplica-se a você	B Classifique o desconforto de 1 a 5	*Quando* você se comporta de maneira não assertiva?
_____	_____	Pedindo ajuda.
_____	_____	Expressando uma diferença de opinião.
_____	_____	Recebendo e expressando sentimentos negativos.
_____	_____	Recebendo e expressando sentimentos positivos.
_____	_____	Lidando com alguém que se recusa a colaborar.
_____	_____	Falando sobre alguma coisa que o aborrece.

(*continua*)

Questionário de Assertividade *(continuação)*

A Assinale aqui se o item aplica-se a você	B Classifique o desconforto de 1 a 5	*Quando* você se comporta de maneira não assertiva?
_____	_____	Falando quando todos estão olhando para você.
_____	_____	Protestando quando tentam enganá-lo dizendo "Não".
_____	_____	Respondendo a uma crítica injusta.
_____	_____	Pedindo algo a figuras de autoridade.
_____	_____	Negociando alguma coisa que você deseja.
_____	_____	Precisando encarregar-se de alguma coisa.
_____	_____	Pedindo colaboração.
_____	_____	Propondo uma idéia.
_____	_____	Assumindo alguma coisa.
_____	_____	Fazendo perguntas.
_____	_____	Lidando com tentativas para fazê-lo sentir-se culpado.
_____	_____	Pedindo prestação de serviços.
_____	_____	Solicitando um encontro ou entrevista.
_____	_____	Pedindo favores.
_____	_____	Outro.

A Assinale aqui se o item aplica-se a você	B Classifique o desconforto de 1 a 5	*Quem* são as pessoas com as quais você não é assertivo?
_____	_____	Pais.
_____	_____	Colegas ou companheiros.
_____	_____	Estranhos.
_____	_____	Velhos amigos.
_____	_____	Esposa ou companheiro.
_____	_____	Patrão.
_____	_____	Parentes.
_____	_____	Filhos.
_____	_____	Conhecidos.
_____	_____	Vendedores, balconistas, empregados.
_____	_____	Mais do que duas ou três pessoas em grupo.
_____	_____	Outro.

A Assinale aqui se o item aplica-se a você	B Classifique o desconforto de 1 a 5	*O que* você quer e não pôde conseguir com estilos não-assertivos?
_____	_____	Aprovação para coisas que você fez bem-feitas.
_____	_____	Ajuda em determinadas tarefas.

(continua)

Questionário de Assertividade *(continuação)*

A Assinale aqui se o item aplica-se a você	B Classifique o desconforto de 1 a 5	*O que* você quer e não pôde conseguir com estilos não-assertivos?
_____	_____	Mais tempo de atenção com o seu parceiro.
_____	_____	Ser ouvido e compreendido.
_____	_____	Tornar mais satisfatórias situações aborrecedoras ou frustrantes.
_____	_____	Não precisar ser agradável todo o tempo.
_____	_____	Confiança para falar quando algo é importante para você.
_____	_____	Mais tranqüilidade com estranhos, vendedores, mecânicos, etc.
_____	_____	Confiança para buscar contato com pessoas atraentes.
_____	_____	Conseguir um novo emprego, solicitar entrevistas, aumentos...
_____	_____	Sentir-se confortável com pessoas que o supervisionam ou trabalham sob sua orientação.
_____	_____	Não sentir-se zangado e amargo a maior parte do tempo.
_____	_____	Superar um sentimento de impotência e a sensação de que realmente nada muda.
_____	_____	Iniciar experiências sexuais satisfatórias.
_____	_____	Fazer alguma coisa totalmente nova e diferente.
_____	_____	Ter tempo para si.
_____	_____	Fazer coisas divertidas ou que o deixam relaxado.
_____	_____	Outro.

AVALIANDO AS SUAS RESPOSTAS

Examine suas respostas e analise-as para obter uma imagem global das situações e pessoas que o ameaçam. De que maneira o comportamento não assertivo contribui para os itens específicos que você assinalou na lista: "O quê"? Ao criar seu programa de assertividade, inicialmente será útil concentrar-se nos itens que você classificou entre 2 e 3. Essas são as situações que você achará mais fácil mudar. Os itens que são muito desconfortáveis ou ameaçadores podem ser trabalhados posteriormente.

9

Resolução Eficaz de Problemas

Os problemas que existem no mundo não podem ser solucionados pelo nível de pensamento com que foram criados.

Albert Einstein

As pessoas geralmente ficam presas tentando solucionar problemas antes de estar preparadas para isso. Nos capítulos anteriores, você chegou muitas vezes a um ponto em que a solução do problema parecia ser o próximo passo lógico. Mas, primeiramente, você teve de ser capaz de acalmar sua tagarelice mental com as técnicas da RR; para esclarecer o que você pensa e sente; para compreender como as atitudes afetam sua habilidade de lidar com o estresse; e para identificar seu estilo de comunicação e melhorar suas habilidades de comunicação. Agora você está pronto para começar a resolver problemas.

ESTABELECENDO OBJETIVOS: UM EXAME CUIDADOSO

Pare um instante para anotar três objetivos que você gostaria de alcançar nos próximos seis meses. No final de cada capítulo nós lhe pedimos para estabelecer objetivos e, portanto, a tarefa provavelmente tornou-se menos difícil. Entretanto, se for necessário refrescar sua memória sobre o estabelecimento de objetivos, consulte o Capítulo 1.

1. Objetivo_____

2. Objetivo_____

3. Objetivo_____

Entretanto, como você já pode ter descoberto, realizar objetivos pode ser consideravelmente mais difícil do que estabelecê-los. Com freqüência, não conseguir realizar seus objetivos tem pouco ou nada a ver com os passos que você identifica para ajudá-lo ao longo do caminho. Por exemplo, vamos examinar um objetivo que foi determinado por Barbara, uma antiga paciente.

O GANCHO EMOCIONAL

Barbara afirmou que um de seus objetivos era voltar para a faculdade. Eu lhe perguntei por que ela não fizera isso antes. Após alguns comentários relacionados à sua dor e problemas financeiros, repentinamente ela parou. "Sabe, a verdade é que... estou apavorada com essa idéia." Pedi-lhe para escrever a respeito do problema – seu terror – no formato usado para examinar pensamentos automáticos ou o diálogo interno associado a emoções negativas:

Situação	Pensamento	Emoção	Distorção
Voltar à escola	"Eu nunca vou acompanhar."	Apavorada	Tirando conclusões precipitadas
	"Eu sou muito estúpida."	Ansiosa	Rotulando

O que Barbara estava vivenciando é chamado de "gancho emocional". Os ganchos emocionais são resultado das distorções cognitivas exploradas no Capítulo 6. Imagine aqueles grandes ganchos de *vaudeville* que arrancavam do palco os artistas ruins. Um gancho emocional consiste de uma conversa auto-sabotadora, provocada por distorções cognitivas e crenças irracionais que impedem a realização dos seus objetivos ou bloqueiam sua habilidade de solucionar problemas.

Enquanto Barbara continuasse com medo e ansiosa em relação a ser ou não capaz de realizar essa tarefa, seu gancho emocional continuaria afastando-a (como uma má performance) da solução eficaz do problema e da realização do seu objetivo (e o seu espetáculo não continuaria!). É preciso lidar com os ganchos emocionais antes de começar a verdadeira solução do problema. Felizmente, você já tem as ferramentas para lidar com os ganchos emocionais; elas são as mesmas que você utiliza para lidar com pensamentos automáticos negativos. Primeiramente, identifique seus sentimentos, os pensamentos automáticos e as distorções cognitivas/crenças irracionais que existem por trás deles. Então, reestruture seus pensamentos.

Barbara reestruturou seus pensamentos. De acordo com testes e avaliações objetivas, ela não era tão incompetente quanto temia; as dúvidas eram somente dela. Seu orientador acreditava que ela conseguiria sair-se bem. Ao criar desafios para o seu diálogo interno negativo, ela percebeu que a dor afetara sua auto-estima, e que ela precisaria levar isso em consideração quando começasse a fazer planos para voltar à faculdade.

IDENTIFICANDO O GANCHO EMOCIONAL E REFORMULANDO O PROBLEMA

> Aquilo que não trazemos para a consciência surge em nossa vida como destino.
>
> Carl Gustav Jung

Você pode identificar um gancho emocional que poderia estar impedindo a realização de um dos seus objetivos? Comece perguntando por que você ainda não alcançou seu objetivo, ou escolha um que você considere difícil de alcançar. (Em muitos casos, os objetivos percebidos como difíceis alimentam ganchos emocionais). Ao considerar esse objetivo, você está consciente dos sentimentos de ansiedade, medo ou impotência? Depois de identificar a emoção que está sentindo, faça o mesmo que Barbara, identificando os pensamentos automáticos (o gancho) e as distorções cognitivas que os acompanham. Como você vai reestruturar seus pensamentos? Agora, qual é o "problema" que precisa ser resolvido? Em geral, é surpreendentemente fácil solucionar o problema real quando ele é separado do gancho emocional.

Eis um exercício para identificar um gancho emocional e reformular o problema:

Anote um dos seus objetivos (ver início do capítulo) que você acha que pode ser difícil.

Objetivo _____

Como você se sente quando você pensa sobre os motivos que o impediram de alcançar esse objetivo ou considera difícil alcançá-lo como você se sente? Que emoção você sente?

Emoção _____

Em que tipo de diálogo você se envolve quando pensa nessa emoção ou na dificuldade do objetivo?

Pensamentos automáticos (gancho emocional):_____

_____

A seguir, identifique a fonte do diálogo interno no que se refere às distorções cognitivas ou crenças irracionais, como: "Eu preciso fazer tudo perfeitamente e o meu trabalho precisa agradar a todos, do contrário, sou inútil". (Observe que as atitudes problemáticas discutidas no Capítulo 7 também podem ser relevantes aqui.)

Distorção cognitiva:_____

_____

Agora, reestruture seus pensamentos automáticos para que eles reflitam a realidade da situação e determine o que você pode fazer ou o que você precisa. Se ficar preso e não conseguir sair do diálogo interno negativo, tente a Técnica da Flecha Vertical (ver Capítulo 6), ou tente escrever a respeito do seu dilema durante vinte minutos e veja o que surge.

Pensamentos automáticos reestruturados:_____

_____

O que isso lhe dá com relação ao problema a ser solucionado ou alcançado? Reformule o problema (isto é, o objetivo).

Problema/objetivo reformulado:_____

IDENTIFICANDO OS PASSOS NECESSÁRIOS PARA A REALIZAÇÃO DO OBJETIVO

Ao estabelecer seu objetivo, particularmente se ele for ambicioso, é importante identificar os vários pequenos passos necessários para alcançar o objetivo maior. Isso pode ser alcançado relacionando-se todos os passos envolvidos ou agrupando passos em objetivos menores. Isso o ajudará a garantir a realização bem-sucedida do objetivo maior.

Por exemplo, quando Barbara reformulou seu problema/objetivo, ele mostrou ser o de conseguir voltar para a faculdade. Ela decidiu dar os seguintes passos. Conversaria com o seu orientador a respeito de começar fazendo metade das matérias do curso e ver como ela se saía antes de continuar. Ela também conversaria antecipadamente com os seus professores, para que eles soubessem que ela precisava sentar-se no fundo da sala, o que lhe permitiria ficar em pé a cada vinte minutos (um período que ela calculou a partir do exercício de estabelecimento de ritmos das atividades – ver Capítulo 4). Além disso, iria juntar-se a um grupo de estudo para obter apoio, estímulo e companheirismo, o que poderia ajudá-la quando se sentisse sobrecarregada. Finalmente, praticaria uma técnica da RR antes de estudar, para ajudar a diminuir a tensão e clarear sua mente para que pudesse se concentrar melhor nos estudos. Agora, Barbara poderia seguir na direção da realização do seu objetivo.

Observe que os passos necessários para o sucesso do objetivo de Barbara, o de retornar à faculdade, poderiam ser ainda mais especificados e subdivididos. Por exemplo, uma lista *completa* de passos necessários começaria com uma solicitação de admissão na faculdade, o preenchimento do formulário, o envio do formulário pelo correio, o pedido de referências, e assim por diante. Cada um dos passos relacionados no parágrafo anterior poderiam ser divididos da mesma maneira. Quanto mais completo o esclarecimento dos passos, maior a probabilidade de alcançar o objetivo.

Os planos contingentes também são úteis. Primeiramente descritos em "Tarefas Exploratórias" do Capítulo 3, esses planos ajudam a garantir que você não poderá se "perder". Barbara fez alguns planos contingentes para ter certeza de que alcançaria o objetivo de ter sucesso na faculdade. Por exemplo, ela se organizou para passar pela enfermaria à tarde, caso a dor piorasse, para poder evocar a RR numa sala privada. Ela também pediu a um amigo para gravar qualquer aula à qual ela não pudesse comparecer se a dor piorasse.

Considere seu problema/objetivo reformulado e divida-o em passos que você precisará dar para alcançá-lo. Seja tão específico quanto possível, dividindo os passos em passos menores sempre que necessário.

1. _____
   A. _____
   B. _____
   C. _____

2. _____
   A. _____
   B. _____
   C. _____

3. _____
   A. _____
   B. _____
   C. _____

4. _____
   A. _____
   B. _____
   C. _____

Agora, relacione planos contingentes. Como nas "Tarefas Exploratórias" dos capítulos anteriores, lembre-se de defini-los de acordo com os possíveis obstáculos e suas soluções.

Obstáculos	**Soluções**
_____	_____
_____	_____
_____	_____

AVALIANDO AS SUAS CAPACIDADES DE ENFRENTAMENTO E APLICANDO-AS AOS PROBLEMAS

Se você começou a ler o livro desde o início e executou todos os exercícios, agora já acumulou um número considerável de habilidades de enfrentamento. Para ajudá-lo a lembrar-se do que você aprendeu, pode ser útil classificar as habilidades da seguinte maneira:

- Enfrentamentos focalizados no corpo
- Enfrentamentos focalizados na emoção
- Enfrentamentos focalizados no problema

Esses termos foram utilizados pela primeira vez por Richard Lazarus e colegas (ver Leitura Adicional) para descrever os diversos propósitos atendidos por essas estratégias. Aqui, os termos são usados para classificar as habilidades de enfrentamento que você aprendeu.

As habilidades focalizadas no corpo incluem exercícios aeróbicos, rotular sensações, estabelecimento de ritmos para suas atividades, técnicas da RR, e assim por diante. As habilidades focalizadas na emoção incluem as técnicas da RR, tais como: identificar pensamentos automáticos negativos e reestruturá-los, assertividade etc. As habilidades focalizadas no problema incluem estabelecer objetivos, buscar atividades agradáveis, identificar recursos para obter mais informações, desenvolver idéias com amigos e colegas, garantir apoio social, e outros.

Você observará que determinada habilidade pode se encaixar em mais de uma categoria, dependendo de como ela é utilizada e com que propósito. Por exemplo, uma técnica da RR pode ser usada para acalmar um corpo tenso (fisicamente focalizada) bem como um estado emocional tenso (focalizada na emoção).

Muitas vezes, quando as pessoas pedem ajuda aos amigos ou parentes para solucionar problemas, há um movimento imediato para soluções focalizadas no problema: "Você já tentou isso ou aquilo?" , "Minha tia teve esse problema e fez isso". Como você verificou, voltar-se muito cedo ou muito rapidamente para a habilidade focalizada no problema pode frustrar sua solução eficaz, caso haja um gancho emocional que exija habilidades focalizadas na emoção. Igualmente, as pessoas que utilizaram habilidades focalizadas no corpo (por exemplo, exercícios vigorosos), excluindo todas as outras habilidades para lidar com o seu estresse, acabam ficando muito deprimidas quando a atividade física está limitada pela dor crônica. Para lidar com os problemas da vida em geral, e da vida com dor crônica, em particular, é absolutamente essencial possuir diversas habilidades e saber quando usá-las para solucionar problemas.

Como em qualquer programa que oferece uma variedade de habilidades, você provavelmente percebeu sua preferência por algumas delas. Você também achou algumas habilidades mais difíceis de aprender do que outras. Mas continue praticando todas.

Reserve algum tempo para rever o livro e verificar se pode identificar todas as habilidades que aprendeu. Você pode organizá-las nas três categorias abaixo? Coloque um asterisco (*) ao lado daquelas com as quais você ainda precisa trabalhar. O que você fará para aumentar sua competência nessas habilidades?

Habilidades focalizadas no corpo: _____

_____

_____

Habilidades focalizadas na emoção: _____

_____

_____

Habilidades focalizadas no problema: _____

_____

_____

_____

Agora, volte ao seu problema/objetivo reformulado e aos passos detalhados que você relacionou para alcançar esse objetivo (ver exercícios anteriores). Você pode classificar esses passos segundo as três categorias de habilidades?

Habilidades focalizadas no corpo: _____

_____

_____

_____

Habilidades focalizadas na emoção: _____

_____

_____

_____

Habilidades focalizadas no problema: _____

_____

_____

_____

O poema a seguir (do livro *The healing power of humor,* pp. 74-5, de Allen Klein; ver Anexo C: Bibliografia) resume o processo de autodescoberta – o mesmo processo que você começou ao ler este livro.

Uma Autobiografia
em Cinco Capítulos

Capítulo 1
    Caminho pela rua.
    Há um buraco profundo na calçada.
    Caio nele.
    Estou perdido... Estou impotente.
    Não é minha culpa.
    Levo uma eternidade para encontrar uma saída.

Capítulo 2
    Caminho pela mesma rua.
    Há um buraco profundo na calçada.
    Finjo que não o vejo.
    Caio nele outra vez.
    Não posso acreditar que estou no mesmo lugar.
    Mas não é minha culpa.
    Ainda é preciso muito tempo para sair.

Capítulo 3
    Caminho pela mesma rua.
    Há um buraco profundo na calçada.
    Eu vejo que ele está lá.
    Caio nele... é um hábito... mas meus olhos estão abertos.
    Sei onde estou.
    É minha culpa.
    Saio imediatamente.

Capítulo 4
   Caminho pela mesma rua.
   Há um buraco profundo na calçada.
   Dou a volta.

Capítulo 5
   Caminho por uma rua diferente.

Anônimo

RESUMO

- Se você está achando difícil alcançar um objetivo, faça o seguinte:
  - Verifique se há um gancho emocional (pensamentos automáticos negativos ou conversa auto-sabotadora).
  - Identifique o gancho emocional e as distorções cognitivas que o acompanham.
  - Reestruture os pensamentos automáticos.
  - Agora, reformule o problema (o objetivo).
- Identifique os passos que você precisa dar para solucionar um problema ou alcançar um objetivo; quanto mais completamente eles forem divididos e esclarecidos, maior a probabilidade de alcançar o objetivo. Os planos contingentes também asseguram o sucesso.
- Avalie e classifique as habilidades que você aprendeu nesse programa, da seguinte maneira:
  - Habilidades focalizadas no corpo
  - Habilidades focalizadas na emoção
  - Habilidades focalizadas no problema
- É essencial possuir uma série de habilidades e saber quando usá-las para solucionar problemas.

TAREFAS EXPLORATÓRIAS

1. Dos três objetivos que você escreveu no início deste capítulo, você analisou um deles nos exercícios incluídos no texto. Agora, analise os outros dois objetivos da mesma maneira.

Objetivo: _____

Emoção: _____

Pensamentos automáticos (gancho emocional): _____

_____

Distorção cognitiva: _____

_____

Pensamentos automáticos reestruturados: _____

_____

Outras habilidades que você poderia usar para lidar com o gancho emocional (por exemplo: assertividade, técnicas da RR). (Observe que isso não fazia parte da análise original no texto, mas responda em função daquilo que você aprendeu a respeito dos diferentes tipos de habilidades.)

_____

_____

_____

Problema/objetivo reformulado: _____

Passos para solucionar o problema ou alcançar um objetivo (seja o mais específico possível):

1. _____
    A. _____
    B. _____
    C. _____

2. _____
    A._____
    B. _____
    C. _____

3. _____
    A. _____
    B. _____
    C. _____

4. _____
    A. _____
    B. _____
    C. _____

Objetivo: _____

Emoção: _____

Pensamentos automáticos (gancho emocional): _____
_____

Distorção cognitiva: _____
_____

Pensamentos automáticos reestruturados: _____
_____

Outras habilidades que você poderia usar para lidar com o gancho emocional (por exemplo, assertividade, técnicas da RR): _____
_____
_____

Problema/objetivo reformulado: _____

Passos para solucionar o problema ou alcançar o objetivo (seja o mais específico possível):

1. _____
    A. _____
    B. _____
    C. _____

2. _____
    A._____
    B. _____
    C. _____

3. _____
    A. _____
    B. _____
    C. _____

4. _____

    A. _____

    B. _____

    C. _____

2. Organize os passos que você relacionou para os dois problemas/objetivos reformulados acima, em função das três categorias de habilidades:

Problema/objetivo reformulado: _____

Habilidades focalizadas no corpo: _____

_____

_____

Habilidades focalizadas na emoção: _____

_____

_____

Habilidades focalizadas no problema: _____

_____

_____

Problema/objetivo reformulado: _____

Habilidades focalizadas no corpo: _____

_____

_____

Habilidades focalizadas na emoção: _____

_____

_____

Habilidades focalizadas no problema: _____

_____

_____

3. Desenhe sua imagem com lápis de cor ou lápis-cera na página seguinte. Não olhe o desenho anterior (ver Capítulo 1) antes de completar o segundo desenho. Você nota alguma diferença? Quais?

LEITURA ADICIONAL

1. LAZARUS, Richard S. e FOLKMAN, Susan. *Stress, appraisal, and coping.* Nova York, Springer, 1984.

Use este espaço para desenhar a sua imagem.

10

O Fim
do Começo

Esse não é o fim. Não é nem mesmo o começo do fim. Mas é o fim do começo.

Wiston Churchill

Este livro lhe apresentou muito material. Nesse momento da sua leitura, não esperamos que você tenha alcançado um nível específico de desenvolvimento. Grande parte do trabalho que você realizou permanecerá com você e evoluirá enquanto sua vida evolui. Muitos dos participantes do programa me disseram que, seis meses após terem completado o programa, começaram a compreender o que estavam fazendo e foram capazes de integrar o programa de maneira mais completa em suas vidas. Eles também relataram que, para reforçar o que aprenderam, é útil rever periodicamente este livro, bem como ler as referências nas seções de "Leitura Adicional" (ver também Anexo C).

Minha própria experiência com a prática das diversas habilidades mencionadas neste livro é de que, embora a vida continue a me apresentar fatores estressantes, eu tenho mais controle sobre a minha maneira de reagir a eles, e isso foi muito importante. Para quase todos os que trabalharam com este programa, a dor continua presente. Entretanto, a maioria estabeleceu (ou pelo menos começou a estabelecer) uma vida satisfatória e completa além da dor.

PREVENÇÃO DE RECAÍDA

Pode haver épocas em que você esquece alguma coisa daquilo que aprendeu, a dor piora, ou ocorre uma outra crise. Assim, durante os períodos bons, é importante pensar antecipadamente sobre como você poderia lidar com os períodos mais difíceis. Esse tipo de planejamento antecipado é chamado de "prevenção de recaída". Ele ajuda a garantir que a recaída não ocorrerá ou, se ocorrer, será rápida.

Reserve alguns minutos para completar o seguinte:

Faça uma lista daquilo que poderia impedi-lo de continuar com as habilidades que você aprendeu neste livro:

_____

_____

_____

O que você pode fazer para impedir uma recaída ou para voltar a ter controle se ela ocorrer? Observe que as habilidades recapituladas no Capítulo 9 podem ser úteis para solucionar seu problema.

_____

_____

_____

_____

_____

LIDANDO COM A DOR DURANTE UMA CRISE

Um "plano de pânico", descrevendo em detalhes o que você pode fazer se a dor piorar ou surgir repentinamente, também é bastante útil. Quanto mais específico o plano, mais fácil será segui-lo. Por exemplo, se você disser: "Chamar um amigo", acrescente um detalhe como "O número do telefone de Mary Smith é 888-0983". Ou, se disser "Relaxar", acrescente detalhes mais específicos sobre como relaxar (por exemplo, "Concentrar-se na respiração", "Tomar um banho com sais de alfazema", ou "Assistir ao meu esporte favorito na TV").

Para ajudá-lo a lidar com a dor durante uma crise, faça uma lista das opções, habilidades e técnicas que você tem. _Seja tão específico quanto puder._ Posteriormente, você poderá consultar essa lista e saber exatamente o que fazer sem pensar. Essa também é uma boa maneira de recapitular as habilidades que você aprendeu. Você não precisa limitar sua lista às novas técnicas comportamentais; as providências anteriores tomadas para aliviar seu desconforto, como aplicar gelo ou calor e usar a medicação, também podem ser incluídas.

1. _____

Detalhes: _____

_____

_____

2. _____

Detalhes: _____

_____

_____

3. _____

Detalhes: _____

_____

_____

4. _____

Detalhes: _____

_____

_____

5. _____

Detalhes: _____

_____

_____

6. _____

Detalhes: _____

_____

_____

7. _____

Detalhes: _____

_____

_____

8. _____

Detalhes: _____

_____

_____

9. _____

Detalhes: _____

_____

_____

10. _____

Detalhes: _____

_____

_____

Faça cópias dessa lista e leve-as com você, prenda-as na porta da geladeira, e/ou coloque no porta-luvas do seu carro. Em outras palavras, mantenha a lista à mão em diversos lugares para uma consulta rápida.

Agora que você completou a sua lista, consulte o final do Capítulo 1, em que lhe pedimos para anotar uma lista semelhante de coisas que você fazia quando a dor piorava. Você acha que essas coisas mudaram?

UMA COMEMORAÇÃO!

Este programa deveria terminar com uma comemoração. Se você faz parte de um grupo, vocês podem ler ou trocar poemas, agradecer aos outros participantes, tocar música e/ou compartilhar uma refeição festiva.

Se você não faz parte de um grupo, feche os olhos por um instante. Imagine-se numa sala cheia de gente. Você percebe que essas pessoas são estranhas, mas há uma sensação de propósito e esforços comuns. A sala está vibrante com risos, odores de alimentos e conversas animadas – conversas sobre o acompanhamento bem-sucedido de atividades, sobre quem foi assertivo com quem, e recentes atividades agradáveis. Lentamente, você percebe que essas pessoas acabaram de ler o mesmo livro e trabalharam com o mesmo programa para a dor, que você esteve explorando. Pelos seus esforços e trabalho duro, você se tornou parte de um grupo universal de pessoas que escolheu assumir um papel ativo no controle da dor. Aproveite a comemoração com os seus colegas imaginários ou, alternativamente, dê a si mesmo a oportunidade de aproveitar a animação de um trabalho bem-feito. Recompense a si mesmo saindo para jantar com um amigo, tirando folga no final de semana ou em férias, comprando algumas flores para si mesmo ou todas as alternativas acima!

Eis quatro exemplos de poemas ou outros materiais compartilhados pelos participantes do programa; todos falam do esforço, da coragem e do sucesso de pessoas com dor crônica. No final do capítulo, há um espaço para *você* escrever e expressar seus pensamentos para seus colegas invisíveis. Um agradecimento especial a todos por compartilharem sua experiência.

Jornada

Eu não quer ser
como a madeira no fogo,
queimando e rangendo
contra a sua inevitável
transformação em cinzas.
Eu quero ser
como o seixo num oceano;
lavado e moldado
pelas ondas e pela areia,
aquecido pelo sol,
erguido pela maré,
em constante mutação.

S. E. Long

Um Presente da Lista de Desejos

Alguém estava mantendo aberta a porta do elevador enquanto eu entrava nele.

"Obrigado", eu disse, antes de perceber que havia sido ele quem fizera a gentileza. Encostados na porta envernizada, sozinhos com nossos pensamentos, senti que precisava quebrar o desconfortável silêncio.

"Desculpe-me, mas eu não..."

"Bruce? Puxa vida! Como vai?"

"Oh, tudo bem", menti. "E você?"

Eu já sabia a resposta. Eu o vira durante as duas últimas semanas no meu curso de administração da dor crônica, mas algo me impediu de me aproximar e dizer alô. Talvez eu não tivesse certeza de que era ele realmente. Já fazia tanto tempo!

"Nossa, deixe-me olhar para você!", ele disse, puxando o meu boné.

"Seu cabelo está parecendo bem ralo", ele censurou.

"E você engordou alguns quilos", eu revidei. "Não é de admirar que eu não o tenha reconhecido na aula."

A porta abriu no andar térreo, misericordiosamente, encerrando nosso mútuo constrangimento por termos agido como estranhos durante as duas últimas semanas.

"Quanto tempo faz?", perguntei. "Quinze anos?"

"Quase vinte", ele corrigiu, com o olhar perdido, como se estivesse surpreso com a sua resposta.

Ficamos dois ou três minutos parados no saguão, relembrando os velhos tempos. Naquela época, éramos inseparáveis. "Pintamos o sete" juntos e compartilhamos nossos segredos. Então, vieram o casamento, a profissão, a família. Perdemos contato. Deixamos de enviar cartões de Natal, tirando os respectivos nomes da lista "A" de cartões de Natal, substituindo-os pelos de colegas, patrões e parentes.

Mas, todos têm uma lista "B", uma lista de desejos, composta dos nomes de pessoas que realmente importam na vida – nomes que você gostaria de manter em sua vida se você tivesse...

"A hora!", eu disse ofegante, olhando o meu relógio. "Veja, eu realmente preciso ir. Prometi ao meu filho que..."

"Sem problema", ele disse. "Eu compreendo. De qualquer modo, vamos nos ver na aula da próxima semana."

"Então, até a próxima semana."

No caminho para casa, percebi como eu ficara feliz por ter encontrado meu velho amigo, e eu não gostaria que ele continuasse na lista "B" da minha vida.

Com a ajuda do meu instrutor no curso, descobri onde poderia encontrá-lo. No dia seguinte, fui procurá-lo.

"É bom ver você", ele disse surpreso, enquanto me convidava a entrar. "Por favor, fique à vontade."

Eu me sentia constrangido e tenho certeza de que ele também, na tentativa de retomar o nosso relacionamento. Após uma rápida visita, perguntei se poderia voltar novamente.

"A qualquer hora", ele disse, com a sinceridade reservada a um verdadeiro amigo.

Aceitei seu convite e comecei a visitá-lo quase diariamente, e logo percebi como essas visitas, de algum modo, ajudavam a minha dor, assim como o meu comparecimento semanal à aula sobre administração da dor. Mas as conversas com meus colegas de classe logo acabariam. Eu iria sentir muita falta delas, mas continuarei a ver o meu amigo. Tudo o que preciso fazer é colocar o aviso:

NÃO PERTURBE, POR FAVOR.
ESTOU RELAXANDO POR ORDEM DO MEU MÉDICO

Bruce R. Comes

Ladrão

Sozinho, relutante, entrei na sala
Para sentar entre vocês
E me tornar um ladrão.
Sorrateiramente, observei as suas lágrimas, ouvi as suas risadas,
e as suas exclamações de reconhecimento.

Furtivamente, juntei essas riquezas,
Mesmo enquanto, dissimuladamente, eu trocava fragmentos de alegrias da infância,
Um fragmento de conhecimento adulto,
E colocava os seus preciosos metais dentro de uma bolsa de veludo
Para levar em minha impenitente partida.

Talvez vocês perdoem o meu roubo,
Percebendo, em épocas futuras não específicas, não solucionadas,
Que eu, como um alquimista confuso, atormentado, espalharei
à minha frente os tesouros que vocês me presentearam e
Transformarei o seu ouro e platina em vida ressurgida e
descobrirei novamente, a cada renascimento, aquilo que roubei:
A libertação, os *insights*, a compreensão, a segurança, o conforto
Nos quais
As suas lágrimas, as suas risadas, as suas exclamações
Foram transformadas e armazenadas.

Silenciosamente, saio da sala
Minha bolsa de veludo não está mais vazia, eu não estou mais relutante, nem sozinho.

Richard Cohen

Obrigado

Obrigado pelas maravilhosas viagens à praia –
Elas deram à minha mente a paz tão necessária.
Sabem, mesmo antes desse curso,
Eu sabia que o meu pior INIMIGO era eu!
Ansiedade, dor, depressão também –
Igual a tudo aquilo que vocês estavam passando.
Eu precisei de ajuda; a minha paciência se esgotou,
O manual me mostrou onde começar.
Eu não negligenciei a lição de casa semanal,

Mentalmente, era muito trabalho.
Cheguei muito longe depois daquele primeiro dia –
Olhando a vida de uma maneira totalmente nova.
Antigas crenças descartadas, atitudes mudadas
Descobri que estou fazendo a minha limpeza de
primavera, mas este ano – da minha mente!
Portanto, "obrigado" aos meus dois professores
E a todos vocês.
E, enquanto vamos embora, ouço duas vozes:
"Lembrem-se, agora, todos vocês têm escolhas."

Carol Rust

Agora é a sua vez. Se você quiser escrever um poema ou um pequeno texto, faça-o neste espaço (sinta-se à vontade para usar uma folha em branco, se este espaço não for suficiente):

Anexo A

CONDIÇÕES DOLOROSAS CRÔNICAS COMUNS

O Capítulo 2 definiu a dor crônica em termos muito amplos – basicamente, como a dor que dura mais de três meses. Como você viu, a dor crônica tem conseqüências biopsicossociais quase universais, independente da sua etiologia. Isso permitiu o desenvolvimento do programa para a dor apresentado neste livro.

Contudo, gostaria de aproveitar esta oportunidade para comentar sobre algumas das síndromes dolorosas mais comuns, ou talvez menos compreendidas, que eu vi. Embora eu respeite o poder das habilidades e atitudes apresentadas neste livro, acredito que o melhor tratamento médico também deve acompanhar o tratamento da dor crônica. Também sei que há uma considerável ignorância a respeito das síndromes de dor crônica entre os profissionais de saúde. Portanto, escolhi as síndromes aqui discutidas por um ou mais desses três motivos:

1. Freqüentemente, elas são ignoradas.
2. Determinados aspectos das suas causas ou escolhas de tratamento não são bem conhecidos pelos profissionais de saúde.
3. Há tratamentos médicos, geralmente voltados para a anormalidade, que contribuem para a síndrome dolorosa, e que poderiam ajudar a diminuir a experiência dolorosa.

FIBROMIALGIA

Atualmente, considera-se que a fibromialgia afeta principalmente as mulheres (o índice de fibromialgia nas mulheres é de 10, para 1 homem). Muitos termos são usados para descrever essa síndrome, e as sobreposições sugerem características dentro de um conjunto de sintomas. Dentre eles, incluem-se "fibrosite", "dor miofascial", "síndrome da fadiga pós-virótica", "síndrome da fadiga crônica", "mialgia tensional" e "tendomiopatia generalizada". Em 1990, o *American College of Rheumatology* (ver Wolfe e outros, no Anexo C) desenvolveram os seguintes critérios para a classificação da fibromialgia:

1. Histórico de dor difusa (em vários locais do corpo).
2. Dor em onze de dezoito locais de pontos sensíveis à palpação digital.

Para propósitos de classificação, dizemos que os pacientes têm fibromialgia se ambos os critérios forem preenchidos. A dor difusa deve estar presente há pelo menos três meses. A presença de um segundo distúrbio clínico não exclui o diagnóstico de fibromialgia, mas muitas vezes o diagnóstico é feito após a exclusão de outras doenças (por exemplo, doença da tireóide, lúpus, artrite reumatóide etc.).

Muitos pacientes com fibromialgia também apresentarão queixas associadas, como dor de cabeça, cólon irritável/bexiga irritável, dismenorréia (dor durante a menstruação), visão embaçada intermitente, e problemas de memória de curto prazo. Essas queixas sugerem que o distúrbio envolve mais do que o sistema músculo-esquelético.

Os sintomas variam muito e são caracterizados por seu padrão intermitente e migratório. Isso provavelmente contribui para o longo intervalo de tempo entre o desenvolvimento dos sintomas e o diagnóstico. A causa é desconhecida e, até agora, os dois componentes anormais constantemente relatados são a perturbação do sono e a depressão.

Até agora o tratamento concentrou-se no distúrbio do sono, pelo uso de drogas como a imipramina, amitriptilina e a ciclobenzaprina para restabelecer o sono restaurador. Exercícios regulares, moderados, e terapia cognitiva também são recomendados. Se os pacientes tiverem acesso a locais naturais de água quente ou piscina aquecida, acho que nadar ou movimentar-se é bastante benéfico.[1]

DOR CRÔNICA NO PESCOÇO E NA REGIÃO INFERIOR DAS COSTAS (Lombalgia)

É muito difícil diagnosticar e tratar a dor crônica no pescoço ou na região inferior das costas, particularmente se não forem encontradas anormalidades estruturais óbvias, como hérnia de disco, tumor (um medo bastante comum de muitas pessoas que desenvolveram sintomas de dor crônica), ou anormalidades ósseas significativas (artrite com ou sem lesão nervosa evidente, fraturas). Muitas vezes, a cirurgia na presença de uma hérnia de disco nem sempre resulta em alívio pós-operatório da dor. Por esse motivo, muitos cirurgiões recomendam o tratamento conservador ou não-cirúrgico se apenas a dor estiver presente (isto é, se o exame não mostrar sinais de compressão do nervo).

Como já vi pessoas que foram submetidas a cirurgias malsucedidas e outras que não apresentavam "anormalidades" nos exames de raios X ou de ressonância magnética, desenvolvi uma maneira diferente de examinar esses indivíduos numa tentativa de descobrir se existe alguma outra razão tratável para seus sintomas.

Em pacientes pós-operados que apresentam dor não originada da cicatriz do tecido, pressionando um nervo, ou uma coluna vertebral instável, bem como aqueles sem nenhum problema cirurgicamente corrigível, a dor geralmente é resultado de descondicionamento nos músculos abdominais e das costas. Além disso, uma mecânica corporal inadequada e o desalinhamento podem contribuir para traumas sobre nervos sensibilizados e tecido mole. Um bom programa de condicionamento para fortalecer os músculos do abdome e das costas pode ser muito benéfico. Para os problemas de alinhamento e mecânica corporal inadequada, o tratamento com um fisioterapeuta familiarizado com técnicas como as de liberação miofascial, terapia do ponto de gatilho de Jones e técnicas de energia muscular podem ser muito eficazes. As terapias de Alexander e Feldenkrais também podem ser úteis para a mecânica corporal inadequada.

Uma de minhas frustrações como especialista em dor tem sido a percepção de que os fisioterapeutas e os tratamentos em fisioterapia variam enormemente. A fisioterapia, como muitas disciplinas médicas, é uma arte. Entretanto, os fisioterapeutas realmente precisam ter alguma experiência para trabalhar com pacientes de dor crônica. O que eu procuro num fisioterapeuta é alguém que se sinta confortável com um paciente que não obtém alívio total da dor; que possa ajudá-lo a educar-se no que se refere ao seu corpo e à maneira de mover-se; e cujo objetivo seja levar o paciente para um programa independente de automanejo. Espero que o terapeuta não persista no tratamento se o paciente tiver deixado de responder a ele, de progredir ou não aderir a um programa domiciliar.

O tratamento quiroprático para a dor crônica no pescoço ou nas costas é polêmico no que se refere aos seus benefícios de longo prazo. Há evidências de que nas crises agudas de dor na região inferior das costas, esse tipo de tratamento pode ser bastante benéfico para algumas pessoas. Acredito que a quiroprática e a medicina manipulativa tenham sido úteis para estimular o diálogo atual sobre a contribuição da mecânica corporal anormal para a dor nas costas e no pescoço, particularmente em pacientes com dor crônica e aguda sem nenhuma anormalidade visível no raios X (no sentido convencional).

Muitos problemas de dor crônica no pescoço se complicam por aquilo que eu prefiro rotular como "fibrosite pós-traumática". Após situações traumáticas, como acidentes de carro e danos provocados por levantamento de peso, muitos dos meus pacientes com dor crônica no pescoço afirmam não dormir bem e ter múltiplos pontos sensíveis que, de acordo com eles, não estavam presentes antes do acidente. Não está claro se essa síndrome é a mesma da fibromialgia (ver acima). Ela não parece estar associada aos sintomas não músculo-esqueléticos presentes na fibromialgia primária. Além da fisioterapia focalizada na postura e no condicionamento da região superior das costas e extremidades, os medicamentos para induzir um sono reparador podem ser úteis (por exemplo, amitriptilina, imipramina).

DORES DE CABEÇA

Centenas de livros e artigos científicos já foram escritos, e muitas clínicas foram criadas para ajudar na resolução do problema muito comum e incapacitante de dores de cabeça. Felizmente, a maioria das síndromes de dor de cabeça são problemas crônicos, porém intermitentes. Como no caso da dor nas costas, diversos fatores podem agir como causas ou desencadeadores. Gostaria de mencionar alguns fatores ignorados e que podem ser responsáveis pelas dores de cabeça crônicas. O excesso de consumo de cafeína e o uso crônico de agentes antiinflamatórios como a aspirina ou o ibuprofeno podem provocar "dores de cabeça de rebote" (isto é, dores de cabeça relacionadas ao uso crônico dessas substâncias). A mesma coisa pode acontecer com drogas para dor de cabeça como Fioricet®, Fiorinal® e Esgic®. Além disso, essas drogas podem viciar porque contêm um componente semelhante aos barbitúricos.

Quando vejo pacientes com queixas de dores de cabeça diárias, freqüentemente descubro que eles estão sofrendo de tensão ou espasmo nos músculos do pescoço. (As variações desse tema são os pacientes com tensão na articulação temporo-mandibular causada pelo cerrar ou ranger dos dentes; um protetor noturno para os dentes pode ser útil neste caso.) A terapia para fortalecer as extremidades superiores e a boa postura da cabeça, do pescoço e da região superior das costas são extremamente valiosas, algumas vezes eliminando completamente o problema. Os pacientes cuja dor de cabeça aumenta após exercitarem as extremidades superiores deveriam ter um cuidado especial: é provável que eles estejam usando incorretamente os músculos, devido ao enfraquecimento e tensão, e, no início, deveriam ser supervisionados.

Para as pessoas predispostas à hipoglicemia, pode ser útil evitar longos períodos de jejum durante o dia. Com freqüência, o fato de deixarem de fazer uma refeição durante o dia está associado a dores de cabeça em indivíduos suscetíveis.

CISTITE INTERSTICIAL

A cistite intersticial é uma inflamação crônica da bexiga, que ocorre principalmente nas mulheres, e sua causa é desconhecida. Os sintomas incluem dor e pressão na pelve, aumento do número de micções (de dia e à noite), relações sexuais dolorosas, e dores nas costas. O exame de urina é negativo para a presença de infecção, embora a sensação é de que há infecção. O diagnóstico geralmente é feito pela inspeção do interior da bexiga (cistoscopia), exame da parede da bexiga e retirada de uma amostra de tecido. O tratamento existe, mas nem sempre resolve ou alivia os sintomas.[2]

ENDOMETRIOSE

A endometriose é um transtorno feminino e envolve o aparecimento de tecido uterino (endométrio) fora da cavidade uterina (útero). Não se sabe por que o tecido se fixa em áreas fora do útero. A dor associada à endometriose é considerada o resultado de micro-hemorragias que ocorrem com o ciclo menstrual e a resultante irritação de tecidos circundantes. Entretanto, o número de implantes de tecido anormal não está relacionado à quantidade, intensidade ou freqüência da dor pélvica experimentada, portanto, pode haver diversos mecanismos complexos para a produção da dor. Os tratamentos podem variar, desde simples pílulas anticoncepcionais até o uso de medicamentos semelhantes à testosterona, e a histerectomia.[3]

NEUROPATIAS

Diversas condições dolorosas bem conhecidas estão associadas ao dano ou irritação do nervo e, portanto, são conhecidas como "neuropatias". Uma delas é a neuralgia pós-herpética. Ela é provocada pelo mesmo vírus que causa a varicela, o herpes zoster. Ela pode infectar qualquer nervo periférico e está associada a uma sensação estranha na pele, seguida por uma erupção cutânea, com bolhas, que no decorrer de cerca de duas semanas, formam uma casca e soltam líquido. Ela pode estar associada à febre e sintomas semelhantes aos da gripe. Em pessoas acima dos 65 anos de idade, há uma grande probabilidade de desenvolvimento de dor no nervo, que continua muito tempo após o desaparecimento da erupção cutânea. Atualmente, recomenda-se que as pessoas mais idosas, de maior risco, recebam bloqueios nervosos aplicados por um anestesista, alguns dias ou semanas após o aparecimento da erupção cutânea. Outro tratamento potencialmente eficaz é aplicar Moment® na pele dolorida, após a cura da erupção cutânea, cinco vezes ao dia. Siga as instruções da embalagem. O Moment® pode ser adquirido sem receita médica, porém, consulte o seu médico para confirmar o diagnóstico.

O diabetes pode estar associado à uma neuropatia dolorosa, além da neuropatia caracterizada pela dormência nas mãos e extremidades inferiores. A maioria das neuropatias diabéticas dolorosas é limitada e "desaparece" após doze a dezoito meses. Amitriptilina, baclofeno, e mexiletina são os medicamentos usados para essa condição e que podem ajudar.

A dor mediada pelo sistema nervoso simpático, também conhecida como "distrofia reflexa simpática", "distrofia de Sudeck" ou "síndrome do ombro/mão", é uma condição que se desenvolve após grandes ou pequenos traumas nas extremidades. Não está clara qual é a verdadeira anormalidade, mas o resultado é que o sistema nervoso simpático – que controla o fluxo e o diâmetro dos vasos sanguíneos, bem como a transpiração nas extremidades – também é envolvido no processo doloroso. Assim, a síndrome é caracterizada por inchaço, aumento da transpiração, constrição dos vasos sanguíneos (deixando a pele com uma coloração de vermelho-escuro a azul), e dor intensa na extremidade envolvida. Até mesmo um leve toque pode causar uma dor excruciante. É uma síndrome muito complexa e precisa ser tratada por especialistas em dor ou por alguém familiarizado com o diagnóstico. Menciono esses fatos para que, caso você tenha esses sintomas e ainda não tenha um diagnóstico, você possa chamar a atenção do seu médico para essa descrição. Algumas vezes, os bloqueios nervosos, para bloquear o sistema nervoso simpático, podem ser muito eficazes para alterar essa síndrome dolorosa, mas a intervenção precoce é muito importante. Certos medicamentos para a pressão sanguínea, como bloqueadores de canal de cálcio, alfa e betabloqueadores, também são usados para o tratamento. A fisioterapia, usando banhos quente-frio alternados, dessensibilização do membro dolorido, e estimulação galvânica de alta voltagem na pele, também podem ajudar.

A presença de uma área sensível ao mais leve toque, com formigamento e queimação, com qualquer problema de dor crônica, provavelmente sugere a presença de uma neuropatia. O uso de baixas dosagens de amitriptilina ou imipramina pode ser benéfico.

---

1. Muitas comunidades têm grupos de apoio para fibromialgia, muitas vezes patrocinados pela Arthrits Foundation. Há também boletins informativos de caráter preventivo publicados pela Fibromyalgia Network, que se empenha em informar os últimos progressos na área e reinvidica mais verbas para pesquisa. Para mais informações escrever para Fibromyalgia Network, P.O. Box 31750, Tucson, AZ 85751-1750.

2. Existem organizações nacionais e locais de apoio às mulheres que sofrem de cistite intersticial, mantendo-as informadas sobre os últimos progressos em pesquisa e tratamento. Para mais informações entrar em contato com Interstitial Cystitis Association, P.O. Box 1553, Madison Square Station, NY 10159 ou telefone para (001) 212979-6057.

3. Esta síndrome também tem grupos locais e nacionais de apoio ao paciente e recursos informativos. Para mais informações escrever para Endometriosis Association 8585 North 76th Place, Milwaukee, WI 53223 ou telefone para (001) 414355-2200.

Anexo B

TRABALHANDO CONFORTAVELMENTE

Nancy L. Josephson

Muitos pacientes que participam do programa para a dor trabalham em escritórios e usam computadores diariamente. Se você é um deles, procure ajustar corretamente sua área de trabalho para sentir-se confortável, o que é muito importante para diminuir ou prevenir o seguinte:

- Dor no pescoço e ombros
- Cansaço visual
- Rigidez
- Síndrome do túnel do carpo
- Dor no punho
- Dor nas costas
- Dores de cabeça
- Lesão por esforço repetitivo

A maioria das grandes empresas está "ergonomicamente consciente" da necessidade de criação de áreas de trabalho adequadas. Se você tem a sorte de estar trabalhando para uma dessas empresas, aproveite os benefícios que ela oferece. Mesmo que sua empresa não ofereça serviços ergonômicos, você pode organizar seu escritório tornando-o confortável para o trabalho.

AJUSTANDO SUA CADEIRA

O melhor tipo de cadeira para trabalho em escritório é a cadeira "secretária (sem braços) que possui quatro tipos de ajustes:

- Altura do assento
- Ângulo do assento
- Altura do encosto
- Ângulo do encosto

Ao ajustar sua cadeira, siga as seguintes orientações:

1. Ajuste a altura do assento de modo que os joelhos fiquem dobrados num ângulo ligeiramente acima de 90°, e os pés confortavelmente apoiados no chão.

2. Não cruze as pernas enquanto trabalha. Isso pode constringir o fluxo sanguíneo, provocando formigamentos.

3. Ajuste o ângulo do assento da cadeira, para que não haja muita pressão sobre a parte superior da perna logo acima do joelho.

4. Tente evitar cadeiras com braços. Elas exercem uma pressão extra sobre os braços, posicionando-os num ângulo antinatural.

5. Você pode precisar de um apoio extra para a região inferior das costas. Peça ao seu médico ou terapeuta indicações de almofadas para apoio da região inferior das costas que melhor se ajustem às suas necessidades.

AJUSTANDO A ALTURA E A DISTÂNCIA DO MONITOR

Agora que sua cadeira está confortável, aproxime-a da mesa de trabalho e sente-se. Ajuste a altura do monitor do computador para diminuir a tensão sobre os joelhos e os ombros.

1. Sente-se confortavelmente na cadeira. Mantenha os pés apoiados no chão.

2. Mantenha a cabeça erguida, olhando diretamente à frente, não para baixo ou para cima. Essa é a posição que a cabeça deve ficar ao olhar para o monitor. Relaxe os ombros e os braços ao fazer isso.

3. Levante ou abaixe o monitor de maneira a olhar diretamente para a frente – nem para cima nem para baixo. A altura do monitor deve ficar aproximadamente no mesmo nível de sua testa. Você pode erguer o monitor de diversas maneiras, usando:

   - listas telefônicas
   - pilhas de papel
   - catálogos
   - prateleiras especialmente projetadas

4. A distância entre os olhos e o monitor deve ser entre 40 e 60 cm.

5. Se o ângulo do monitor puder ser ajustado, tente incliná-lo 10-20°.

6. Depois de ajustar a altura do monitor, sente-se e verifique se a posição é confortável. Se você sentir tensão no pescoço, tente levantar ou abaixar o monitor até ficar confortável.

EVITANDO O BRILHO

O brilho é a maior causa de cansaço visual quando estamos utilizando o computador. É relativamente fácil evitá-lo seguindo essas sugestões:

1. Evite colocar o monitor sob luz direta (luz do sol, luz no teto etc).

2. As luzes fluorescentes colocadas no teto são as maiores culpadas pelo brilho. Se possível, desligue as luzes localizadas diretamente acima do monitor. Você sempre pode utilizar uma luminária de mesa quando necessário.

3. Há diversos tipos de telas para diminuir o brilho, que podem ser colocadas na frente do monitor, e estão disponíveis em lojas de suprimentos.

4. Também existem óculos para evitar o brilho, mesmo para quem não usa óculos de grau. Peça sugestões ao seu oftalmologista.

5. Algo tão simples quanto um pedaço de cartolina colocada sobre o topo do monitor pode ajudar a diminuir o brilho.

6. Evite olhar durante muito tempo para a tela. As pessoas que fazem isso tendem a não piscar com freqüência; isso provoca secura e queimação nos olhos. Desvie o olhar e focalize-o num objeto distante durante alguns segundos. Pisque freqüentemente para evitar a secura.

AJUSTANDO A ALTURA DO TECLADO

A síndrome do túnel do carpo e a lesão por esforço repetitivo tornaram-se as doenças da moda dos anos 90, graças ao teclado e ao *mouse*. Se você usa um teclado ou mouse é suscetível a esses problemas, mas as chances de adquiri-los podem diminuir muito pelo ajuste da altura do teclado. Ao utilizar o teclado, siga essas orientações:

1. A altura da mesa de trabalho deve ser entre 58 e 71 cm (do chão até a superfície do teclado).
2. Use uma almofada de apoio para os punhos na frente do teclado, para que eles descansem confortavelmente sobre ela, em vez de se apoiarem na superfície dura da mesa.
3. Ajuste a altura da mesa de maneira que, ao posicionar as mãos sobre o teclado, os cotovelos formem um ângulo de 90° e os punhos fiquem retos, sem dobrar para cima ou para baixo, e os dedos estendidos para a frente.

USANDO UM *MOUSE PAD*

Se você usa um *mouse*, siga as sugestões a seguir para prevenir a tensão nos punhos e nos ombros:

1. Use um *mouse pad* para proteger o mouse e facilitar sua utilização.
2. Tente mover todo o braço quando estiver usando o *mouse*. Muitas pessoas fazem movimentos bruscos ao utilizá-lo. Isso aumenta a tensão sobre o punho.
3. Ao usar o *mouse*, faça uma pausa de vez em quando.
4. Coloque o *mouse pad* perto do teclado para que você não precise se esforçar para alcançá-lo.

FAZENDO PAUSAS

Se você passa mais de uma hora por dia no computador, a melhor coisa que pode fazer pelo seu corpo e pela sua mente, é fazer pausas. A maioria dos computadores tem relógios embutidos e você pode ligar um alarme para avisá-lo de que é hora de fazer uma pausa. Verifique quanto tempo você pode trabalhar confortavelmente antes de precisar de uma pausa. Então, faça essa pausa!

EXERCITANDO

Fazer exercícios também é uma boa maneira de diminuir o estresse enquanto está trabalhando no computador. Eis alguns exercícios que você pode tentar:

RESPIRAÇÃO

Faça a respiração diafragmática para ajudar a relaxar o corpo e diminuir a tensão e o estresse. Relaxe a cabeça, os ombros e os braços.

EXERCÍCIOS OCULARES

1. Desvie o olhar do monitor e focalize um objeto distante durante alguns segundos.

2. Pisque freqüentemente para manter os olhos úmidos.
3. Mova os olhos para a esquerda, depois para a direita. Olhe para cima e para baixo.

EXERCÍCIOS DE ALONGAMENTO

Os exercícios a seguir podem ajudar a diminuir qualquer tensão ou distensão muscular que ocorra enquanto você estiver usando o computador.

Ombros e pescoço

1. Levante os ombros, em direção às orelhas, e mantenha essa ligeira tensão por um instante.
2. Relaxe os ombros e os braços.
3. Repita cinco vezes para evitar tensão na área dos ombros e do pescoço.

Região superior das costas

1. Sente-se bem ereto.
2. Coloque as mãos atrás da cabeça, com os cotovelos abertos para os lados.
3. Puxe os cotovelos para trás, aproximando as omoplatas, até sentir uma ligeira tensão na região superior das costas.
4. Mantenha essa posição durante cerca de dez segundos. Então, solte e relaxe.

Mãos

Há dois exercícios para as mãos. Eis o primeiro:

1. Feche as mãos com força.
2. Mantenha por alguns segundos.
3. Relaxe as mãos.

E o segundo:

1. Estique os dedos à sua frente.
2. Abra bem as mãos, separando bem os dedos e esticando-os o máximo que puder.
3. Mantenha essa posição até sentir uma ligeira tensão.
4. Relaxe.

Alongamento geral

Um bom exercício geral é levantar e caminhar um pouco, balançando os braços e movendo o corpo.

Anexo C

BIBLIOGRAFIA

Este anexo contém uma lista completa de todos os livros e artigos recomendados na "Leitura Adicional" de diversos capítulos, além de alguns recursos adicionais.

ANTONOVSKY, Aaron. *Unraveling the mystery of health: how people manage stress and stay well*. San Francisco, Jossey-Bass, 1987.

BELL, Lorna e SEYFER, Eudora. *Gentle yoga*. Berkeley, CA, Celestial Arts, 1987.

BENSON, Herbert. *The mind/body effect*. Nova York, Simon & Schuster, 1979.

_____. *The relaxation response*. Nova York, William Morrow, 1975.

_____. *Your maximum mind*. Nova York, Times Books, 1984).

BENSON, Herbert e STUART, Eileen. *The wellness book: the comprehensive guide to maintaining health and treatint stress-related illness*. Nova York, Birch Lane Press, 1992.

BORYSENKO, Joan. *Minding the body, mending the mind*. Reading, MA, Addison-Wesley, 1987.

BRODY, Jane. *Jane brody's good food book*. Nova York, Bantam Books, 1985.

BURNS, David. *The feeling good handbook*. Nova York, Penguin Books, 1989.

_____. *Ten days to self-esteem*. Nova York, Quill/William Morrow, 1993.

CAUDILL, Margaret; SCHNABLE, Richard; ZUTTERMEISTER, Patricia; BENSON, Herbert e FRIEDMAN, Richard. "Decreased Clinic Use by Chronic Pain Patients: Response to Behavioral Medicine Interventions". In: *The Clinical Journal of Pain, 7*:305-310, 1991.

CIALDINI, Paul. *Influence: the psychology of persuasion*. Nova York, William Morrow, 1993.

DARLINGTON, L. Gail. "Dietary Therapy for Arthritis". In: *Rheumatic Disease Clinics of North America, 17*:273-85, 1991.

DAVIS, Martha; ESHELMAN, Elizabeth Robbins e McKAY, Matthew. *Manual de relaxamento e redução do stress*. São Paulo, Summus, 1996.

_____. *Dietary Guidelines for Americans*, 3ª ed., Washington, U.S. Department of Health and Human Services, 1990.

DWYER, Johanna. "Nutritional Remedies: Reasonable and Questionable". In: *Annals of Behavioral Medicine, 14*:120-25, 1992.

EKMAN, Paul; LEVENSON, Robert e FRIESEN, Wallace. "Autonomic Nervous System Activity Distinguishes among Emotions". In: *Science, 221*:1208-10, 1983.

ELLIS, Albert e GRIEGER, Russell. *Handbook of rational-emotive therapy*. Nova York, Springer, 1977.

FANNING, Patrick. *Visualization for change*. New Harbinger, Oakland, CA, 1988.

FAWZY, I. Fawzy; FAWZY, Nancy; HYUN, Christine; ELASHOFF, Robert; GUTHRIE, Donald; FAHEY, John e MORTON, Donald. "Malignant Melanoma: Effects of an Early Structured Psychiatric Intervention, Coping, and Affective State on Recurrence and Survival 6 Years Later". In: *Archives of General Psychiatry, 50*:681-8, 1993.

FIELDS, Howard. *Pain.* Nova York, McGraw-Hill, 1987.

_____. e LIEBESKIND, John. (eds.) *Pharmacological approaches to the treatment of chronic pain: new concepts and critical issues.* Seattle, IASP Press, 1994.

FISHER, Roger e URY, William. *Getting to yes: negotiating agreement without giving in.* Boston, Houghton Mifflin, 1981.

FLANIGAN, Beverly. *Forgiving the unforgivable: overcoming the bitter legacy of intimate wounds.* Nova York, Macmillan, 1992.

GAWAIN, Shakti. *Creative visualization.* Nova York, Bantam Books, 1978.

HAFEN, Brent; FRANDSAEN, Kathryn; KARREN, Keith e HOOKER, Keith. *The health effects of attitudes, emotions and relationships.* Provo, UT, EMS Associates, 1992.

HALL, Edward T. *Beyond culture.* Garden City, NY, Doubleday, 1976.

HANH, Thich Nhat. *The miracle of mindfulness: a manual of meditation.* Boston, Beacon Press, 1991.

Jacobson, Edmund. *Progressive relaxation.* Chicago, University of Chicago Press, 1938.

KABAT-ZINN, John. *Full catastrophe living: using the wisdom of your body and mind to face stress, pain and illness.* Nova York, Delacorte Press, 1990.

KEEFE, Francis e GIL, Karen M. "Behavioral Approaches in the Multidisciplinary Management of Chronic Pain: Program and Issues". In: *Clinical Psychology Review, 6:*87-113, 1986.

KJELDSEN-KRAGH, Jens *et al.* "Controlled Trial of Fasting and One-Year Vegetarian Diet in Rheumatoid Arthritis". In: *The Lancet, 338:*899-902, 1991.

KLEIN, Allen. *The healing power of humor.* Los Angeles, Tarcher, 1989.

KOBASA, Suzanne. "Stressful Life Events, Personality and Health: An Inquiry into Hardiness". In: *Journal of Personality and Social Psychology, 37:*1-11, 1979.

LAZARUS, Richard S. e FOLKMAN, Susan. *Stress, appraisal, and coping.* Nova York, Springer, 1984.

LIEBERMAN, Harris R.; CORKIN, Susanne; SPRING, Bonnie J.; GROWDON, John H. e WURTMAN, Richard J. "Mood, Performance, and Pain Sensitivity: Changes Induced by Food Constituents". In: *Journal of Psychiatric Research, 17:*135-45, 1982-1983.

MELZACK, Ronald e WALL, Patrick D. *The challenge of pain: exciting discoveries in the new science of pain control.* Nova York, Basic Books, 1983.

MORRIS, David. *The culture of pain.* Berkeley, University of California Press, 1991.

NATOW, Annette B. e HESLIN, Jo-Ann. *The fat counter.* Nova York, Pocket Books, 1992.

Nutrition Action Health Letter. Dez artigos publicados por ano. Para informações sobre assinaturas, escreva para o Center for Science in the Public Interest, 1875 Connecticut Ave. N.W., Suite 300, Washington, DC 20009-5728, ou telefone para (202) 667-7483.

ORNSTEIN, Robert. *Evolution of consciousness.* Nova York, Prentice-Hall, 1991.

_____. *The psychology of consciousness.* Nova York, Penguin Books, 1986.

ORNSTEIN, Robert e SOBEL, David. *The healing brain.* Nova York, Simon & Schuster, 1987.

_____. *Healthy pleasures.* Reading, MA, Addison-Wesley, 1989.

PANUSH, Richard. "Does Food Cause or Cure Arthritis?" In: *Rheumatic Disease Clinics of North America, 17:*259-72, 1991.

PENNEBAKER, James. *Opening up: the healing power of confiding in others.* Nova York, William Morrow, 1990.

PENNINGTON, Jean A. T. e NICHOLS CHURCH, Helen. *Bowes and church's food values of portions commonly used,* 13ª ed. Nova York, Harper & Row, 1980.

PORTENOY, Russell. "Chronic Opioid Therapy in Non-Malignant Pain". In: *Journal of Pain and Symptom Management,* 5 (Supl. nº 1): 546-62, 1990.

RADNITZ, Cynthia. "Food Triggered Migraine: A Critical Review". In: *Annals of Behavioral Medicine, 12:*51-64, 1990.

RAINVILLE, James; AHERN, David; PHALEN, Linda; CHILDS, Lisa e SUTHERLAND, Robin. "The Association of Pain with Physical Activities in Chronic Low Back Pain". In: *Spine, 17:*1060-64, 1992.

RIPPE, James M. e WARD, Ann. *Rockport's complete book of fitness walking.* Nova York, Prentice-Hall Press, 1989.

ROBBINS, Anthony. *Awake the giant within.* Nova York, Summit Books, 1991.

ROGERS, Carl. *Client-centered therapy.* Boston, Houghton Mifflin, 1951.

SCHAEF, Anne Wilson. *Meditations for women who do too much.* San Francisco, Harper, 1990.

SELIGMAN, Martin. *Learned optimism.* Nova York, Knopf, 1991.

SELTZER, Samuel; STOCH, Russell; MARCUS, Richard e JACKSON, Eric. "Alteration of Human Pain

Thresholds by Nutritional Manipulation and L-Tryptophan Supplementation. In: *Pain, 13*:385-93, 1982.

SHAH, Idries. *The pleasantries of the incredible Mulla Nasrudin and the exploits of the incomparable Mulla Nasrudin.* Londres, Octagon Press, 1983.

_____. *Reflections.* Londres, Octagon Press, 1983.

_____. *The subtleties of the inimitable Mulla Nasrudin and the exploits of the incomparable Mulla Nasrudin.* Londres, Octagon Press, 1983.

STEINMETZ, Jenny; BLANKENSHIP, Jon; BROWN, Linda; HALL, Deborah e MILLER, Grace. *Managing stress before it manages you.* Palo Alto, CA, Bull, 1980.

TANNEN, Deborah. *You just don't understand: women and men in conversation.* Nova York, William Morrow, 1990.

_____. *That's not what i meant! How conversational style makes or breaks relationships.* Nova York, Ballantine Books, 1986.

Tufts unversity diet and nutrition letter. Doze artigos publicados por ano. Para informações sobre assinaturas, escreva para P.O.Box 57857, Boulder, CO 80322-7857; ou telefone para (800) 274-7581.

WARSHAW, Hope S. *The restaurant companion: a guide to healthier eating out.* Chicago, Surrey Books, 1990.

WILLIAMS, Redford B. e WILLIAMS, Virginia. *Anger kills: sventeen strategies for controlling the hostility that can harm your health.* Nova York, Times Books, 1993.

WOLFE, Frederick *et al.* "The American College of Rheumatology 1990 criteria for the classification of fibromyalgia". In: *Arthritis and Rheumatism, 33*:160-72, 1990.

FOLHAS DE TRABALHO E OUTROS MATERIAIS

Exemplo do Diário da Dor

Nome_____

	Descreva a situação	Sensação (1-10)	Descreva a sensação	Aflição (1-10)	Descreva a aflição	Atitudes tomadas ou medicamentos
Segunda-feira						
Data: 11/1						
Hora 1: 8 h	Café da manhã	6	Sensível	5	Frustrado	Banho
Hora 2: 12 h	Almoço	8	Latejante	8	Aborrecido	2 ibuprofeno
Hora 3: 21 h	Hora de dormir	10	Aguda	10	Impotente	Almofada elétrica
	Total:	24	Total:	23		
	Média:	8	Média:	8		
Terça-feira						
Data: 2/11						
Hora 1: 8:30 h	Café da manhã	9	Espasmos agudos	10	Assustado	Voltar para a cama
Hora 2: 11:30 h	Levantando	7	Latejante	8	Triste	RR, calor
Hora 3: 21 h	Pagando contas	5	Dolorida	4	Aliviado	Atividades acompanhadas
	Total:	21	Total:	22		
	Média:	7	Média:	7		
Quarta-feira						
Data: 3/11						
Hora 1: 8 h	Levantando	6	Dolorida	2	Aliviado	Exercício suave
Hora 2: 12 h	Almoço	8	Dolorida	1	No controle	RR, 2 aspirinas
Hora 3: 22 h	Jantando fora	10	Sensível	1	Feliz	Banho quente na volta
	Total:	24	Total:	4		
	Média:	8	Média:	1		
Quinta-feira						
Data: 4/11						
Hora 1: 7:30 h	Café da manhã	6	Sensível	1	No controle	RR
Hora 2: 13 h	Limpando a casa	8	Dolorida	2	No controle	Sentar, tempo de distração
Hora 3: 21:30 h	Assistindo à TV	10	Sensível	1	Feliz	Alongamento
	Total:	24	Total:	4		
	Média:	8	Média:	1		

Diário da Dor

	Descreva a situação ⬇	Sensação (0-10) ⇩	Descreva a sensação ⬇	Aflição (0-10) ⇩	Descreva a aflição	
Segunda-feira						
Data:						
Hora 1:						
Hora 2:						
Hora 3:						
Total:						
Média:						
Terça-feira						
Data:						
Hora 1:						
Hora 2:						
Hora 3:						
Total:						
Média:						
Quarta-feira						
Data:						
Hora 1:						
Hora 2:						
Hora 3:						
Total:						
Média:						

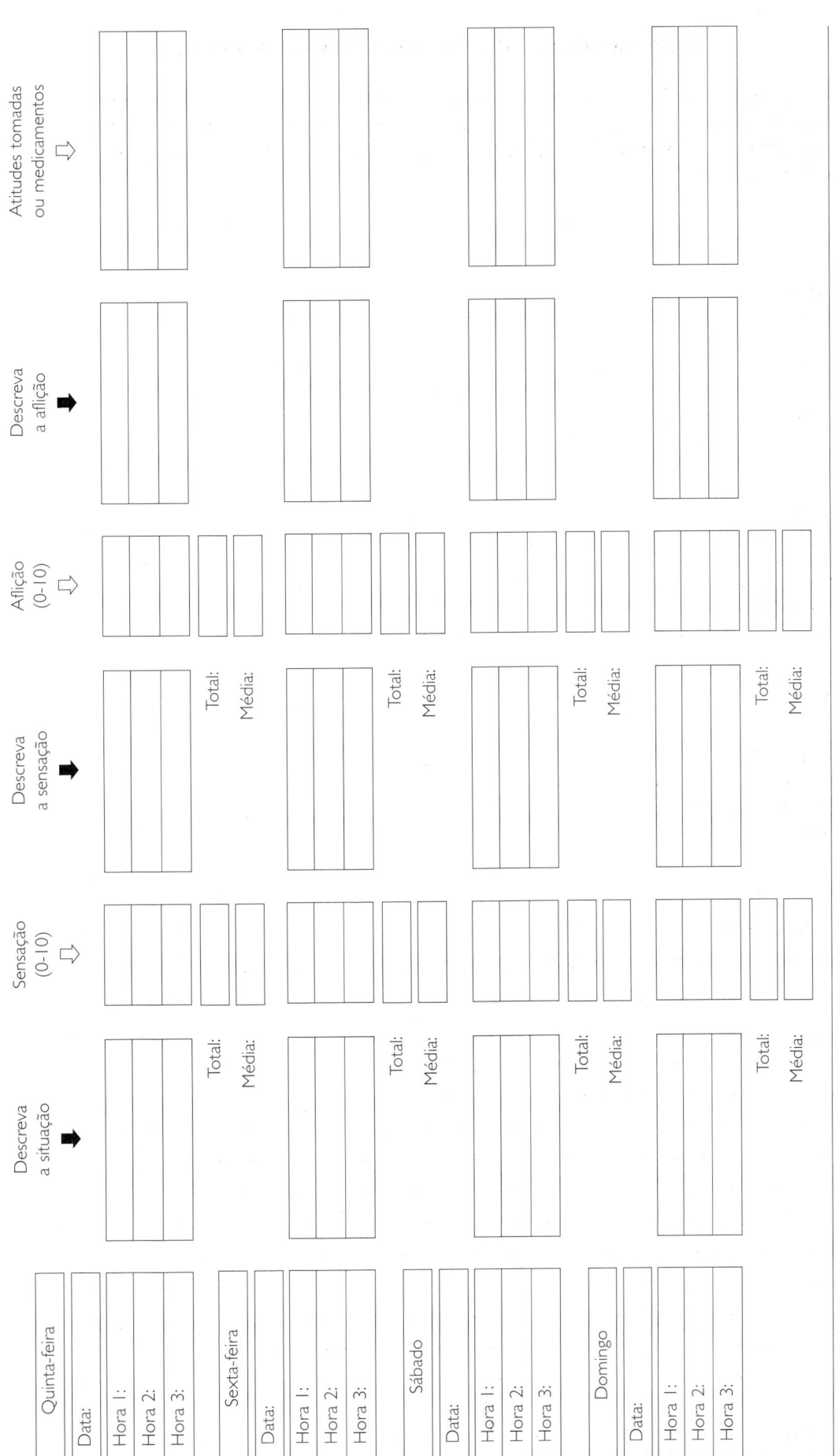

Quinta-feira

Data:

Hora 1:
Hora 2:
Hora 3:

Descreva a situação ➡

Total:
Média:

Sensação (0-10) ⇨

Descreva a sensação ➡

Total:
Média:

Aflição (0-10) ⇨

Descreva a aflição ➡

Atitudes tomadas ou medicamentos ⇨

Sexta-feira

Data:

Hora 1:
Hora 2:
Hora 3:

Total:
Média:

Total:
Média:

Sábado

Data:

Hora 1:
Hora 2:
Hora 3:

Total:
Média:

Total:
Média:

Domingo

Data:

Hora 1:
Hora 2:
Hora 3:

Total:
Média:

Total:
Média:

Lembrete: TIRE UMA CÓPIA ANTES DE USAR. A permissão para reprodução é concedida aos leitores de *Controle a dor* somente para uso terapêutico pessoal ou profissional.

Diário da Técnica da Resposta de Relaxamento

Complete o Diário Semanal da RR a seguir. Ao lado de cada categoria coloque a informação apropriada a respeito da sua prática diária. Use esse diário durante as três primeiras semanas para reforçar a prática. Para os graus de relaxamento: 0 = muito relaxado; 10 = muito tenso.

Data							
Hora do início							
Hora do término							
Local							
Posição							
Grau de relaxamento no início							
Grau de relaxamento no final							
Efeitos sobre a dor no final (0-10)							
Método (fita gravada, exercício, visualização, outros)							

Há quaisquer obstáculos que o impeçam de praticar a RR diariamente? Quais são eles? Como você pode resolver o problema?_____

_____

_____

_____

_____

_____

_____

_____

_____

_____

_____

_____

_____

Folha de Trabalho de Acompanhamento de Atividades

Data: _____   Nome:_____

Reveja a maior quantidade possível de atividades diárias e preencha a lista abaixo, observando sua dor básica e o número de minutos em que você pode executar cada atividade antes que a sensação dolorosa aumente 1-2 pontos ("tempo de atividade"). Então, mude de atividade durante um período suficiente para permitir que a sensação dolorosa diminua até a linha básica e observe quantos minutos são necessários para isso ("tempo de distração"). Use uma escala de 0 a 10. Reavalie mensalmente. Eis um exemplo:

Atividade durante o tempo de atividade	Tempo de atividade (minutos)	Tempo de distração (minutos)	Atividade durante o tempo de distração
Lavando pratos	*10 minutos*	*15 minutos*	*Pagando contas, conversando com um amigo, ou sentado e praticando a RR*

Agora é a sua vez.
Dor básica _____ (0-10)

Atividade durante o tempo de atividade	Tempo de atividade (minutos)	Tempo de distração (minutos)	Atividade durante o tempo de distração
1.			
2.			
3.			
4.			
5.			
6.			
7.			
8.			
9.			
10.			
11.			
12.			
13.			
14.			
15.			

Diário Alimentar

Instruções

Dor nível A: O nível de sensação dolorosa e aflição experienciadas antes de uma refeição.

Hora do início: A hora do dia em que você começou a fazer uma refeição.

Comida/bebida: Anote tudo o que você come e bebe. Observe se a comida ou a bebida continham adoçante ou se era um produto novo para você. Se estiver contando calorias, você também pode registrá-las, além da comida e da bebida.

Quantidade: A quantidade que você comeu ou bebeu (1 xícara, 1 copo).

Hora do término: A hora em que você terminou a refeição que estava registrando. (Se algumas refeições durarem dez minutos ou menos, talvez você deva começar a comer mais devagar.)

Dor nível B: O nível de sensação dolorosa e aflição experienciadas após a refeição.

Dor nível C: O nível de sensação dolorosa e aflição experienciadas duas horas após a refeição. Esse é o tempo médio de digestão. Se ainda estiver se sentindo inchado ou desconfortável, talvez seja bom verificar o que você comeu, quanto comeu e a rapidez com que comeu, para ver se o problema está aí.

Talvez seja necessário manter um diário alimentar durante várias semanas antes que você possa verificar a relação entre os alimentos e os padrões da dor.

Data: _____   Nome:_____

Dor nível A (sensação e aflição: 0-10)	Hora de início	Alimento/bebida	Quantidade	Hora do término	Dor nível B (sensação e aflição: 0-10)	Dor nível C (sensação e aflição: 0-10)

Registro Diário de Pensamentos Automáticos

Data	Situação	Pensamentos automáticos	Resposta física	Resposta emocional	Distorção cognitiva	Pensamento reestruturado

Folha de *feedback*

Nome: _____

Data: _____

Relatório para a semana de: _____

1. Anote abaixo as médias diárias da sua sensação dolorosa ou aflição:

	Dia 1	Dia 2	Dia 3	Dia 4	Dia 5	Dia 6	Dia 7
Sensação:	____	____	____	____	____	____	____
Aflição:	____	____	____	____	____	____	____

    Se essa for a sua primeira sessão, registre agora seu nível de dor (numa escala de 0 a 10): ____

2. Durante a semana pessada, sua *sensação* dolorosa:

    Melhorou_____   Continuou igual_____   Piorou_____

    Por que você acha que isso aconteceu? _____

    _____

    _____

    Durante a semana passada, sua *aflição* dolorosa:

    Melhorou_____   Continuou igual_____   Piorou_____

    Por que você acha que isso aconteceu? _____

    _____

    _____

3. Faça uma lista dos medicamentos que você está tomando:

Nome do medicamento	Dosagem (mg)	Freqüência*
_____	_____	_____
_____	_____	_____
_____	_____	_____
_____	_____	_____

    *Quantas vezes por dia ou por semana você toma cada medicamento? Se você toma narcóticos, quantos comprimidos você tomou durante a semana?

4. Você está recebendo outros tratamentos para a dor? Por exemplo: bloqueios nervosos, fisioterapia, acupuntura etc.? _____

    _____

5. Quantas vezes durante esta semana, você fez o seguinte:

    Técnicas da RR _____   Minirrelaxamentos _____

    Exercício: Tipo _____ Duração _____ Freqüência _____

    Tipo _____ Duração _____ Freqüência _____

6. Houve alguma mudança alimentar? Quais foram as mudanças? Houve algum efeito sobre a dor?

    _____

7. Você estabeleceu um objetivo esta semana? _____Se estabeleceu, ele foi alcançado? _____Se ele não foi alcançado, você pode criar um plano contingente que poderia ajudá-lo a ter   sucesso?

Obstáculo	Solução
_____	_____
_____	_____
_____	_____
_____	_____

8. Onde você encontrou prazer esta semana?_____
_____
_____

9. Você tem quaisquer perguntas, problemas ou comentários a fazer? _____
_____
_____

10. Para os profissionais da saúde: Há alguma outra informação que você gostaria de reunir? Preencha antes de copiar.
_____
_____
_____
_____

Por Favor, "Não Perturbe"

Estou relaxando por ordem do meu médico

CARTA AOS PROFISSIONAIS

Caro profissional da saúde:

Controle a dor é um manual prático que utiliza uma abordagem comportamental para ensinar aos pacientes técnicas para administrar a dor crônica.

O livro é especialmente eficaz quando sua utilização recebe apoio de um profissional da saúde que pode orientar o paciente durante todo o programa, reforçando as informações do livro. Ele pode ser utilizado em grupos, por duas pessoas, ou pelos pacientes individualmente.

Se você é médico, este livro pode ser útil para os pacientes cuja dor não reagiu às terapias médicas, ou para os quais outros tratamentos fracassaram. Ele também pode ser sugerido para utilização com regimes médicos em andamento.

Se você é psicólogo, assistente social ou enfermeiro, este livro oferece um programa de medicina comportamental completo, para os seus clientes/pacientes. Ele pode ser usado na educação do paciente, juntamente com terapias médicas e com psicoterapia. Os pacientes podem usar o livro independentemente, ou como um programa de dez semanas, individualmente ou em grupo.

EFICÁCIA DESSA ABORDAGEM

As pesquisas têm demonstrado que os profissionais da saúde podem desempenhar um papel importante na facilitação da resposta de um paciente a intervenções terapêuticas, bem como na mudança do seu comportamento (Egbert, 1964; Hafen *et al.*, 1992, Ockene, 1987). Por exemplo, estimular os pacientes a discutirem sua perspectiva sobre a dor e dar-lhes informações sobre auto-administração pode aumentar sua aceitação, reduzir os sintomas, e/ou facilitar a administração dos sintomas (Caudill *et al.*, 1991; Delbanco, 1992). Aplicar um modelo de medicina comportamental à administração dos sintomas é uma maneira de incorporar esses princípios, reconhecendo que a biologia, a psicologia e a sociologia complexas de uma doença devem ser consideradas em qualquer recomendação terapêutica. (Turk *et al.*, 1985). Os materiais apresentados neste livro baseiam-se no modelo de medicina comportamental e demonstraram proporcionar tanto a administração dos sintomas quanto a diminuição de consultas clínicas pelos pacientes com dor crônica (Caudill *et al.*, 1991).

O PAPEL DO PROFISSIONAL NA FACILITAÇÃO DESTE PROGRAMA

Geralmente, podemos ajudar os pacientes com dor crônica admitindo os limites do nosso conhecimento. Há muita coisa que não sabemos a respeito dos mecanismos da dor crônica. Nós também precisamos dizer aos pacientes que acreditamos que sua experiência dolorosa é real, e que compreendemos que ela não existe apenas em suas cabeças. A maioria dos pacientes que me procuram costuma dizer: "Se você não pode eliminar a dor, então pelo menos me escute e acredite que ela é real".

Podemos reafirmar aos pacientes que a utilização de uma abordagem comportamental não significa que a dor seja culpa deles. A chave é explicar que essa é uma nova abordagem, que até o momento não estava disponível. Eles precisam ter a esperança de que essa informação será eficaz para ajudá-los a viver com dor, independentemente de a dor poder ou não ser eliminada.

AVALIANDO E ESTIMULANDO A PRONTIDÃO DO PACIENTE PARA A MUDANÇA

Muitos pacientes com dor crônica são tristes e frustrados e, como resultado, acham difícil escutar o que você tem a dizer. A primeira coisa a fazer é descobrir se o paciente vê qualquer relação entre o seu estilo de vida e as variações no nível da dor. A princípio, muitos pacientes dirão que é a dor que afeta as suas vidas e não o contrário. Eles podem ser encorajados a verificar a ligação entre comportamento e dor, por meio de perguntas, tais como: A dor aumenta após determinadas atividades? Você tem dificuldade para dormir ou problemas de fadiga? Você sente tensão muscular em outro lugar que não o da dor principal?

Podemos pedir aos pacientes que não pensaram sobre a relação entre comportamento e dor para lerem os Capítulos 1 a 5 do manual, sem executar os exercícios descritos. Eles também podem começar a fazer um diário da dor, conforme descrito no Capítulo 1, o que os ajudará a focalizar apenas a maneira como a dor é afetada pelas atividades diárias e pelo estado de espírito.

Quando os pacientes vêem relação entre o seu comportamento e os níveis da dor, eles podem achar que uma mudança comportamental não fará nenhuma diferença. Nesse ponto, podem surgir algumas preocupações por parte deles. Por exemplo, os pacientes geralmente sentem que a esperança de cura está sendo abandonada. É importante reafirmar-lhes que o programa apresentado neste livro, de modo algum, os desclassifica para a cura, se ela puder ser alcançada. Enquanto isso, é necessário e possível melhorar a qualidade de suas vidas, não somente ajudando-os emocionalmente, mas também mantendo sua saúde física.

Os pacientes estão mais preparados para começar a usar este manual quando podem reconhecer: 1) que mudar o comportamento pode ajudá-los a lidar com a dor ou controlá-la; ou 2) que necessitam de novas habilidades para lidar com os efeitos físicos, emocionais e cognitivos da dor em suas vidas.

ORIENTANDO OS PACIENTES NO MANUAL

Quando os pacientes estão prontos, este manual pode oferecer um guia para a mudança. É importante determinar, uma data para começar a executar este programa, e também rever os objetivos junto com o paciente. Isso demonstra seu interesse, e confirma que os objetivos do paciente são realistas e viáveis.

Um capítulo por semana é um ritmo realista. A cada semana e a cada capítulo, são acrescentadas mais observações e habilidades ao repertório. Encoraje os pacientes a usar e acrescentar habilidades – com a esperança de atingirem sinergia – e não somente a usá-las uma de cada vez.

Para estimular a ação nas consultas de acompanhamento, pergunte o que os pacientes estão aprendendo com o seu diário, com as técnicas da resposta de relaxamento e com o acompanhamento de atividades. Uma vez que as terapias cognitivas podem começar a desafiar algumas suposições básicas e crenças, os pacientes podem mostrar-se relutantes em fazer os exercícios escritos. Eles são essenciais para mudar distorções cognitivas e padrões ineficazes de pensamento. Encoraje-os a trazer essas folhas de exercício nas consultas de acompanhamento ou a manter um diário. Isso pode ajudá-los a ficar mais confortáveis com aquilo que passa em sua mente e na maneira de reagirem ao mundo. Aumentar a autoconsciência pode, gentilmente, levá-los à ação. Com o tempo, esse movimento em direção à manutenção da ação é essencial para que a mudança comportamental ocorra, tornando-se um novo padrão de vida.

A seqüência de capítulos neste manual reflete a maneira como o programa é ensinado. A disposição de assuntos é organizada para encorajar a adesão do paciente ao programa, por meio do desenvolvimento gradual de habilidades para administrar a dor. As técnicas de aprendizagem mais fáceis e que oferecem resultados mais imediatos – como as técnicas da resposta de relaxamento, exercícios e mudanças alimentares – são apresentadas em primeiro lugar. Depois de adotarem com sucesso essas habilidades em suas vidas, os pacientes recebem um estímulo positivo para continuar com as técnicas mais complexas – aquelas que requerem muita prática, introspecção e auto-reflexão – ensinadas nos capítulos posteriores.

PREVENÇÃO DE RECAÍDAS E MANUTENÇÃO

O Capítulo 10 do manual é sobre prevenção de recaída e manutenção. Quando a dor piora, pode ser muito útil ter uma "prescrição" detalhada de técnicas de auto-administração. Você pode encorajar os pacientes a usar essas técnicas durante uma crise, mantendo uma cópia da sua lista de maneiras de lidar com crises (Capítulo 10, p. 158-160) em suas fichas e, quando necessário, revendo as técnicas com eles, depois de terem completado o manual. Entretanto, lembre-se de que se o paciente insistir que determinada crise de dor é diferente daquilo que ele está habituado a sentir, é preciso fazer uma reavaliação para excluir outros problemas. Descobri que depois de se tornarem participantes ativos na administração da dor, com este programa, os pacientes são os melhores juízes da própria experiência dolorosa.

A partir daí, perguntas periódicas a respeito da manutenção de habilidades, como as técnicas da resposta de relaxamento (Capítulo 3); minirrelaxamentos (Capítulo 3); acompanhamento de atividades (Capítulo 4); diminuição no consumo de cafeína (Capítulo 5); estratégias para resposta a estados emocionais negativos (Capítulos 6 e 7); e habilidades de comunicação (Capítulo 8), também servirão para reforçar a manutenção da mudança comportamental. Se os pacientes tiverem interrompido a prática dessas habilidades e estiverem com mais dificuldade para administrar a dor, talvez seja necessário identificar os problemas específicos que os estão impedindo. Por exemplo, o paciente está passando por um retrocesso porque secretamente esperava que esse programa curasse a dor, e isso não aconteceu? Ele parou o programa porque estava indo tão bem que este não parecia mais necessário? Ou é uma outra crise de vida que o está desviando do programa de administração da dor? Depois de determinar quais são as questões envolvidas, você pode determinar uma data para o paciente voltar ao programa e então, estabeler um novo programa de verificações periódicas sobre a prática de habilidades.

UMA NOTA FINAL

Não posso enfatizar o suficiente a experiência recompensadora que é ver as pessoas mudarem, melhorar sua qualidade de vida, sentindo-se mais habilitadas para enfrentar alguns dos problemas de dor mais difíceis. É essencial ir até aonde os pacientes estão no que diz respeito ao seu nível de informação, às suas crenças e à sua prontidão para considerar novas diretrizes sobre práticas comportamentais e estilos de vida. O seu importante papel na facilitação desse processo terá suas recompensas próprias.

Margaret Caudill

REFERÊNCIAS

1. CAUDILL, Margaret; SCHNABLE, Richard; ZUTTERMEISTER, Patricia; BENSON, Herbert e FRIEDMAN, Richard. "Decresaed Clinic Use by Chronic Pain Patients: Response to Behavioral Medicine Intervention". In: *The Clinical Journal of Pain, 7:* 305-10, 1991.

2. DELBANCO, Thomas L. "Enriching the Doctor-Patient Relationship by Inviting the Patient's Perspective". In: *Annals of Internal Medicine, 116:* 414-18, 1992.

3. EGBERT, L. D.; BATTIT, G. E.; WELCH, C. E. e BARTLETT, M. K. "Reduction of Post-operative Pain by Encouragement and Instruction of Patients: A Study of Doctor-Patient Rapport". In: *New England Journal of Medicine, 270:* 825-7, 1964.

4. HAFEN, Brent Q.; FRANDSEN, Kathryn J.; KARREN, Keith J. e HOOKER, Keith. *The health effects of attitudes, emotions and relationships.* Provo, UT, EMS Associates, 1992.

5. OCKENE, Judith K. "Physician-Delivered Interventions for Smoking Cessation". In: *Preventive medicine, 16:* 723-37, 1987.

6. TURK, Dennis; MEICHENBAUM, Donald e GENEST, Myles. *Pain and behavioral medicine: a cognitive-behavioral perspective.* Nova York, Guilford Press, 1985.

CONTROLE A DOR ANTES QUE ELA ASSUMA O CONTROLE

summus **editorial**

CADASTRO PARA MALA-DIRETA

**Recorte ou reproduza esta ficha de cadastro, envie completamente preenchida por correio ou fax,
e receba informações atualizadas sobre nossos livros.**

Nome:_____ Empresa:_____

Endereço: ☐ Res. ☐ Coml. _____ Bairro:_____

CEP: _____-_____ Cidade: _____ Estado: _____ Tel.: ( ) _____

Fax: ( ) _____ E-mail: _____ Data de nascimento: _____

Profissão:_____ Professor? ☐ Sim ☐ Não Disciplina: _____

1. Você compra livros:

☐ Livrarias   ☐ Feiras
☐ Telefone   ☐ Correios
☐ Internet   ☐ Outros. Especificar:_____

2. Onde você comprou este livro?

_____

3. Você busca informações para adquirir livros:

☐ Jornais   ☐ Amigos
☐ Revistas   ☐ Internet
☐ Professores   ☐ Outros. Especificar:_____

4. Áreas de interesse:

☐ Educação   ☐ Administração, RH
☐ Psicologia   ☐ Comunicação
☐ Corpo, Movimento, Saúde   ☐ Literatura, Poesia, Ensaios
☐ Comportamento   ☐ Viagens, Hobby, Lazer
☐ PNL (Programação Neurolingüística)

5. Nestas áreas, alguma sugestão para novos títulos?

_____

6. Gostaria de receber o catálogo da editora? ☐ Sim ☐ Não

7. Gostaria de receber o Informativo Summus? ☐ Sim ☐ Não

Indique um amigo que gostaria de receber a nossa mala-direta

Nome:_____ Empresa:_____

Endereço: ☐ Res. ☐ Coml. _____ Bairro:_____

CEP: _____-_____ Cidade: _____ Estado: _____ Tel.: ( ) _____

Fax: ( ) _____ E-mail: _____ Data de nascimento: _____

Profissão:_____ Professor? ☐ Sim ☐ Não Disciplina: _____

summus **editorial**
Rua Itapicuru, 613 – 7º andar   05006-000   São Paulo - SP   Brasil   Tel.: (11) 3872 3322   Fax: (11) 3872 7476
Internet: http://www.summus.com.br   e-mail: summus@summus.com.br

cole aqui